世界上最成功的教育

犹太教育启示录

肖宪 著

华东师范大学出版社

图书在版编目（CIP）数据

世界上最成功的教育：犹太教育启示录／肖宪著．
—上海：华东师范大学出版社，2016

ISBN 978-7-5675-5808-3

Ⅰ.①世… Ⅱ.①肖… Ⅲ.①犹太人-家庭教育-研究 Ⅳ.①G78

中国版本图书馆 CIP 数据核字（2016）第 259710 号

世界上最成功的教育：犹太教育启示录

著　　者　肖　宪
项目编辑　许　静　储德天
审读编辑　姜怡雯
责任校对　张多多
封面设计　吕彦秋

出版发行　华东师范大学出版社
社　　址　上海市中山北路 3663 号，邮编 200062
网　　址　www.ecnupress.com.cn
电　　话　021-60821666　行政传真　021-62572105
客服电话　021-62865537（兼传真）门市电话　021-62869887（邮购）
地　　址　上海市中山北路 3663 号华东师范大学校内先锋路口
网　　店　http：//hdsdcbs.tmall.com

印　刷　者　三河市中晟雅豪印务有限公司
开　　本　787×1092　16 开
印　　张　14.5
字　　数　220 千字
版　　次　2017 年 5 月第 1 版
印　　次　2019 年 10 月第 3 次印刷
书　　号　978-7-5675-5808-3/G.9905
定　　价　35.80 元

出 版 人　王　焰

（如发现本版图书有印订质量问题，请寄回本社市场部调换或电话 021-62865537 联系）

前　言

犹太民族是一个古老的民族，然而不幸的是，他们在公元一世纪时便失去独立，被异族赶出家园，被迫在世界各地漂泊流浪达2000多年之久。更为可怕的是，在第二次世界大战期间德国纳粹政权残酷地屠杀了600万犹太人。但令世人惊异的是，尽管苦难与浩劫总是紧紧伴随着这个古老而不幸的民族，犹太人却能始终维系着自己的传统、信仰和文化，保持着整体的认同，并保持着旺盛的生命力和创造力。

犹太人的生存法则之一就是崇尚知识，重视教育。正是教育成为维系这个民族的"中枢神经系统"，使这个古老的民族不死不灭；也正是教育使这个民族表现非凡，人才辈出，在人类社会的科学、文化、艺术等众多领域作出了影响全球的突出贡献。一个人的学术成就可以归功于他的天赋和勤奋，而一个民族的整体成功只能归功于教育。

以色列是一个年轻的以犹太人为主体民族的国家。从1948年建国以来，它在一穷二白、资源短缺、人力不足、处于充满敌意的阿拉伯国家的四面包围之中等不利条件下，在短短几十年的时间里实现了经济腾飞，成为全球有相当影响力的"微型超级大国"，2014年人均GDP达37000美元，雄居世界先进发达国家行列。

以色列的成功之道可以说仍源于这个国家遵循犹太民族传统，把教育视为"一种社会最重要的财富，以及开创国家辉煌未来的关键"。的确，以色列属弹丸之地，环境恶劣、资源匮乏，正是教育使以色列成为经济、科技和军事强国，使得这个"在夹缝中求生存"的国家创造了惊人的奇迹。

以色列国和中华人民共和国的建国时间相差无几，犹太民族和中华民族也有许多相似之处。这两个民族均拥有悠久的文明与文化传统，为人类社会的进步与发展作出过巨大贡献。两个民族的价值观也有相似之处，都重视家庭，重视教育和学习，愿意努力工作并特别吃苦耐劳，都希望过体面而幸福的生活，而且渴望和平，珍惜民族的团结、进步、尊严。然而，今天以色列已经跻身世界先进国家行列，而中国却仍在实现现代化的道路上艰苦跋涉。为何中以两国的现状会有如此大的差距呢？除了历史、地理、人口等不同条件外，两个民族、两个国家在教育理念、教育制度和教育方式上的差异也是不可忽视的因素。希望这本揭示以色列和犹太民族通过教育取得成功的书，能为中国和中华民族从根本上审视自己的教育提供一个新的视角。

目 录

第一章　古老民族的教育理念 / 001

　　第一节　从诺贝尔奖看犹太教育的
　　　　　　巨大成功 / 002
　　第二节　学习是信仰的一部分 / 012
　　第三节　生有涯而学无涯 / 016
　　第四节　教师比国王更伟大 / 019
　　第五节　学校在，犹太民族在 / 023
　　第六节　智慧比知识更重要 / 026
　　第七节　认识自我，超越自我 / 029
　　第八节　本章给我们的启示 / 032

第二章　神奇民族的教育特色 / 037

　　第一节　从成功的美国犹太人谈起 / 038
　　第二节　美国犹太人成功的秘密 / 041

　　第三节　从宗教教育到世俗教育 / 045

　　第四节　从家庭教育到学校教育 / 052

　　第五节　特色鲜明的教育形式 / 056

　　第六节　本章给我们的启示 / 063

第三章　智慧民族的视角：教育＝财富 / 066

　　第一节　知识是夺不走的财富 / 067

　　第二节　智慧比金钱更重要 / 071

　　第三节　犹太人的经营之道 / 073

　　第四节　财富、金钱背后的犹太人
　　　　　　教育观 / 081

　　第五节　犹太人富凯尔博士的故事 / 088

　　第六节　本章给我们的启示 / 093

第四章　从犹太学术巨人看成功的
　　　　犹太教育 / 097

　　第一节　哲学、社会科学巨匠 / 098

　　第二节　经济学界骄子 / 104

　　第三节　科学天才 / 108

　　第四节　文学泰斗 / 117

第五节　新闻行业的革新者 / 121
第六节　艺术大师 / 126
第七节　本章给我们的启示 / 133

第五章　教育，以色列的立国之本 / 137

第一节　新国家的第一块基石 / 138
第二节　政治家与教育家 / 142
第三节　用在教育上的钱是决不会
　　　　白花的 / 145
第四节　教育目标：让每个人都成为社会
　　　　需要的人 / 150
第五节　书的民族，书的国度 / 153
第六节　研究开发，科技先行 / 157
第七节　本章给我们的启示 / 161

第六章　教育 = 未来——以色列的
　　　　教育体制 / 165

第一节　以色列教育制度的形成 / 166
第二节　以色列教育制度的特点 / 169
第三节　幼儿教育和中小学教育 / 172

第四节　轻松活泼的教育形式 / 175

第五节　社会教育——青少年的
第二课堂 / 178

第六节　高等教育和成人教育体系 / 179

第七节　让以色列人深感骄傲的
七所大学 / 183

第八节　本章给我们的启示 / 189

第七章　教育＝力量——以色列的强国之道 / 192

第一节　战无不胜背后的重要秘密 / 193

第二节　战争的胜负并不在战场 / 196

第三节　透过经济奇迹看教育 / 199

第四节　人才，以色列的宝贵资源 / 203

第五节　移民熔炉 / 207

第六节　希伯来语的复兴 / 211

第七节　以色列人的教育风格 / 216

第八节　本章给我们的启示 / 219

参考书目 / 221

第一章 古老民族的教育理念

在世界民族之林，各个民族都以自己独特的贡献充实着世界文明的宝库，而其中犹太民族是非常出色的一个。这个民族人数不多，占世界人口的比例很低，可是他们在世界著名科学家、哲学家、实业家和金融家中所占的比例却非常高。犹太人对世界文明作出的贡献是世人所公认的。他们不仅为世界贡献了一部流传千古的《圣经》，而且还为人类贡献了斯宾诺莎、门德尔松、马克思、海涅、弗洛伊德、爱因斯坦、卡夫卡等许许多多世界级的文化巨人。可以说，犹太人对人类文明所作出的贡献，与他们的人口总数是不成比例的，也是任何其他民族所难以比拟的。

许多人把犹太民族称为"智慧的民族"或者"书的民族"，就是因为他们比其他许多民族更重视知识的学习。犹太人从他们的历史中深切地体会到：知识就是力量，知识就是财富，而且是别人夺不走的财富。他们一再遭到迫害和驱逐，财产被没收，有形的财富会在一夜之间丧失殆尽。但是，当他们一无所有地来到一个新环境之后，却又能够很快地站稳脚跟，迅速恢复元气，重新发展起来，靠的就是"知识"这笔无形的财富。

知识要靠学习和教育来获得。因此，在犹太人的心目中，勤奋学习是仅次于敬奉上帝的一种美德。一般来说，学习和受教育的目的是为了应用,是带有功利性的。但对于犹太人来说,屡试不爽的历史经验和长期的学习习惯,使他们对知识的追求已不再具有眼前的功利目的,而更多的是一种自觉行为。据犹太宗教经典的规定,学习和钻研本身就是信仰的组成部分,是犹太人的一种神圣的使命。

由于历史和其他方面的原因,中国人对犹太民族以及他们对人类文明所作的重大贡献知之不多;中国人要了解世界、走向世界,就不能不了解犹太民族这样文化素质极高的民族。这固然有知识方面的意义,而更为重要的还在于对发扬我们中华民族的优良传统,完善和提高我们民族素质的借鉴意义。从犹太民族的精英人物身上,既可照见我们民族所具备的相似的优秀品质,也可以发现我们尚欠缺乃至亟待充实的东西,从而获得激励我们努力开拓、奋斗进取的动力,以实现中华民族的伟大复兴。

第一节 从诺贝尔奖看犹太教育的巨大成功

放眼人类历史的长河,各民族文化群星灿烂,可是,很少有一种文化像犹太文化这样耀眼夺目。千百年来,犹太民族没有自己的国家,遭受迫害,一再迁徙,四处漂泊,然而他们不但生存了下来,而且他们中还产生了一大批世界性的文化巨人,深刻地影响了世界的文化、艺术、思想、科学、经济等许多领域。有人说,20世纪的人类生活在三位思想巨人的影响下,即马克思、弗洛伊德、爱因斯坦。这三位被认为是改变了世界历史进程的伟人,无一例外地都出身于犹太家庭。其实,杰出的犹太伟人又何止三个,只要稍加留意,我们就能列出一个长长的名单,他们中有哲学家、思想家,也有科学家、经济学家,还有文学家、艺术家,以及银行家、企业家……

当我们追随着犹太人的脚步,穿过他们千年来坎坷不平的漂泊旅程之后,好奇心会让我们追问:犹太人的生命力和创造力从何而来?他们为何能在逆境中为人类文明作出如此大的贡献?这是一个历史之谜,谜底并不是唯一的。但有一点却是可以肯定的,那就是植根于这个民族灵魂深处的教育价值观。犹太民族对教育的高度重视，对知识的执著追求，无疑是他们获得成功的主要源泉之一。

诺贝尔奖（包括物理学、化学、生理学或医学、文学、和平、经济学六个奖项）是当今世界的最高奖项，它具有极高的前沿性与权威性，现在已经成为学术界的个人最高荣誉，是威信最高的国际性大奖，同时也是衡量一个民族、一个国家的科学和文化发展水平的公认的最权威的尺度。现在，就让我们从诺贝尔奖获得者中犹太人所占的比例来看犹太教育的巨大成就吧。

▲三位犹太诺贝尔奖获得者——爱因斯坦（中，物理学奖—1921年）、威塞尔（右，和平奖—1986年）、斯蒂格利茨（左，经济学奖—2001年）

从1901年诺贝尔奖首次颁奖到现在（2014年）已整整114年了。在这114年间，全世界共有830人获得此项殊荣，而其中犹太人或者具有犹太血统者①共有186人，约占21%。以下是这些犹太获奖者们的名单：

物理学奖

1907年　阿尔伯特·亚伯拉罕·迈克尔逊（美国）

1908年　加布里埃尔·李普曼（法国）

1921年　阿尔伯特·爱因斯坦（德国）

1922年　尼尔斯·玻尔（丹麦）

1925年　古斯塔夫·赫兹（德国）

　　　　詹姆斯·弗兰克（德国）

1938年　恩里科·费米（美国）

---

① 这里之所以说"犹太人或者具有犹太血统者"，是因为这些获奖者中有的明确登记为信仰犹太教或出身于犹太家庭，也有的虽然没有登记为犹太人，但有明确证据表明其具有犹太血统或犹太姓氏。见《2005—2006年犹太手册》，美国，2006年出版。

1943 年　奥托·斯特恩（美国）

1944 年　伊西多·埃萨克·拉比（美国）

1952 年　费利克斯·布洛赫（瑞士）

1954 年　马克斯·玻恩（英国—德国）

1958 年　伊戈尔·塔姆（苏联）

1959 年　埃米里奥·赛格雷（意大利）

1960 年　唐纳德·格拉泽（美国）

1961 年　罗伯特·霍夫斯塔特（美国）

1962 年　列夫·达维多维奇·朗道（苏联）

1965 年　理查德·费曼（美国）

　　　　　朱利安·施温格（美国）

1967 年　汉斯·奥尔布雷特·贝蒂（美国）

1969 年　默里·盖尔–曼（美国）

1971 年　丹尼斯·盖博（英国）

1973 年　布赖恩·约瑟夫森（英国）

1975 年　本杰明·罗伊·莫特尔森（丹麦）

1976 年　伯顿·里希特（美国）

1978 年　彼得·列昂尼多维奇·卡布查（苏联）

　　　　　阿诺·彭齐阿斯（美国）

1979 年　谢尔登·格拉肖（美国）

　　　　　史蒂文·温伯格（美国）

1988 年　里昂·莱德曼（美国）

　　　　　梅尔文·施瓦尔兹（美国）

　　　　　杰克·斯坦伯格（美国）

1990 年　杰罗姆·弗里德曼（美国）

1995 年　马丁·珀尔（美国）

1996 年　道格拉斯·奥谢罗夫（美国）

　　　　　戴维·李（美国）

1997 年　克劳德·科恩 – 塔诺季（法国）

2000 年　若尔斯·阿尔费罗夫（俄罗斯）

2003 年　阿列克谢·阿布里科索夫（俄罗斯）

　　　　维塔利·金兹堡（俄罗斯）

2004 年　戴维·格娄斯（美国）

　　　　休·波利策（美国）

2005 年　罗伊·格劳伯（美国）

2010 年　安德烈·海姆（荷兰）

2011 年　亚当·里斯（美国）

　　　　索尔·珀尔马特（美国）

2012 年　塞尔日·阿罗什（法国）

2013 年　弗朗索瓦·恩格勒（比利时）

化学奖

1905 年　阿道夫·冯·贝耶尔（德国）

1906 年　亨利·莫瓦桑（法国）

1910 年　奥托·瓦拉赫（德国）

1915 年　里夏德·威尔斯塔特（德国）

1918 年　弗里茨·哈伯（德国）

1943 年　盖奥尔格·冯·赫维西（匈牙利—丹麦）

1961 年　梅尔文·卡文（美国）

1962 年　马克斯·佩鲁茨（英国）

1971 年　格哈特·赫兹伯格（加拿大）

1972 年　威廉·霍华德·斯坦（美国）

1979 年　赫伯特·查尔斯·布朗（美国）

1980 年　保罗·伯格（美国）

　　　　沃尔特·吉尔伯特（美国）

1981 年　罗德·霍夫曼（美国）

1982 年　阿龙·克卢格（英国）

1985 年　赫伯特·艾伦·豪普特曼（美国）

1988 年　罗伯特·休伯（德国）

1989 年　西德尼·沃尔特曼（美国）

1992 年　鲁道夫·马库斯（美国）

1994 年　乔治·安德鲁·欧拉（美国）

1996 年　哈罗德·克罗托（英国）

1998 年　沃尔特·科亨（奥地利）

2000 年　艾伦·黑格（美国）

2004 年　阿龙·切哈诺沃（以色列）

　　　　阿夫拉姆·赫什科（以色列）

　　　　欧文·罗斯（美国）

2006 年　罗杰·科恩伯格（美国）

2008 年　马丁·查尔菲（美国）

2009 年　阿达·约纳特（以色列）

2011 年　丹·谢赫特曼（以色列）

2012 年　罗伯特·莱夫科维茨（美国）

2013 年　亚利耶·瓦谢尔（以色列）

　　　　迈克尔·莱维特（美国）

　　　　马丁·卡普拉斯（美国）

生理学或医学奖

1908 年　保罗·艾利希（德国）

　　　　伊拉·伊里奇·梅契尼科夫（俄国）

1914 年　罗伯特·巴拉尼（奥地利）

1922 年　奥托·迈尔霍夫（德国）

1930 年　卡尔·兰德斯坦纳（奥地利）

1931 年　奥托·海因里希·瓦尔堡（德国）

1936 年　奥托·勒维（奥地利）

1944 年　约瑟夫·厄尔兰格（美国）

　　　　赫伯特·加塞（美国）

1945 年　恩斯特·鲍里斯·钱恩（英国）

1946 年　赫尔曼·约瑟夫·穆勒（美国）

1950 年　塔德马什·赖希施泰因（瑞士）

1952 年　塞尔曼·亚伯拉罕·瓦克斯曼（美国）

1953 年　汉斯·阿道夫·克雷布斯（英国）

　　　　弗里茨·阿尔贝特·李普曼（美国）

1958 年　乔舒亚·莱德伯格（美国）

1959 年　阿瑟·科恩伯格（美国）

1964 年　康拉德·布洛赫（美国）

1965 年　弗朗索瓦·雅各布（法国）

　　　　安德烈·米歇尔·利沃夫（法国）

1967 年　乔治·沃尔德（美国）

1968 年　马歇尔·沃伦·尼伦伯格（美国）

1969 年　萨尔瓦多·爱德华·卢里亚（美国）

1970 年　朱利叶斯·阿克塞尔罗德（美国）

　　　　伯纳德·卡兹（英国）

1972 年　杰拉尔德·莫里斯·埃德尔曼（美国）

1975 年　戴维·巴尔的摩（美国）

　　　　霍华德·特明（美国）

1976 年　巴鲁克·塞缪尔·布隆伯格（美国）

1977 年　罗莎琳·萨斯曼·耶洛（美国）

1978 年　丹尼尔·那森斯（美国）

1980 年　巴茹·贝纳塞拉夫（美国）
1984 年　色萨·米尔斯坦（英国）
1985 年　迈克尔·布朗（美国）
　　　　约瑟夫·戈尔茨坦（美国）
1986 年　丽塔·列维-蒙塔尔奇尼（美国）
　　　　斯坦利·科恩（美国）
1988 年　格特鲁德·埃利恩（美国）
1989 年　哈罗德·瓦尔姆斯（美国）
　　　　迈克尔·毕晓普（美国）
1991 年　伯特·萨克曼（德国）
1993 年　里查德·罗伯茨（英国）
　　　　菲利普·夏普（美国）
1994 年　阿尔佛列·吉尔曼（美国）
1995 年　爱德华·刘易斯（美国）
1997 年　史坦利·布鲁希纳（美国）
1998 年　罗伯特·弗齐格特（美国）
2000 年　埃里克·坎德尔（奥地利）
　　　　保罗·格林加德（美国）
2002 年　悉尼·布伦纳（英国）
　　　　罗伯特·霍维茨（美国）
2004 年　理查德·阿克塞尔（美国）
2006 年　安德鲁·法厄（美国）
2011 年　拉尔夫·斯坦曼（加拿大）
　　　　布鲁斯·巴特勒（美国）
2013 年　詹姆斯·罗斯曼（美国）
　　　　兰迪·谢克曼（美国）

文学奖

1910 年　保罗·海泽（德国）

1927 年　亨利·柏格森（法国）

1958 年　鲍里斯·帕斯捷尔纳克（苏联）

1966 年　萨缪尔·约瑟夫·阿格农（以色列）

　　　　　奈莉·萨克斯（瑞典）

1976 年　索尔·贝娄（美国）

1978 年　艾萨克·巴什维斯·辛格（美国）

1981 年　埃利亚斯·卡内蒂（英国）

1987 年　约瑟夫·布洛茨基（美国）

1991 年　纳丁·戈迪默（南非）

2002 年　凯尔泰斯·伊姆雷（匈牙利）

2004 年　艾尔弗雷德·耶利内克（奥地利）

2005 年　哈罗德·品特（英国）

2014 年　帕特里克·莫迪亚诺（法国）

经济学奖

1970 年　保罗·安东尼·萨缪尔森（美国）

1971 年　西蒙·史密斯·库茨涅兹（美国）

1972 年　肯尼思·约瑟夫·阿罗（美国）

1975 年　列昂尼德·维塔别维奇·康托罗维奇（苏联）

1976 年　米尔顿·弗里德曼（美国）

1978 年　赫尔伯特·西蒙（美国）

1980 年　劳伦斯·罗伯特·克莱因（美国）

1985 年　弗兰科·莫迪格利安尼（意大利）

1987 年　罗伯特·索洛（美国）

1990 年　哈里·马科维茨（美国）

　　　　　莫尔顿·米勒（美国）

1992 年　盖瑞·贝克（美国）

1993 年　罗伯特·福格尔（美国）

1994 年　约翰·夏仙义（匈牙利）

1997 年　迈伦·斯科尔斯（加拿大）

2001 年　约瑟夫·斯蒂格利茨（美国）

　　　　　乔治·阿克洛夫（美国）

2002 年　丹尼尔·卡内曼（以色列）

2005 年　罗伯特·约翰·奥曼（以色列）

2007 年　里奥尼德·赫维克兹（美国）

　　　　　埃里克·马斯金（美国）

　　　　　罗杰·梅尔森（美国）

2008 年　保罗·克鲁格曼（美国）

2010 年　彼得·戴蒙德（美国）

2012 年　阿尔文·罗思（美国）

和平奖

1911 年　托比亚斯·阿赛尔（荷兰）

　　　　　阿尔弗雷德·赫尔曼·弗里德（奥地利）

1968 年　勒内·卡森（法国）

1973 年　亨利·基辛格（美国）

1978 年　梅纳赫姆·贝京（以色列）

1986 年　埃利·威塞尔（美国）

1994 年　伊扎克·拉宾（以色列）

　　　　　西蒙·佩雷斯（以色列）

1995 年　约瑟夫·罗特布拉特（英国）

资料来源：《2005—2006 年犹太手册》，第 257—259 页；维基百科（https://en.wikipedia.org/wiki/List_of_Jewish_Nobel_laureates）。译名参考了《诺贝尔奖金获得者传》（湖南科技出版社），以及百度百科（http://baike.baidu.com）等资料。

▲ 以色列里雄莱锡安小城有一块犹太诺贝尔奖获得者纪念碑

从上面这个名单来看，在114年间的830名诺贝尔奖获得者中，犹太人或者有犹太血统的人士共获得186项奖，其中物理学奖47项，化学奖34项，生物学或医学奖57项，文学奖14项，经济学奖25项，和平奖9项。

要知道，现在全世界一共只有大约1500万犹太人，仅占世界总人口的0.2%。而就是这个仅占人类总数0.2%的民族竟然获得了全部诺贝尔奖的21%，这是一个何等惊人的比例！

自1968年瑞士中央银行开始设立诺贝尔经济学奖并由诺贝尔基金会主持颁奖以来，到2014年，经济学奖共授奖46次，共有75位经济学家获奖，而其中25位为犹太学者，占全部获奖者的1/3！从1901年到2014年，全世界共有204位科学家获诺贝尔生理学或医学奖，犹太获奖者为57位，比例也接近1/3。犹太学者在这两个诺贝尔奖项中所占的比例非常高，以至于有人说诺贝尔经济学奖和生理学或医学奖几乎就是专门为犹太学者设的奖！

为什么犹太人能在诺贝尔奖的各民族争夺赛中独占鳌头，把其他人群远远地抛在身后？这其中的奥秘何在？不少人对此进行了探讨，也给出了各种各样的解释。有的人说犹太民族千百年来处于逆境中，只有拼命努力才能生存下去；有的人说犹太人的宗教力量发挥了重要作用，因为在犹太教中读书学习是信仰的一部分；有的人说是因为独特的犹太家庭传统，犹太母亲特别关心子女的前途，医生、律师、银行职员是犹太家庭最中意的职业；还有的人认为，犹太人长期被排斥在欧洲主流社会之外，这种"局外人"的身份使他们形成了一种另类的思维方式，总是以一种独特的眼光来观察世界……

无论怎么说，犹太民族确实具有相当高的整体素质，而这种高素质则主要来源于他们重视教育、重视学习的传统，或者更确切地说，是得益于这个民族十分独特的教育理念。

第二节　学习是信仰的一部分

许多研究者对犹太人在智力方面占有优势这一现象进行了探索，他们发现，在影响犹太民族特性的诸多因素中，犹太人传统的宗教信仰是非常重要的一个方面。

犹太民族是一个有深厚宗教信仰的民族，在近代以前，是否信仰犹太教实际上是犹太人与非犹太人的唯一区别。犹太人认为自己是上帝的特殊选民，与上帝订有契约，负有向其他民族传播上帝律法的使命。他们认为，要深刻地理解上帝的旨意，就必须学习上帝的神谕——《圣经》（《旧约圣经》或《希伯来圣经》）。要这样做，唯一的直接途径就是读书识字。为了完成传播上帝律法这一神圣的使命，每一个犹太人都必须能读会写，这是信仰的一个重要组成部分。犹太人将学习提高到宗教信仰的高度来认识，这在古代民族中是绝无仅有的。

《希伯来圣经》中有不少关于教育的内容。如强调教育的重要性，《箴言》第3章第24节中说："教养孩童，使他走当行的道，就是到老他也不偏离。"《申命记》中也极为强调对子女的教育，当然，教育的内容主要是对神的信仰：

> 这是耶和华你们神所吩咐教训你们的诫命、律例、典章，使你们在所要过去得为业的地上遵行，好叫你和你的子子孙孙，一生敬畏耶和华你的神，谨守他的一切律例、诫命，就是我所吩咐你的，使你的日子得以长久。以色列啊，你要听，要谨守遵行，使你可以在那流奶与蜜之地得以享福，人数极其繁多，正如耶和华你列祖的神所应许的。

> 以色列啊，你要听，耶和华我们神是独一的主。你要尽心、尽性、尽力，爱耶和华你的神。我今日所吩咐你的话，都要记在心上。也要殷勤教训你的儿女，无论你坐在家里，行在路上，躺下，起来，都要谈论；也要系在手上为记号，戴在额上为经文；又要写在你房屋的门框上，你的城门上。（《圣经·申命记》）

在《约书亚记》第1章第8节中也说："这律法书不可离开你的口，要昼夜诵读。"古犹太人认为，儿童不接受教育就会固执、粗野、愚蠢，对顽劣的孩子要给以严厉的惩罚。《圣经》中有多处关于体罚的字句，如："不忍用杖打儿子的，是憎恶他。疼爱儿子的，随时管教。""杖打和责备，能增加智慧。放纵的儿子，使母亲羞愧。"（《圣经·箴言》）

《希伯来圣经》中反复强调要知书识字，在古代文明中，这也是很独特的。有人做过这样一个统计："书写"一词在荷马史诗《伊利亚特》中只出现过一次，在《奥德赛》中一次也没出现，而在《圣经》中则出现了429次。这种现象可以看作是犹太人"以文字和教育形式加强和延续'文化疆界'的努力"。犹太人常常把追求知识与宗教信仰联系在一起，勤奋好学不但仅次于敬神，而且也是敬神的一部分。世界上没有哪一种宗教像犹太教那样对学习和研究如此"强调"。正是这些宗教上的规定，使犹太人形成了一种几乎全民皆有文化的传统，他们中的学者被推上了最崇高的地位。

犹太人的另一部重要经典《塔木德》被誉为"犹太智慧的基因库",而希伯来语"塔木德"一词的本意正是"钻研或研习"。《塔木德》认为,学习是一种至善的行为,是一切美德的本源,它强调说:无论谁为钻研《托拉》(即犹太律法)而钻研《托拉》,均值得受到褒奖,不仅如此,而且整个世界都受惠于他:他将被称作一个朋友、一个可爱的人、一个爱神的人;他将变得温顺而谦恭,他将变得公正、虔诚正直、富有信仰;他将能远离罪恶,接近美德;通过他,世界享有了聪慧、忠告、智性和力量。

《塔木德》还告诫人们学习要持之以恒,不可半途而废:"那些循规蹈矩的人突然放弃了他的生活。这意味着过分敏感于外部世界会使人陷入歧途。"犹太史上一些名垂后世的先知、哲人都把钻研经典、追求知识视作人生的一大责任与义务。12世纪的犹太哲学家迈蒙尼德说过:每个以色列人,不管年轻还是年老,强健还是羸弱,都必须钻研《托拉》,甚至一个靠施舍度日和不得不沿街乞讨的叫花子,也必须挤出一段时间日夜钻研。犹太人这一观念"所产生的结果是形成了一种几乎全民皆有文化的传统"。当然,并不是说每个人都能具备研读经典的能力,"但几乎所有的人都认为,应该在这方面做一些努力"。正是由于犹太人从小就要求子女诵读经典,接受宗教传统教育,从而使犹太民族的宗教信仰得以延续,文化素养得以提高。

犹太教强调不仅自己要学习,而且还要教育子女,让子女学习。《希伯来圣经》和《塔木德》等犹太经典中有多处规定了父母对子女进行教育的责任,当然,当时所指的主要还是宗教教育。在犹太人看来,人一生有三大义务,而教育子女当位列其首。《圣经·申命记》中多次提到"要告诉你的儿女们"。《圣经·箴言》更明确地告诫以色列人把教育子女作为毕生最重要的事情,如"父亲要给子女的教诲,就是智慧之言","我儿,要听你父亲的训诲,不可背弃你母亲的教导"。《塔木德》中也一再提到这种责任,如"用《托拉》抚养孩子的人能享用今世的果实,同时还能把资产留到来世","有儿攻读《托拉》者恰似永生"。犹太人如此强调成人对子女的教诲与指导，是因为他们很早就意识到了虔诚、平和、优雅的个人性格是后天教育的结果。

在犹太教育中，《希伯来圣经》发挥了一种非常重要的作用，事实上成为了犹太人启蒙学习、接受教育的教科书。《希伯来圣经》的内容极为丰富，包括了犹太民族的历史文化、宗教律法、伦理规范、生活习俗等各个方面，堪称古代犹太文化的百科全书。从形式上看，它既有严肃的训诫和教诲，又有生动有趣的故事，还有大量优美的诗歌、寓言和箴言，是古代犹太文学的宝库。

犹太儿童从小就在《希伯来圣经》营造的氛围中学习、成长，他们不但可以通过诵读《希伯来圣经》来认字读书，而且《希伯来圣经》神奇深邃的内容也能激发他们丰富的想像和智慧。除了《圣经》外，犹太教还有不少其他重要的经典，如《塔木德》《密西拿》《革马拉》等。可以说，几千年来，一代又一代犹太人正是在《希伯来圣经》和《塔木德》等经典的教育熏陶下，才成为能读会写、智力超群的民族的。

犹太人对学习和教育的重视，不是只停留在口头上，更不是仅仅为了粉饰舆论，而是实实在在地投入，千方百计地为学习和教育创造条件。《塔木德》中指出：如果说学习是最高的善，那么创造有利于学习的机会与条件便是仅次于学习的善。因此，许多犹太社团都把让年轻人受教育视作一种责任与义务。中世纪时，犹太人一再遭受迫害、驱逐、掠夺、屠杀，但即使在这种情况下，他们仍不忘教育的重要性。犹太社团中的慈善或救济机构尽可能设法让青少年有机会学习。

在东欧有一种帮助贫穷学生学习的特别形式：为了让他们完成学业，允许他们在一周内分别到不同的人家做客用餐。一份17世纪波兰的年鉴上写道，每一个社团都要抚养年轻人，并为他们提供去拉比学院学习所需要的经费。社团还支持每个年轻人辅导两个小孩，以便他能和他们口头讨论他已学过的《革马拉》、拉比的律法注释等，从而体验《塔木德》观念的精妙。小孩将由社团慈善基金会或公共食堂提供伙食。如果一个社团由50

个家庭组成的，那么它至少要抚养 30 个青年和儿童。一个家长将被指定抚养一个青年和两个儿童，以便让他们能潜心学习犹太律法。

由于学习和研究需要花费大量的资金，单靠社团本身来筹措，往往力不从心。为此，犹太人把教育事业与慈善传统结合起来，具体来说，就是把"什一税"（即按收入的十分之一缴纳的税）作为追求学问的经济支柱。犹太人很早就接受了"什一税"的观念。关于"什一税"的用途，犹太教律法上有很多详细的规定，其中有一点极为明确，即什一税首先要用在"那些把时间花在研究《圣经》和其他典籍的人身上"，即用在有知识、有学问的人身上。后来，这一优先权便给予了广义上的学校。一些犹太商人在发迹之后也纷纷解囊，为教育和研究提供经费。在他们中间早已达成一种共识：发财致富并非最终目的，而要以金钱来"购买生活的权力"、"购买知识与经验"。

直至今天，犹太人捐款的第一投向仍是学校建设。在以色列的一些大学里，奖学金、研究基金都由外国犹太商人提供，很多教学设施如教学大楼、图书馆、实验室等也由犹太富商赞助或捐赠。大学中至少有一半的董事是外国人，尤其是美国犹太人。在他们看来，帮助以色列兴办教育才是百年大计、千年大计，把钱投入文化事业甚至比帮助以色列购买军火更有实际意义。

第三节　生有涯而学无涯

犹太人之所以对教育如此推崇，赋予了它非凡的价值，原因之一就是对学问本身的热爱。《塔木德》中记载了古代一则流行的谚语："如果你拥有了知识，那你还缺什么呢？如果你缺乏知识，那你还拥有什么呢？"

有一本名叫《虔诚者》的书上记载着，古时候犹太人的墓园里常常都放有书本，当夜深人静的时候，死者就会从坟墓中爬起来看书。当然，这种事情是不可能发生的，但从中我们却能一窥犹太人对求知的态度——生命是会有终结的，但学习却不会终止。

犹太人把书本当作宝贝。在古代，由于书写和印刷工具简陋，书本难得，他们把书看得珍贵，一本书往往被翻看得破破烂烂，裱了再糊，糊了又裱，仍然舍不得扔掉。一直要等到整本书都七零八散、字迹模糊不清，再也不能翻阅的时候，街坊四邻才会聚到一块儿，像埋葬一位圣人一样，恭恭敬敬地挖一个坑，把这本书埋掉。

在昔日犹太人家庭中，可以没有高档家具，却不能没有书橱书架。犹太人还有一个世代相传的习俗，就是书橱一定要放在床头，不能放在床尾。因为他们视书为高洁之物，若放错了位置，会被认为对书不敬而受到指责。犹太人日常也十分珍惜书，孩子的生日礼物总免不了有书，新婚彩礼也总会有书。书损坏了一定要修补。犹太人从来不焚烧书本，即使是攻击犹太人的书，可以不看，但不许毁坏。

犹太人的求知欲，是靠从小接受家庭教育养成的。据说一种有趣的风俗从古代一直保持到今天：在许多犹太人家里，当小孩稍微懂事时，大人就会翻开一本《圣经》，滴一点蜂蜜在上面，然后叫小孩子去舔。这种做法的用意不言而喻——书本是甜的。

另一种说法是，犹太学校里有一种仪式：男孩子们头一次进教室上课，总是沉浸在兴奋之中。孩子们穿上新衣，由教士或有学问的人带到教室。每个孩子都可以得到一块干净的石板，石板上有用蜂蜜写成的希伯来字母和简单的《圣经》文句。孩子们一边诵读字母，一边舔掉石板上的蜂蜜。随后，拉比们会分给他们蜜糕、苹果和核桃——这一仪式的目的是要使他们在学习的一开始就尝到甜头。

在传统的犹太社团里，儿童们从很小的时候就开始接受正规教育。他们三岁上学，每周上课6天，平均每天上6小时至10小时。他们必须全心全意地在学校或老师家中，接受教师的灌输，直到长大成人。而成人之后继续提高自己的修养是终生的事情，生命没有结束，充实自身的过程就没有结束。

在日常生活中，我们经常会听到有人这样说，"我年纪太大了，还学什么"，或者"我工作太忙了，没有时间学习"。这对犹太人说来，都是不可思议的事。不管一个人到了多大岁数，也不论他有多么贫穷，只要他是人，就可以学习——活到老，学到老。人们可以通过学习保持"青春"，保持年轻人的心态，还可以通过学习而获得"财富"，

▲ "活到老，学到老"的犹太人

取得精神上的富足。"忍冻学习的希勒尔"的故事，就是一个为犹太人熟悉的勤奋好学的例子。

名垂千古的犹太大学问家希勒尔年轻的时候抱着一个很大的希望，那就是专心致志地研究犹太律法。可是，他没有足够的时间，也没有充裕的金钱，他的愿望显得有些遥不可及，因为他实在太穷了。在左思右想之后，他终于发现一个可以完成心愿的办法：拼命地工作，靠收入的一半过活，把剩下的钱送给学校的看门人。"这些钱给你，"希勒尔说，"不过，请你让我进学校去听课，我很想听听贤人们说些什么。"

在一段时间内，希勒尔就靠着这种办法听了不少课，可是他的钱实在太少了，到最后他连一片面包都买不起。这时候，让他感到难受的并不是饥饿，而是看门人坚决地拦住了他，不再让他走进学校一步。

怎么办呢？求学心切的希勒尔终于想到一个办法。他沿着学校的墙壁慢慢爬上房顶，然后趴在天窗旁。从天窗可以清楚地看见教室里面上课的情形，也可以听到教师讲课的声音了。就这样他又找到了一种免费学习的方法。

一个冬日，天寒地冻，冷风刺骨。学生们照常到学校去上课，屋外光线明亮，可是屋里却比平时暗了许多。学生们很纳闷，抬头一看，发现天

窗被什么东西堵住了。有人爬上去一看，才发现了趴在房顶天窗上的希勒尔，身上积了一层白雪，已经被冻得半死。原来，他在天窗上已经躺了整整一夜了。

希勒尔的行为感动了老师，他免去了希勒尔的所有学费。从此以后，凡是有人以贫穷或者没有时间为借口不去求学，人们就会这样问："难道你比希勒尔还穷吗？你比他还没有时间吗？"

只要是活着，犹太人总是不停地在学习、在观察，因为对犹太人来说，学习是一种神圣的使命。犹太人认为在到达天国以前，人必须不断地学习，即使是一位最伟大的教师，也不例外。学问的追求是永无止境的。犹太人一向认为努力学习的人比知识丰富的人还要值得尊敬，直到今天，许多犹太人仍然秉持着这种信念。

第四节 教师比国王更伟大

犹太人重视知识，所以也十分尊敬有知识的学者和传授知识的教师。在犹太传统中，教师这一职业具有非常显赫的地位，受到极高的尊重。在某些问题上，犹太律法赋予教师的地位甚至高过父母，《塔木德》中说："父母只是把孩子带入今世的生活，而教师则把他带进来世的生活。"《塔木德》中还记载着这样一个故事——三位拉比被派到一个小城来检查这里的教育情况，他们到来后对城里的居民说："把守护这个城市的人找来。"于是，当地人便把士兵带来了，但拉比们却大声说："这些人不是城市的守护者，而是城市的破坏者！"居民们感到不解，问道："那么谁是城市的守护者呢？"拉比们回答说："城市的守护者是教师。"在拉比们看来，教师才是犹太城堡的保护者，是民族利益的守护者，因为教师的事业关系到整个民族的未来。

正因为如此，犹太人教育他们的孩子："要像尊重上帝那样尊重教师。"《塔木德》则这样告诫人们："惧怕你们的师长，就像惧怕上天一样。"长期以来，各地的犹太人都形成了一种尊师重教的优良作风，他们使"拉比、教师和有智慧的人得到极高甚至可以说是过高的声望"。有一句犹太谚语这样说："赫黑姆（希伯来语，有智慧的人之意）和富翁谁伟大？当然是赫黑姆了。因为赫黑姆知道金钱的可贵，但有钱人却不知道智慧的可贵。"有知识和智慧的学者是人们最尊敬的人，从这一点可以看出犹太民族是多么注重智慧。这一点是犹太民族可藉以自豪的传统，因为其他许多民族总是把王侯、贵族、将军和富豪的地位放在学者之上，犹太人却更看重学者和教师，认为他们比国王更伟大。家中出了议员、部长、将军，犹太人并不觉得有什么，如果出了一名或几名博士、教授，他们才真正以此为荣耀。正因为这样，犹太人中产生的诺贝尔奖获得者、科学领域中的代表人物及各种高级专业人才的数量均远远超过其他民族。而人才济济，也反映了犹太民族的兴旺发达。

在犹太人中流传的一句名言是："教师比父亲重要。"有人做过这样的测试，让孩子回答这样一个问题：假如父亲和教师双双遇险，而只能救出其中一人时，你会救谁？犹太孩子往往会回答救教师，因为在犹太人社会里传授知识的教师更重要。犹太人有一句格言也反映了这种观念："为使女儿嫁给学者，即使变卖一切家当也值得；为娶学者的女儿为妻，纵然付出所有的财产也在所不惜。"由此可见，学者在人们心目中占有多么重要的地位。

在早期的犹太社会中，教育尚处在以神学教育为主要内容、以家庭教育为主要形式的初级阶段。这时，社会上并不存在专职的教师，教育子女的任务是通过父亲和拉比来分别完成的。在家庭内，父亲承担着教育子女的重任，他把"德慧之言"及为人处事之道传授给自己的子女。因此，父亲就是老师，老师就是父亲。在希伯来语中，"父亲"一词本身就具有"教师"的含义；如今在西方语言中以"father"（父亲）来称呼教父，也是希伯来习俗的延续。在希伯来语中，大山叫做"哈里姆"，父母被称为"赫里姆"，教师是"奥里姆"，词根都是一样的。在人们心目中，教师的地位就如同父母一样，像大山那样巍峨崇高。

在社会上，教师的职责由象征着智慧与权威的拉比来担当。在遍布各地的犹太社团中，拉比不仅是神职人员、律师、法官、牧师、医生，而且更是一位教师。因为在希伯来语中，"拉比"一词的第一涵义就是教师。所有的犹太儿童都必须学习希伯来语。而在漫长的中世纪中，希伯来语有两个特点，使其非靠教师教不可。一个特点是，从公元1世纪起，希伯来语就不再是一个口头语，而成了一种纯粹的书面语；第二个特点是，这种语言属于闪族语系，只有辅音，没有元音。要学习希伯来语以及用希伯来语写的《托拉》，就必须靠教师的直接传授。因此，拉比就是犹太社团中不可或缺的教师。

在现实生活中，拉比们就是各地犹太学校（早期的学校往往与犹太会堂合二为一）的负责人与职业教师。他们作为智慧的化身，不仅要向学生解答学业上的难题，而且还要指点生活中的迷津。人们一遇到难处往往要求助于拉比，而拉比的言语往往被视为至理名言。公元2世纪，随着学校与教堂的分开，教师与父亲、教师与拉比才逐渐分离，现代意义上的教师职业应运而生。

作为教师来说，在道德和信仰上应具备最高的资格。"祭司的嘴里当存知识，人也当从他的口中寻求律法，因为他是万军之耶和华的使者"。在犹太人看来，教师是一种神圣的职业。在犹太经典《密西拿》中就把有学问的教师（犹太人习惯上把有名望的法学家也称为教师）叫作"塔尔米德哈卡姆"，意为"圣贤的门徒"。犹太人对那些获得"塔尔米德哈卡姆"身份的人极为尊重，并明文规定：凡是侮辱了"塔尔米德哈卡姆"的人都必须罚以重金，情节严重者还有可能被逐出犹太区。能与"塔尔米德哈卡姆"的女儿结婚被视作一种高尚而且值得炫耀的行为。

在犹太传统中，一方面教师享有极高的地位，另一方面教师也必须有德有才。《塔木德》中有一位特别偏爱年长教师的权威人士，他说："师从年轻人犹如什么呢？犹如吃不熟的葡萄，犹如从酒瓮里喝酒。师从年长者犹如什么呢？犹如吃成熟的葡萄，犹如喝陈年的老酒。"他的一位同事却进行了机智的反驳:"不要看瓶子如何,而要看里面装着什么。新瓶可能装着陈酒,旧瓶里也许连新酒都没装。"

在上千年的岁月里,由于犹太人被剥夺了直接从事工农业劳动生产的权利,为了立足社会,他们不自觉地采取了这样的一种分工:他们中一部分人从事商业和金融活动,大量聚敛物质财富;另一部分人则从事自然科学和社会科学研究,攀登人类精神文明的顶峰。犹太民族在严酷的生存斗争中养成了依靠智力适应环境的才能,无论在物质创造活动还是在精神创造活动中都取得了优异的成就。而这两部分人也相互依赖,彼此需要,在奋斗中结成一种特殊的联盟。

犹太人在婚姻嫁娶问题上的态度也能从侧面反映这样一种关系。自中世纪以来,在欧洲尤其是中欧的犹太人中形成了这样一种观念:最理想的婚姻是有学问的教师、拉比或法学家同富翁的女儿结合。《塔木德》中也说过:宁可失去所有的财产,也要把女儿嫁给学者。关于这种价值倾向,中国学者顾骏称之为"学"与"商"的联姻,一种独特意义上的"门当户对"。他对此还发表了一番幽默风趣且耐人寻味的感叹:

> 这样一种婚姻安排对犹太民族生存的价值自不待言:生意上精明的人(成功的商人)和学问上精明的人(拉比或智者)肯定是最能应付犹太人生存环境中层出不穷的险恶挑战的人……其实,犹太人的这种"门当户对",不仅仅从生物学意义上保证了优秀基因的传递,而且也从社会学意义上、经济学意义上、文化学意义上保证了这种传递。
>
> "学"与"商"的联姻,从价值观念上保证了"卑俗"的生意人对知识与学问的认同,从而实际上除掉了其身上的卑俗气。而在经济上,非生产的学者可以通过联姻而得到资助,因为犹太人亲属之间的某种财产再分配倾向历来很强。而在民族凝聚上,钻研《托拉》的学者无疑是传统最忠诚的维护者。学者走进商人的圈子可以把那些最易"迷路"的羔羊留在上帝的栅栏内。
>
> ……智慧的犹太民族作出的这些智慧的安排,比那种让学者"下

海"搞第二职业,不知要聪明多少倍了。商人存些学者气是文明的进化,而学者只剩下一点商人气,绝对是文明的退化。(《犹太人的智慧:创造神迹的人间哲理》,顾骏著,浙江人民出版社1993年出版,第113—114页。)

第五节 学校在,犹太民族在

作为教育场所的学校,在犹太人的心目中占有非常重要的地位。有资料说,犹太人最早的学校出现在公元前10世纪所罗门王时代。所罗门王在修建耶路撒冷圣殿的同时,办起了附属于圣殿的"先知之子"学校。但对这种早期学校的具体形式,人们知之甚少。"巴比伦之囚"以后,犹太人中逐渐形成了以会堂为中心的犹太学校。犹太民众将会堂作为进行公共祈祷和学习的中心,他们在这里宣读、听讲、研究《圣经》。到后来,学校逐渐脱离会堂成为独立的教育场所。公元1世纪时,巴勒斯坦已经有了从初级到高级的各类学校,由祭司和学者们主持。

公元1世纪耶路撒冷第二犹太圣殿被罗马人毁灭后,犹太国家不复存在,但犹太人却为保存学校进行了不懈的努力。他们知道,只要学校在,犹太民族就不会灭亡。约哈南·本·扎凯保存学校的机智斗争在犹太人中是家喻户晓的故事。

约哈南·本·扎凯是《塔木德》中记载的三位大拉比之一。相传公元68年,耶路撒冷陷于罗马军团的重重围困之中,城内的犹太人危在旦夕。当时,在对待罗马人的态度上,犹太人内部分裂成两派,一派是主张以暴力抗争的鹰派,另一派是主张非暴力解决的鸽派。两派之间针锋相对,剑拔弩张。约哈南所属的鸽派被鹰派关押在耶路撒冷的城堡中,行动受到了严格的限制。

这时,约哈南心生妙计,想出了脱身之策。他先假装生病,许多人闻讯前来探望。不久便传出了约哈南的死讯,而且很快传遍了耶路撒冷全城。

弟子们把这位尊敬的拉比的遗体装进棺材,以城里没有墓地必须到城外下葬为由,逃出鹰派的设防,来到了罗马军队的阵地前。罗马士兵想用刀刺入棺材来试探约哈南是否真的已死,约哈南的弟子们死命抗争:"如果罗马皇帝死了,你们也要以刀验尸吗?我们完全没有武装,又能做出什么危害罗马的事呢?"

最后,他们终于闯过了罗马军队的防线,来到了罗马统帅部的所在地。约哈南从棺材中爬出来,要求见罗马军队的统帅。他对罗马统帅韦斯巴乡说:"我对将军阁下和罗马皇帝怀着同样的敬意。"约哈南暗示韦斯巴乡会成为未来的帝国皇帝。但韦斯巴乡却认为约哈南是在故意羞辱他,因为当时他距离帝国皇帝的职位还十分遥远。约哈南看出了对方的不悦,冷静地解释说:"请相信我的话吧。阁下一定会成为罗马帝国皇帝的。"

韦斯巴乡看到他认真的样子,便问道:"我现在已明白了你的话,那么,你来见我到底想要得到什么?"约哈南回答说:"我只有一个愿望:给我留下一所能容纳十多位拉比的学校,永远不要破坏它。"韦斯巴乡同意考虑年迈的约哈南提出的要求,并说如果他的预言能够成真,他保存学校的愿望就可以实现。

果然,不久后罗马帝国出现了内乱,韦斯巴乡作为兵权在握的将军被拥戴登上了皇帝的宝座。为了感谢约哈南大拉比的预言,他便履行了自己的诺言。当罗马军队血洗耶路撒冷时,他果然发出了一道命令:只留下小小的一所学校。这样,约哈南拉比在沿海平原小镇亚布内建立的圣经学院便得以幸存。其实,约哈南拉比早就意识到了罗马人最终会杀进耶路撒冷城血洗犹太人。为了保留民族生存的火种,他冒着生命危险,保存下了这所学校。对此,犹太历史学家、曾任以色列外交部长的阿巴·埃班评论说:

当然,约哈南考虑的不是几十位老年智者的生命,而是要发扬他们所代表的精神传统。约哈南的行动为犹太民族以后的发展指出了正确的方向。这个民族缺少争取国家独立的正常条件,因而寄希望于自己的精神财富，认为只有忠于传统才有可能使民族继续存在下去。

流散时期的犹太人极为注重学校教育，在每一处站稳脚跟后，很快就要创办学校，所以犹太学校与犹太会堂一样，成为一个地方犹太社团存在的标志。在中世纪的犹太教育中，宗教教育占有主导性地位，所以各式各样的经学院及律法学校比比皆是。近现代以来，世俗教育逐渐发达，许多犹太学校成了传播现代科学文化知识的重要场所。

犹太人之所以如此重视学校建设，是基于他们的文化传统，基于他们对学校教育的不同寻常的认识。他们懂得，学校不仅仅是培养人才的基地，更是"维护民族共同体的有效途径"，通过正规的学校教育，才能保证其子孙后代维护他们的民族身份，发扬他们的民族精神。

20世纪30年代，在纳粹德国的灭犹政策下，大约有3万名德、奥犹太人远渡重洋，在黄浦江畔登陆，来到了万国商埠上海滩。由于他们是以逃亡难民的身份前来的，许多人穷困潦倒，生活无着。来到上海之后，生活稍有安顿，犹太人便急于为自己的孩子寻找求学的地方，"他们竭尽全力，不使其子女被剥夺受教育的机会"。在著名的犹太财团嘉道理家族的慷慨援助下，1938年和1939年抵达的120名儿童被送进了上海犹太学堂，他们的学费由嘉道理家族所主持的"上海犹太青年协会"代付。

由于上海犹太学堂已人满为患，陆续而来的难民儿童又日渐增多，因此，上海犹太社团又办起了几所学校，其中最有名的是"上海犹太青年学校"（即嘉道理学校）。这里聘请了经验丰富的教员，传授数学、美术、历史、语言（包括汉语、英语、法语）等世俗课程。由于纪律严格，培养有方，"到1946年，该校的高年级学生参加了正式的剑桥商级考试并在竞争中取得成功。而那些前往美国的学生，也在这个基础上进了大学"。一位参观者在观看了嘉道理学校后欣然留言："欢乐的笑声一直回荡在这个已经忘记怎样笑的世界。"亲身经历过上海犹太社区生活的一些难民在回忆这段岁月时也深有感触地说："青少年教育是上海犹太人生活中一个阳光闪耀的方面。"

第六节 智慧比知识更重要

如果有人问犹太人这样一个问题:"人最重要的是什么?"犹太人一定会回答说:"智慧。"智慧来自犹太人的宗教传统,智慧的观念深深扎根在犹太人的心中,所以它才会在犹太人的心中占有举足轻重的地位。

犹太人中有不少关于智慧的格言:

谁是智者?智者是向所有人学习的人。

和智慧同行,必得智慧;同愚者为伍,必将毁灭。

对聪明人来说,一次教训比愚蠢人受一百次鞭挞还深刻。

智慧是人们在日常生活中形成的常识和判断力——例如,知道什么时候该说话,什么时候不该说话;什么时候行动,什么时候积蓄力量。

智慧一旦离开生活实际,将变得毫无意义。

智慧跟知识是不一样的,知识是说你知道某一样东西,智慧是你怎样把你知道的东西和日常的生活结合起来。读书的目的第一是扩展人们的知识面,第二是要使人明白做人的方法和道理,这就是智慧。俗话说的"读书明理",就是掌握知识,明白道理。比较起来,智慧更重要,是处理人生方法方式的一种巧妙的过程。

犹太民族非常看重学问,但是与智慧相比,学问也略低一筹。如果掌握了许多知识而不使用,就像在一个空房间里堆积着许多书本一样是没有多少价值的。犹太贤哲曾这样教导犹太人:"读过很多书的人,如果他不会用书上的知识,仍可能是只驮着很多书本的骡子。"这种人即使有许多知识,也派不上用场。而且,知识必须为善,用知识做坏事,知识反而是有害的。犹太人认为,知识是为磨炼智慧而存在的。只是收集很多知识而不消化,就等于徒然堆积许多书本而不用,同样是一种浪费。

犹太人崇尚创新,认为没有创新的学习只是一种模仿,学习应该以思考为基础，要敢于怀疑，随时发问。怀疑是开启智慧大门的钥匙，学得越多，知识越多，知道得越多，就越会发生怀疑，而问题也就随之增加。所以，思考和提问会使人进步，发问和答案一样重要。在犹太人家庭里，大人对放学的孩子问的第一句话就是："你又提问题了吗？"正是基于这种认识，孩子既受大人的教诲和指导，也可以同大人谈话并讨论，甚至可以争论不休。孩子们越会思考，提的问题就越多，争论的水平也就越高，这才反映出他们把所学的知识真正学到手了。人们发现，犹太人所具有的出色口才和高智力水平，正是与此有着密切的关系。有人称犹太民族是一个企图揭示自然和人类秘密的哲学家民族。喜欢思考宏观的、深层次的问题，喜欢抽象，喜欢逻辑，铸成了犹太教育的核心。

▲以色列小学生总是喜欢提问题

《圣经》中有一篇赞颂智慧的诗篇：

> 智慧岂不呼叫？
> 聪明岂不发声？
> 她在道旁高处的顶上，
> 在十字路口站立，
> 在城门旁，
> 在城门口，
> 在城门洞，大声说：
> "众人哪，
> 我呼叫你们，
> 我向世人发声，

……
你们应当受我的教训，

不受白银，

宁得知识，

胜过黄金。

因为智慧比珍珠更美，

一切可喜爱的，

都不足以与之比较。

……

在犹太人心目中，智慧和谦虚是分不开的。一个人如果认为自己是幸福的人，那么他必定是幸福的；但如果他自以为是聪明人，那么他一定是个愚蠢的人。麦穗长得愈丰硕，就愈会俯低下头来；同样的道理，愈有智慧的人，便愈会谦虚。正因为如此，《塔木德》上说："学识及能力，都像是价值最昂贵的怀表。"这是告诫众人，不要将学识、能力无缘无故地拿出来炫耀，只有在必要的时候才示之于众。

同样是智慧，犹太人看重的是活的智慧、开放的智慧，也称为"滚动的智慧"。只有滚动的智慧，才能不断发展和不断创新。下面这个犹太故事是很耐人寻味的。

有个人想深入了解犹太人的思想和精神，他读了《圣经》等典籍后，仍感对犹太人知之甚少。后来，他听说《塔木德》才是犹太人最重要的著作，是探究犹太精神世界的捷径，便去向一位拉比登门求教。

这位拉比听完他的请求后，对他说："虽然你有研读《塔木德》的愿望，但你还没有打开《塔木德》的资格。"

这人坚持请求道："就我是否有资格，你可以对我测验一下呀。"

拉比觉得他说得有道理，就同意了。他问了这样一个问题："有两个男孩一起扫烟囱。扫完后，两人从烟囱上爬下来，一个男孩满脸乌黑，另一个脸上却没有一点煤灰。你认为哪一个男孩会去洗脸呢？"

这个人回答说:"当然是那个弄脏了脸的男孩去洗脸。"

拉比冷冷地对他说:"由此可见你还没有打开《塔木德》的资格。"

这个人不服气地反问:"那正确的答案应该是什么呢?"

拉比说:"如果你有足够智慧的话,就不会那样回答了。两个孩子扫完烟囱时,一个脸是乌黑的,一个脸是干净的。脸脏的男孩看到脸干净的男孩,就会觉得自己的脸是干净的;而脸干净的男孩看到脸脏的男孩,会认为自己的脸也是脏的。"

听到这里,那人恍然大悟,要求拉比再对他测验一次。于是,拉比又提出同样的问题:"有两个男孩一起扫烟囱。扫完后,两人从烟囱上爬下来,一个男孩满脸乌黑,另一个脸上却没有一点煤灰。你认为哪一个男孩会去洗脸呢?"

这一次那人立刻就回答道:"当然是那脸干净的男孩去洗脸。"

不料拉比却仍然对他说:"你还是没有资格去读《塔木德》。"

那人感到非常迷惑不解,问道:"那到底应该怎样回答呢?"

拉比解释说:"既然是两个男孩一起扫烟囱,肯定不会有一人干净而另一人肮脏的道理。"

这就是犹太人的智慧,被称为"滚动的智慧"。

第七节　认识自我,超越自我

尽管在早期,犹太人的学习只局限于狭窄的宗教内容,但学习的传统和习惯却形成了。当进入近现代后,犹太民族乐于学习、善于学习、崇尚知识的巨大优势立刻体现了出来,他们极快捷地适应和接受了现代世俗教育,在文化科学领域里迅速地走到了其他许多民族的前面,他们中源源不断地涌现出杰出的思想家、科学家、艺术家。一些世界级犹太文化巨人在回忆童年生活时,也常常提到他们小时候学习《圣经》的情况,并认为这对他们后来的发展产生了重要的影响。

犹太人不仅注重培养知识及能力，而且强调教育应该培养一个人辨别善恶的能力。他们认为学习的意义应该很广泛，否则人们会失去生气，不能生活得有声有色。而学习的目的不外乎两个，一为"过人的生活"，二为"增加人性之美"。

以下这则犹太寓言很能说明犹太人是如何看待这个问题的。一个人想知道天空是从哪里开始的。他首先遇到一只蚂蚁，他问蚂蚁："天空是从哪里开始的？"蚂蚁回答说："天空是从你鞋子那么高的地方开始的。"他继续向前走，遇到了一只山羊，他问山羊："天空是从哪里开始的？"山羊回答说："天空是从草原消失的地方开始的。"最后，他遇到了一位白发老人，他问老者："天空是什么地方开始的？"老者说："天空是从你的脚下开始的。"

天空开始于你的脚下，世界也是如此。犹太人认为世界开始于每一个人，因此，绝不可以说"我怎么能有改善世界的力量呢"。犹太人强调要加强个人自身修养，培养起善恶的观念，并由此来影响周围的人和环境。他们的这种观念，同中国儒家"修身、齐家、治国、平天下"的人格理想有着非常明显的相似性。

善恶的判断也要从自己开始，《塔木德》是这样教育犹太人的："凡能超越别人的人，都受过两种教育——一种受自教师，另外一种受自自己。"

犹太人如此注重培养关于善恶的价值判断，也在于他们倾向于认为，善恶之辨也是一种具有永恒性的人格魅力。如果一个人仅凭着自己的好恶而活着，那么他的自我感受也好，利害得失也好，都很难持久。一个人要想具有超越刹那的力量，能吸引他人并对他人有感召力，就必须善恶分明，这就是诚实或信用的魔力所在。

犹太人虽然认为每个人都应该以善来改造自己，改造世界，但并不单纯地认为个人活着就是为了他人和社会。《塔木德》指明了个人的生活目的："人是为保存自己和帮助他人而生的。"他们认为，人不可只为自己或只为他人而活着。光想着自己的人是卑贱的，而光想着怎样做自我牺牲的人则有丧失了理智的嫌疑。可见，犹太人的善恶观也是非常有分寸的，易于为人们所理解和接受。

犹太教信仰认为，人的本能中有善与恶两个方面，善与恶是人的两种冲动。虽然上帝能预知一切，但他也给了人进行自我选择的能力。这样，人就有可能做好事，也可能做坏事。做好事将受到奖赏，行恶事将受到惩罚。但是，尽管一个人做了坏事，只要真心用行动改正，就仍能得到上帝的慈爱，仍可以免受惩罚。

关于犹太人的善恶观，有这样一个故事：一个寒冷的早晨，一位生活在俄国的老拉比受到他自己心中善与恶两种念头的折磨。善的念头催促他说："赶快起来到会堂去，你必须赞美上帝！"但是，恶的念头却使他感到更舒服："继续呆在床上吧，在这样糟糕的天气出门你会感冒的，你还会死的。不要出去！"这位老拉比犹豫了一阵，然后对恶念头说："谢谢你考虑我的健康，我也担心你的健康。所以，你就呆在床上吧，我要到会堂去。"

懒惰是每一个人的大敌，也是人的一种天性。尤其在现代社会，生活节奏紧张而匆忙，学习的时间变得少而又少，那么怠于学习就成了理所当然的事情了。犹太人很早就意识到这个问题，并在学习的过程中明确指出："与其超越别人，不如超越自己。"这样就能够不断地鞭策自己前进，而不会因为一时的懈怠或者暂时的成功而失掉继续向前的动力。这种历史传统已经融入了犹太人的血液之中，所以称犹太民族为最勤奋好学的民族是一点也不为过的。著名的犹太物理学家爱因斯坦就曾说过："人必须经常思考新的事物，否则就会变得和机器人一样。"

知识如同银器，要经常擦拭，如果一天懒得动手，银器就会蒙上灰尘，失去光亮。所以，学习一天都不能放松。尽量多地学些不同的事物，将它们组合起来，就会有新的智慧和洞察力产生；这些不同的事物相互影响之后，往往会使人有许多新的创见，有时都会把自己吓一跳。每个人都有与生俱来的创造力，只是有些人通过坚持不懈的学习把它发挥了出来，而更多的人却因为懈怠让这种才能荒废掉了。犹太人看到了这一点，就在《塔木德》中写下了这样的话语："能超越他人的人，不能算是真正优秀的人；能超越自我的人，才是真正优秀的人。"在犹太人眼中，与其千方百计地想要超越别人，不如勤以自勉，借以超越自己，这样才会最后走上成功的道路。

　　有人说，犹太民族是世界上忍耐力最强的民族。如果没有这样一种超乎寻常的韧性，他们就不可能在两千多年来的逆境中生存至今。凡是刚强的东西就容易折断，一个没有韧性的民族也很容易因冲动和失去理智而招致灾难。经过千年的磨炼，犹太人在恶劣的生存条件下，往往能表现得从容自信，具有特殊的心理承受能力，能忍受别人看来难以忍受的事情。犹太人能有超人的忍耐力，并不是因为他们在拼命地压抑自己的情感和冲动，而是因为在他们那里，理智的力量远比感情冲动的力量强大得多。犹太人历来主张把罪恶本身与作恶犯罪之人区分开来，应该"憎恨罪，不憎恨人"。历史上有不少民族曾经虐待、迫害过犹太人，但这并没导致犹太人对这些民族有什么特别的憎恨。而且犹太教义还认为，犹太人遭受苦难，是因为他们自己犯下了罪孽。因此，不应该怨天尤人，而应该通过自身的努力，重新造就更完善的精神生活和社会生活，以达到自我救赎。有了这样一种心态，他们就能够平静地看待一切，同时又能自强不息。

第八节　本章给我们的启示

一

　　让我们还是从前面的诺贝尔奖谈起。这多少是一个令我们这个有5000年历史、有10多亿人口的中华民族感慨万千的话题。确实，在诺贝尔奖获得者人数这个问题上，与犹太人这个只有1000多万人口的小民族相比，我们这个泱泱大国只能汗颜相对，只能感到深深的惭愧和无奈。

　　人口只占世界人口0.2%的犹太民族，竟获得了186项诺贝尔奖，占获奖人数的21%。中华民族人口已超过13亿,约占世界人口的1/5,但在600多位诺贝尔奖得主中,只有十多位华人或华裔,他们是:李政道(1957年获物理学奖)、杨振宁(1957年获物理学奖)、丁肇中(1976年获物理学奖)、李远哲(1986年获化学奖)、朱棣文(1997年获物理学奖)、崔琦(1998年获物理学奖)、钱永健(2008年获化学奖)、高锟(2009年获物理学奖)、莫言(2012年获文学奖),屠呦呦(2015年获生理学或医学奖)……

一位学者统计了诺贝尔奖获得者的种族,发现犹太人获诺贝尔奖的人数是欧美各民族平均数的28倍。我们中国人口几乎是犹太人的100倍,但获诺贝尔奖的人数却连各民族的平均数都达不到。中国人不要说比不上犹太人,甚至还不如印度、埃及、墨西哥、巴基斯坦这些发展中国家。

问题出在哪里呢?是因为中国人缺乏智慧吗?显然不是。美国的一家影响力非常大的刊物曾经发表过几位权威的智力测验专家的文章,说多次智力测验证明犹太人和东亚人(中国、日本等)的智商是世界各种族中最高的。其次才是白人,最后是黑人。中国人的聪明智慧是举世公认的,在美国流行一种说法:"美国的财富在犹太人的口袋里,而美国的智慧却在华人的脑袋里。"是中国人不重视教育吗?也不是。同犹太人一样,中华民族自古以来就有尊师重教的传统,"有教无类","学而不厌,诲人不倦","万般皆下品,唯有读书高"等都是中国人耳熟能详的古训。

也有人说诺贝尔奖的评选受意识形态的影响,一些西方人对中国人带有根深蒂固的偏见。当然不能排除这种情况,尤其是在评选和平奖、文学奖这类奖项时,肯定有文化和意识形态的因素。但科学奖的评选却是有其客观标准的,而当年也是社会主义国家的苏联曾获得过近20项诺贝尔自然科学奖。还有人认为诺贝尔奖的评选有地理上的"重欧美,轻亚非"因素,但其他亚非国家(甚至经济、科技实力都不见得比中国高的亚非国家)也同样获得过多次诺贝尔奖,如南非、印度。

应该说,问题出在我们的教育观念和教育制度上。虽然几十年来,我们的教育也有很大的发展，但平心而论，教育的内在质量并没有获得相应的提高：教育的主体性和人在教育中的主体地位尚未确立；教育长期处于国家高度包办的状态，尚未成为面向社会的开放系统，远远不能满足人民大众日益高涨的教育需求；现代学校制度建立后仍有许多不尽人意的地方，高等学校的办学自主权空间和余地太小，存在着脱离社会发展、效益低下、官本位等弊端，致使学校缺乏活力，学术品质恶化，人文精神的流失和人才流失同样严重。被称为"最后一块净土"的教育领域的种种腐败现象渐趋严重，令人关注。

现行的教育制度、教学管理和师生关系，已经成为青少年个性发展和创造性培养的障碍。全社会性的人才危机并未过去，中国最优秀的青年人才仍然在源源不断地流向国外，中国与世界教育和科技先进国家的差距仍然存在。从这一角度来说，中国的现代教育在新世纪应该深刻反思并深化改革。面对世界范围内风起云涌的教育改革，面对信息时代的挑战和激烈的国际竞争，中国教育滞后于社会发展的弊端更加凸显出来。就像20世纪末一样，教育改革又一次成为全社会共同的、紧迫的呼声。

二

我们都知道，犹太人中产生了许多世界性的文化巨人。然而，一个有趣的现象是，这些科学、哲学领域的巨人多数是一些放弃了犹太教并在很大程度上西化了的犹太人。大科学家爱因斯坦只相信泛神论的上帝；马克思的父辈改信了基督教，而他本人则是坚定的无神论者；斯宾诺莎因反对犹太传统而被开除教籍；迈蒙尼德虽然信仰犹太教，但他的思想中却充满了亚里士多德的理性主义哲学；科恩主要是一个新康德主义者，只是退休后才表现出对犹太宗教哲学的兴趣；胡塞尔、弗洛伊德等思想家、科学家也几无多少犹太教生活可言。以学术的理性观点来看，纯粹传统的犹太人是不可能创造举世瞩目的丰功伟绩的。

然而，在那么多随着理性、科学的发展而放弃了宗教传统的西方人中，为什么单单犹太人成功的比例最高？难道他们的成功与其犹太文明传统毫无关系吗？其实，这些非传统的甚至离经叛道的犹太人的巨大成功仍与其犹太传统有着千丝万缕的联系。道理很简单，传统作为意识形态不是哪个人随便说放弃就可以放弃，或者说被开除就能够开除的。一个犹太教徒可以放弃他对上帝的信仰，但他未必愿意或能够放弃传统的家庭观念和伦理道德以及另外许多隐而不显的东西。那些放弃不掉的成分总是自觉不自觉地影响着他的行为和生活，铸造着他的人格和事业。众所周知，斯宾诺莎是因为离经叛道而被开除犹太教籍的，但是，这种惩罚并没有使这位受过良好的犹太传统教育的思想家断绝与传统的联系。其实，他对《圣经》的历史的、理性主义的批判并无意否认它存在的价值，反之，他希望人们认真研究《圣经》，真正读懂《圣经》。正是出于这种考虑，他在晚年编写了《希伯来语语法》，以期对人们研究《圣经》有所助益。在他的《伦理学》中，永恒的上帝依然是世界的根源和人生鹄的；按照他那带有神秘色彩的"理智的爱"的概念，知神与爱神相得益彰，愈知神就愈爱神，因而亦愈幸福。在这里，中世纪迈蒙尼德以来的犹太传统得以彰显。斯宾诺莎简朴耐劳，恬静知足，安贫乐道，生活中不失犹太先哲风范。在其他科学家和思想家那里，这种和传统的关系也都可以或多或少地见到，甚至在马克思这位彻底的无神论者那里也可窥见犹太传统的痕迹。他对理想的执著信仰不由使人联想到其祖先对上帝的矢志不渝，他的共产主义蓝图和犹太教中的"弥赛亚（即救世主）时代"有着惊人的相似。

众所周知，犹太家庭的子女受高等教育的比例在欧美国家名列前茅。这一现象在很大程度上也是传统使然。在《阿伯特：犹太智慧书》中，教导犹太人刻苦学习，持之以恒，不耻下问，学用兼顾，寓乐于学的段落随处可见。例如，"学问，不进则退；不读经，毋宁死"，"耻于问者无以学，少耐心者无以教"。当然，所学内容因时代而易。在《圣经》时代和中世纪早期，犹太人的所谓学习就是研读《圣经》和《塔木德》，正如中国古人学习四书五经一样。中世纪时期，犹太人除了读经，开始重视世俗知识，尤其是医学，当时的许多知名犹太人都是医生。迈蒙尼德（1135—1204）在其《迷途指津》中明确规定逻辑、数学、天文、物理为学习神学的预备学科。近代以降，欧洲犹太人得到公民权，原有的和西方人的隔阂一度减弱，自觉学习西方文化和世俗学科蔚成风气，并延续至今。一言以蔽之，学经典、学科技、重教育乃是犹太传统的重要组成部分。孔夫子提倡"学而不厌"，认为"学而时习之，不亦乐乎"，这一点和犹太传统完全一致。谁能说那些成功的犹太人与其代代相传的善于学习、重视教育的传统没有关系呢？

不拘泥于传统，乃至反叛传统，同时又离不开传统，受益于传统，乃是杰出犹太人成功的奥秘所在。若固守传统，犹太人只有《希伯来圣经》和《塔木德》，只有拉比和经典学问家；走出传统的犹太人则拥有了一片新天地、新思维，因而也才有了新创造，成为世界级的大师和巨匠。另一方面，他们的成功又无不得益于他们或其父辈生活于其中的那个传统的优秀成分，这些成分或者造就了他们吃苦耐劳、坚忍不拔的品格和作风，或者被消化吸收到新的体系中。

每一个民族都有其传统。中国和犹太人一样拥有悠久的历史和辉煌的传统。我们都置身于传统中，同时又面临传统以外的新天地。他山之石，可以攻玉。在举国上下发愤图强振兴中华的今天，看看犹太人，尤其是那些杰出的犹太人对待传统的态度，对我们自己当是大有裨益的。

第二章 神奇民族的教育特色

世界上有许多民族都热爱学习、喜爱读书，除了我们中国人外，人们常提到的还有冰岛人、芬兰人、俄罗斯人、英国人、美国人等。相比之下，人们发现犹太人不但热爱读书学习，而且也更善于读书学习。在教育方面，犹太民族有一套他们自己独特的、行之有效的做法。犹太民族自古就以尊重知识、注重教育而闻名于世。《圣经·箴言》曾告诫人们："弃绝管教的必致贫受辱，领受责备的必行尊荣。"早在上古时代，犹太人就开始形成自为一体的教育思想和教育体系，在世界教育史上占有一定的地位；流散时期的犹太人，面对艰难的生存环境，更是始终把教育视作一种至高无上的神圣事业。犹太人建立以色列国家后，极为响亮地提出了"教育立国"的口号，建立了一整套完备而有效的教育体制，使发达的教育事业成为这个年轻国家创造奇迹的坚强后盾。

犹太人在当今世界文化事业中的地位和作用，从一些数字可以看得十分清楚：诺贝尔奖获得者中约21%是犹太人；在很长一个时期里，美国的出版、评论、戏剧和影视业约90%是犹太人主持的；在好莱坞，犹太人或者犹太裔多得竟到了这样的地步，那里的非犹太人感到自己是"外人"；理论物理学领域因其中的犹太科学家和学者之多而被称为"犹太物理学"；早期的皮肤病领域，几乎所有的著名医学家都是犹太人，这种现象被戏称为"犹太皮肤"，可见犹太人的影响力。面对这一现象，人们自然会提出一个问题：小小的犹太民族何以会在短短一二百年的时间内涌现出如此众多的文化和科学巨人，对人类进步发展事业作出那么重大的贡献？学术界从多方面寻找答案，一些人甚至提出了天赋和智商的问题。但更多的人还是试图从犹太教和《圣经》对犹太民族素质的滋育，漫长的亡国史使犹太人在苦难中经受磨炼，在现实中对生存权利和复国的强烈追求等方面，来解开这个问题的谜底。

第一节　从成功的美国犹太人谈起

一个两千年来四处流散的民族，没有祖国，没有什么依靠地从一个国家向另一个国家迁移，在这种不断迁移的过程中，很容易被固化和淹没在其他文化和民族之中。然而，犹太民族不但没有在漫长岁月和种种磨难中消失，反而在世界各地大放异彩。这个民族的神奇力量，令世界为之惊叹。从犹太人在美国社会中发展的情况，也可以清楚地说明这一点。

1654 年，23 名犹太人为逃避宗教迫害从巴西来到新阿姆斯特丹（即后来的纽约市），后来人们就把这一年作为犹太人定居美国的开端。到 1776 年美国宣布独立时，约有 2500 名犹太人定居在纽约、查尔斯顿、费城、纽波特等沿海商埠，绝大多数从事商业。北美独立战争爆发后，犹太人积极出钱出力，为独立战争的胜利作出了巨大贡献。美国的开国元勋们对犹太人十分尊重，约翰·亚当斯称犹太人是"在这个世界上居住的最光荣的民族"。19 世纪以后，犹太人为逃避欧洲大陆的反犹浪潮，开始大批移居美国，到美国南北战争时，其人数已达 18 万。随着美国西进运动的发展，犹太人也从东部来到西部，犹太社区在西部的新兴城市纷纷出现。到 1880 年，美国犹太人已达到 25 万人。

从 19 世纪 80 年代开始，出现了犹太人规模最大的一次移民潮。在短短 40 年里，共有 300 万犹太人涌入美国，使美国犹太人口总数到 20 世纪

20 年代已达 350 万。这次来到美国的主要是逃避反犹太迫害的俄国和东欧犹太人。他们完全不懂英语，而且都一贫如洗，初到美国时要依靠当地犹太组织和慈善团体提供帮助。青壮年大都在工厂、商店和服务业找到了体力劳动工作，而老年人由于体弱力衰和语言不通往往得靠救济生活。他们仍然习惯性地聚居在一起，于是在美国东部和中部的许多大城市里出现了犹太区，纽约市的下东区是当时最大的犹太区。

1933 年希特勒在德国发动反犹运动后，出现了欧洲犹太人移民美国的又一次浪潮。尽管美国对移民严加限制，从 1933 年到 1945 年，仍有 20 多万犹太难民通过各种途径进入美国。二战以后，美国成为了世界上犹太人口最多的国家。据美国官方统计，2002 年美国犹太人总数为 615 万，占当时全世界犹太人总数 1610 万人的约 38%。

经过几代移民的艰苦努力，犹太人早已在美国站稳了脚跟。他们与其他族移民一起为美国的开发与建设作出了很大的贡献，他们自己也从一个无足轻重的小移民群体成长发展为美国社会的中坚力量。犹太人把美国视作上帝恩赐的"新乐土"，在安居乐业、谋求发展这一信念的支配之下，他们毫不保留地把自己的智慧与才华奉献给美国社会。无论是美国土生的犹太人还是刚刚洗去尘埃的新移民都视美国为自己的祖国，并立志在这里实现自己的生活理想。近代以来，特别是 20 世纪以来，占美国总人口 2.3% 的犹太人对美国的经济、文化和精神生活作出了不可磨灭的贡献。

从科技文化领域看，犹太知识精英们的作用特别突出。当今的美国人绝对不会忘记正是爱因斯坦、冯·纽曼等犹太科学家把美国带进了核时代。据社会学家的统计，对美国人最有影响的 200 名文化人中，有一半是犹太人。到 20 世纪 90 年代初，在获得诺贝尔奖金的 200 多名美国学者中，有近 40% 是犹太人及其后裔。据统计，90 年代中期，美国每 5 名律师中就有 1 名犹太人。在联邦最高法院中有过 5 名犹太大法官，他们是：路易斯·布兰代斯、本杰明·卡多佐、费利克斯·弗兰克福特、阿瑟·戈尔德贝格、阿贝·福塔斯。美国司法部的犹太律师也高达 10%。在美国，有

30%以上的犹太男子获得专业职称和博士学位，许多人成为大学教授。在美国东部的名牌大学中，犹太教员多达25%。他们敬业求实，奋发向上，学术界中广为流传的"发表（成果）或者完蛋"是他们鞭策自己的座右铭。在美国的航空航天局中，犹太科学家的比例最高时达15%。

在电影业，犹太人更是如鱼得水。美国第一部有声电影是华纳兄弟公司于1911年拍摄的《爵士歌手》，而华纳四兄弟正是犹太人。美国几大制片公司的奠基者也多为犹太人，如派拉蒙影片公司的阿道夫·祖柯，米高梅公司的路易斯·梅耶、塞缪尔·戈德温等。20世纪六七十年代，好莱坞有半数的导演为犹太人。90年代因电影《辛德勒的名单》而闻名于世的大导演史蒂文·斯皮尔伯格也是犹太人。犹太人在文学、戏剧、音乐等方面也取得了重要成就。另外，在出版、文学、剧作、演艺等行业中均有举不胜举的犹太名人，就文学而言，在当代美国的一流作家中，犹太裔作家占了60%以上。在新闻出版界，也涌现了一大批著名的犹太记者、编辑和专栏作家，《纽约时报》和《华盛顿邮报》最早都是由犹太家族创办的。现任美联社董事会主席唐纳德·纽豪斯也是犹太人。

在社会经济领域，经过几代人的奋斗拼搏，大多数美国犹太人已成为中产阶级，主要从事工商业、金融业和专业技术工作，只有1%的人仍是非熟练工人。根据1988年的调查，有47%的美国犹太人每年收入在4万美元以上，而在非犹太人中只有25%的人才能达到这个水平；同时，只有10%的犹太人年收入在2万美元以下，而在这个水平以下的非犹太人比例为29%。在20世纪上半叶，犹太工商业家已在服装业和百货零售业中居于统治地位。而到了二战后，特别是80年代以来，他们进一步控制了皮毛业，在粮食加工业、电子业、餐饮业、娱乐业、钢铁业、石油业、化工业等领域的实力也日益增强。虽然"犹太人控制华尔街"这句话过于夸大其词，但犹太金融家在美国金融界的实力确属首屈一指，其中如库恩-洛布公司、塞利格曼公司、拉扎德兄弟公司、所罗门兄弟公司、戈德曼-萨克斯公司等都是金融业颇具影响的巨头。犹太人艾伦·格林斯潘长期担任美国联邦储备委员会的主席；犹太人乔治·索罗斯拥有实力雄厚的量子基金，被称为世界头号"金融倒爷"。犹太人在纽约证券交易所也一直具有举足轻重的影响。

到20世纪初，犹太人开始进入政界的上层。第一位成为内阁部长的犹太人是奥斯卡·斯特劳斯，1906—1909年任西奥多·罗斯福总统的商业和劳工部长。此后越来越多的犹太人进入内阁。其中比较有影响的有富兰克林·罗斯福总统任内的财政部长亨利·摩根索，尼克松和福特两位总统任内的国务卿亨利·基辛格，卡特总统任内的财政部长迈可·布卢门撒尔等。人们称基辛格是"外交魔术师"、"现代梅特涅"，正是他以超人的胆识和才能为美国政府解决了一个个政治难题，如中美建交、越南和平协定的签订以及美苏核武器谈判等。为此，有人带有几分遗憾地断言：若不是犹太出身，他有可能成为最出色的美国总统。

克林顿总统的6位重要阁员都是犹太裔：国务卿奥尔布赖特、国防部长科恩、财政部长鲁宾、贸易代表巴尔舍夫斯基、国家安全事务助理伯杰和驻联合国大使霍尔布鲁克。州长、市长中也有许多犹太人。犹太裔的路易斯·布兰代斯曾担任联邦最高法院法官达23年，还有多名犹太人士担任过最高法院法官。至于被选为历届国会议员的犹裔人士，就更加难以一一列举了。仅以1998年选出的第106届国会为例，就有犹太裔众议员23人、犹太裔参议员11人。在2000年美国总统大选中，民主党总统候选人戈尔选中参议员利伯曼为竞选伙伴，使之成为美国历史上第一位犹太裔副总统候选人。犹太人在美国社会中的地位和作用愈发令人关注。

第二节 美国犹太人成功的秘密

为什么一百年前同样是一贫如洗的新移民，犹太人就能在美国社会中脱颖而出，而其他民族却无法与之相比呢？美国犹太人为什么能获得成功呢？无疑，美国有适合犹太人生存与发展的社会条件，然而美国犹太人成功最主要的秘密还是应该归结为两个字——教育,善于学习和重视教育是犹太人在美国成功的最主要原因。

美国教育制度最主要的特征就是多元化。不同于其他国家,美国没有一种统一的教育政策,也没有一种全国一致的教育制度,而以各种不同类型的教育和学术单位来代替。美国有50个州,在办教育方面各个州都有很大的自主权,尤其是在高等教育方面更是开放灵活。在世界许多国家,高等教育有一个统一的系统,各校都在系统内运作,甲校和乙校差别不大。而美国的大学除公立、私立之分外,大的可以大到有如一个城市,袖珍型的学院可以小到仅有千人。在这些不同的学校中,课程的差别也极大,从艺术、太空工程到妇女研究、动物学,应有尽有;许多大的学校提供上千种不同的课程和上百种不同的学位。另外,美国校园也有如美国社会的缩影,校园里你可以看到各种族裔,如犹太裔、亚裔、非洲裔、西班牙裔等,他们都是美国人,有的是第一代移民,有的可能已经是好几代之后的了。美国教育的这种包容性和多元性,与犹太教育所具有的兼容性和善于吸收外来文化的特点正好相一致。

犹太人自古就有重视教育、尊重知识的传统,美国多元化和免费的公共教育制度则为他们接受教育提供了一种极有利的社会环境。犹太人长期生活在欧洲,那里的教育由国家主导,带有浓厚的基督教色彩,对犹太教徒特别歧视,犹太人或被挡在校门外,或被迫接受基督教而背离民族的文化传统。而美国的教育是非常开放的、世俗的,教育的大门向犹太人敞开着。一位研究者写道:"教育仍然是通向成功的途径。他们求知的热忱虽然古已有之,但在美国更加蔚然成风。……犹太人迫不及待地投入了美国的免费公共教育体制。这种体制截然不同于欧洲的那种国家主导的、具有宗教取向的学校体制,后者不是把犹太人拒之门外就是给他们提供格格不入的信息。就犹太人的福祉而论,最大的恩惠莫过于开放性教育。"因此在美国,犹太人接受中等和高等教育的人数大大高于其他族群。

犹太人来到美国后，发现自己身处一个与欧洲完全不一样的氛围之中。这是一个"新大陆"，没有欧洲那么多的旧传统和历史包袱，对所有外来者都是开放的，充满自由主义而又注重实效和功利，一切都在多元的竞争机制中运转。正是在这样一种环境里，古老的犹太文明与美国的价值观和文化习俗互相接触、沟通、冲突、交汇、融合，逐步形成了一种新的文化形态——美国犹太文化。美国犹太文化的特征之一就是保持大量的犹太传统。只要对美国几种主要的族裔文化作一比较，就会发现美国犹太文化中的传统意识要比美国的白人新教文化、非洲裔（黑人）文化、拉丁美洲裔文化、亚裔文化等都强得多。

这种美国犹太文化就包括信仰犹太教、重视家庭关系以及重视教育、鼓励学习等。一旦生活安定下来之后，各个不同时期移居来美的犹太人都把教育置于极高的地位，身为移民的犹太父母竭尽全力使子女接受良好的教育。根据美国工业委员会的资料，美国犹太母亲的就业率低于其他民族，其原因就在于她们要操持家务，以便更好地供孩子上学。该委员会还发现，"在小学里，犹太儿童因为聪明、听话和总的行为良好，很受老师喜欢"。一位犹太母亲刚在纽约的贫民窟落脚，就会去公共图书馆不厌其烦地为孩子索取图书卡，为孩子的入学和教育奔走操心。犹太母亲的这种独特行为，在其他民族中是不多见的。

由于重视教育，美国犹太人社会地位的上升要比其他少数族裔快得多。如第一代俄国犹太移民的文化程度很低，但他们不管自己多穷苦，也要千方百计送子女进学校受教育。这一坚持不懈的努力很快见效，经过一二十年后，他们的下一代已具有较高文化，成为各行各业的专门人才。一项关于纽约俄国犹太移民职业的调查显示：第一代男性移民中61.2%的人在加工业工作，只有27.5%的人经商；而这个百分比在第二代男性移民中发生了惊人的变化，32.6%的人从事加工业，57.8%的人经商。又如1891年时只有十几个来自东欧、俄国的犹太人在纽约当医生和律师，但只过了10年，这一数字已上升为千人。而对大多数移居美国的亚裔、拉美裔家庭来说，要取得同样的进展需要几代人的时间,非洲裔美国人则用了更长的时间。在今日美国,犹太社团的人均受教育程度仍是各族裔中最高的。

犹太人历来尊崇学者,教师和智者的声望极高。因此,大学里的学位特别是高学位就成了犹太学生追求的目标。对一个犹太家庭来说,没有比家庭中有一名或几名博士更为荣耀的了。其结果是在犹太人中产生的诺贝尔奖获得者、科学领域中的代表人物以及各种专业人才,其数量之多远远超过他们的人口比例。有资料说,美国获诺贝尔奖的科学家中有约30%是犹太人,美国每5个大学教师中就有1个是犹太人。

在美国社会中,犹太人早已成为受教育最好的社会群体。犹太人的受教育水平,尤其是接受高等教育人数的比例已远远超过了非犹太人,而且学历层次越高这种差别越大。原先人们虽然有这样的感觉,但并没有准确的数字和统计。美国犹太联合社区委员会2003年发表了一个调查报告,把美国犹太人的教育程度、职业分布和收入水平与美国总体情况作了一个比较。该报告表明,美国社会中的犹太人确实比非犹太人在教育、职业和收入方面有一定优势,属于一个相对成功的族群(见下表)。

2000—2001年美国犹太人的教育水平对比表 (单位:%)

学历	犹太人	犹太男子	犹太女子	美国总体
大学	55	61	50	29
研究生	25	29	21	6

资料来源:United Jewish Communities, *The National Population Survey* 2000—2001: *Strength, Challenge and Diversity in the American Jewish Population*, New York, 2003, p. 6.

2000—2001年美国犹太人职业分布对比表 (单位:%)

职业	犹太人	美国总体
专业技术人员	41	29
管理和行政人员	13	12
商业和金融从业人员	7	5

资料来源:同上。

2000—2001年美国犹太人收入水平对比表（单位:%）

	75000美元或以上	25000美元或以下	25000—75000美元
犹太家庭	34	22	44
美国总体	17	28	55

资料来源：同上。

通过这些数字可以看出，四处漂泊的犹太人，在美国这样一个极富挑战性的新大陆上终于找到了可以安身立命的场所与发展自己的契机，经过长期的适应与相互影响，他们的思想文化与观念形态已与美国社会的主流紧密相融。在三个半世纪的时间里，美国犹太人走过了一条充满荆棘的奋斗之路，一条不断遭受挫折的成功之路，终于从一个无足轻重的小移民群体成长为美国社会的中坚力量。而成功的秘密，就是犹太人传统的教育理念和方法在美国找到了适于生长的土壤。

第三节　从宗教教育到世俗教育

谈了美国犹太人的情况之后，还是让我们再回过头来认识犹太民族的教育方式和特色吧。

前面谈到，犹太教把学习和教育作为信仰的一个组成部分，当然，这里主要指的是对宗教的学习和教育。犹太人的传统教育基本上都是宗教教育。《希伯来圣经》中有大量关于对犹太人和犹太儿童进行教育的诫命。《箴言》第3章第24节中说："教养儿童，使他走当行的道，就是到老他也不偏离。"《约书亚记》第1章第8节中也说："这律法书不可离开你的口，要昼夜诵读。"犹太律法中也要求父母尽可能早地开始对孩子的宗教教育，甚至要求在孩子刚开始开口说话时就要求他背诵这样的句子："摩西将律法传给我们，这是雅各会众的产业。"犹太教规定，父亲对儿子有三项应尽的义务，其中之一就是必须教儿子学习犹太经典。为了能够学习经典，第一步就是要识字。所以，多数犹太儿童在很小的时候就随父亲学习识字，诵读经文。

根据犹太经典《密西拿》的规定：儿童从6岁开始学习《圣经》，10岁起学习《密西拿》，13岁起学习犹太诫律，15岁学习《革马拉》。最通用的教学方法是背诵，不管是否理解先得熟记。犹太学校中有"读101遍比读100遍好"的说法。教师在学生背熟了的情况下，再进行逐段讲解，有时为了巩固所学的内容也采取讨论的方式。犹太会堂的出现，使人们多了一个学习的场所。从公元前3世纪起，犹太会堂开始办学校，招收犹太儿童入学。到公元前1世纪，犹太社团中出现了犹太会堂之外的专门学校，让人们系统地学习犹太经典文献。

▲19世纪俄国的一位犹太父亲正在教子女读书

在中世纪，无论是西方犹太人的社团，还是东方犹太人的社团，所采用的典型的教育模式都是，一个教师带着一批学生，整日学习以宗教为主要内容的课程。这样的学校被称为"和读"（Seder，意为"房间"）。随着学生年龄的增长和学识的提高，他们就可以从一位教师门下毕业，去跟随另一位水平更高的教师学习。一些犹太社团还开设一种律法学堂，有不同的班级。这类学校也开设数学、历史一类的课程，但目的是为了帮助学生更好地理解宗教课程的内容。

19世纪，犹太教育的一个重要现象是，在东欧等地兴办了许多被称为"耶希瓦"（Yeshiva）的犹太经学院，不少地区形成了律法研究中心。这些经学院从十多岁的犹太青少年中招收学生，并划分年级，学生从一个年级到另一个年级有系统地学习。成绩优秀者可以继续学习，终身从事研究，成为犹太经典的专家。这些学院所开设的课程多为《塔木德》和口传律法，《圣经》的内容则以自学为主，原则上禁止世俗课程。

即使进入20世纪后，犹太人对宗教教育的重视仍不改初衷。例如在美国，犹太教正统派开办了一些全日制的宗教学校（除开设宗教课程外，也开设部分世俗课程，以适应社会的发展），目的就是为了鼓励人们学习犹太传统文化，研究犹太教教义。后来，犹太教改革派和保守派也纷纷开设这类学校。据统计，第二次世界大战结束后初期，美国拥有各类犹太宗教学校100所，到20世纪90年代已增至900所。与此同时，世界许多大学也纷纷开办犹太学院或犹太学系，让犹太和非犹太青年学习希伯来语、希伯来文化，教授有关犹太宗教、律法、哲学、文学、伦理等方面的知识。

正是由于许多世纪来犹太人一直坚持以宗教为教育的核心内容，许多研究者就认为，犹太教育是一种封闭、落后和保守的教育。中国教育学家戴本博先生的观点就是一种具有代表性与普遍性的认识，他在论述古代的希伯来教育时这样写道：

> 古代希伯来教育不同于古代东方其他各国的教育，它以教育儿童接受"上帝"为开端……希伯来人的教育是超越世俗的，浸沉着浓厚的宗教神学气氛。它注重品德培养胜于传授知识，尤为注意儿童敬畏上帝，养成谦逊、节制、仁慈、诚实等品质，认为掌握世俗知识的目的是为宗教神学服务，绝不是为求知而求知。无论是其前期的家庭教育还是后期的学校教育，都极不重视自然科学知识的学习和对人文知识的传授，各种教育渠道、教育形式无不为的是向学生灌输神学知识和律法理论。（戴本博：《外国教育史》，人民出版社，1990年出版，第41页。）

当然，犹太教育的封闭性特点是显而易见的。那么，应该怎样来看待犹太教育的这种封闭特点呢？在漫长的历史中，犹太民族表现出的这种自我隔绝于外界的封闭性，实际上是一种自我保护的机制。只有保持了这种以《圣经》和《塔木德》为精神核心的封闭性，才能保持犹太文化的主流，犹太民族的特性也才能延续；也只有这种自我封闭，才能使四处漂泊的犹太人抗拒驱逐的压力与同化的潮流，并保持着民族复兴的信心。一旦失去了这种自我封闭，犹太民族必将同其他许许多多消失在文化歧途上的民族一样，走上一条由同化到消亡的衰败之路。

但是，如果我们只看到其封闭性而看不到其开放性，就难以把握犹太教育的基本内涵。缺乏地理保障与民族疆界的犹太人较好地处理好了封闭性与开放性的关系。犹太文化传统之所以能经得起几千年历史的荡涤与陶冶，并以新的姿态与面貌展示于国际舞台上，正是由于既封闭又开放的犹太教育结出了丰硕成果。一方面，封闭性的特点使犹太教育深受民族宗教文化传统的滋养与培育，使其不同化、不消亡；另一方面，开放性的特点又为犹太教育注入了能量与活力，使其能不断自我调整和发展，以适应外部世界的不断变化。

一般人认为，早期的希伯来教育是纯粹的宗教教育，宗教贯穿于一切，凌驾于一切。其实不然，即使在这一时期，犹太教育的内容也并非绝对单一，宗教之外的某些世俗性学科也得到了一定的重视，这从《希伯来圣经》和《塔木德》的内容都可以看出。

在公元 2 世纪以前，希伯来文化的主要成就集中体现在《圣经》之中。这部经典巨著是从公元前 6 世纪到公元 2 世纪花费了六七百年的时间，对浩如烟海的历史资料进行采撷、整理，并从理论上加以升华、艺术上进行创造而最终形成的。《圣经》问世之后，便成了犹太教育的一部最重要的教科书。

由于《圣经》是在特定的历史条件下形成的，再加上为了树立民族独尊地位的需要，犹太人力图使它神圣化、经典化，这样就使它与实际生活之间的鸿沟越拉越大。因此，犹太人需要一种"准圣经"，能在神与人之间架起一座桥梁，为子孙后代制定一套生活的准则。于是，在公元 2 世纪至 6 世纪之间，流落在巴比伦的犹太社团就集中本民族的宗教贤哲与思想精英，编纂了洋洋 250 万字的犹太口传律法集，这就是《塔木德》。《塔木德》对传统的犹太律法加以阐释，内容涉猎极为广泛，包括神话故事、祖先传说、历史沿革、民俗风情、天文地理、医学、算术、植物学、历史学等诸多方面。通俗、简洁、实用的《塔木德》形成之后，就和《圣经》一起构成了犹太教育的蓝本。从某种意义上说，作为理性与智慧结晶的《塔木德》的问世，正体现了犹太民族的开放性心态。

天文学 古犹太人认为天文学是人们必须掌握的课程之一，因为只有掌握了天文学知识，才能推算节气，决定历法。《塔木德》上曾明确规定有能力的人应尽可能多地学习天文历法，成为不愚不惑的智者。

音乐 自古以来，以色列人以酷爱音乐而著称。相传，大卫王就有很高的音乐天赋，他不仅写出许多气势磅礴的优美诗句，而且还能谱写悦耳动人的乐曲。他本人还是一位优秀的歌手和竖琴师，他为扫罗王及其3个儿子的壮烈牺牲所谱写的哀歌，长期流传，感人至深。大卫王执政时期，雇佣了大批音乐老师，开展音乐活动，普及音乐教育，培养儿童的音乐天赋，使他们或者能参与集体活动，或者能独立接待朋友，或者通过自我娱乐领悟美妙音乐的高雅情感，或者通过赞美上帝的恩典来感化人们的心灵。

律法 律法是早期犹太教育的主要科目之一。以色列人要求每个儿童（包括女孩）从小就要学习律法，孩子们所接受的律法教育不仅仅是为了培养对上帝的敬畏心理，而且也包括伦理道德教育、民法及卫生教育等等。

医学 早在《圣经》时代，犹太人的医学知识与医疗方法就相当丰富了，不过，早期的医术常常是从宗教和律法的角度来叙述的。《圣经》中与医药有关的教律就多达213条，《塔木德》中也有大量关于医学的文献，尤其是对解剖学、胚胎学有较深的研究。这一时期的犹太学校已把医术列为学术课程，要求儿童接受医学传统的熏陶，学习和领会广泛的医疗卫生知识。有些出色的"塔木德"学者就是娴熟的医生，如著名的迈蒙尼德。受这一文化传统的影响，后来的犹太人对世界医学作出了极为重要的贡献。

经商训练 《塔木德》规定，每个犹太男孩无论其家境好坏、地位高低，都必须学习经商的技巧。孩子长到18岁时，如果不从事神职工作，便要学会经商。因此，早期的希伯来教育中，把经商技能的训练视作培养孩子的一个重要方面。如果一个孩子在这方面接受并掌握了基本的知识，那他会被认为是已具备了必备的生活技能。

在后来的大流散过程中，如何维护传统的民族文化是犹太教育的主旋律，宗教教育得到了强化。在中世纪，虽然科学无奈地被动成为神学的婢女，但犹太人对世俗教育的企求并未就此中断。例如，12世纪至13世纪的西班牙犹太人，对外部世界表现出极高的热情，许多学校开设了逻辑、语言、几何、算术、天文、音乐等世俗课程。近代以来，随着资本主义时代的出现以及欧洲社会对犹太人种种限制的减弱，犹太教育又一次掀起了涉足世俗科学的高潮，纷纷开设语言、数学、物理及其他学科，宗教课程与世俗课程相结合的犹太学校首先在西欧建立，随之扩大到东欧。

可是，当被异族同化的危险相对减弱时，犹太民族的发展就又面临着新的困惑，即单一保守的传统化的教育与丰富多彩的现实社会日益脱节。这时，善于思辨的犹太人会在把握主流的前提下，立即调整自己的教育目标，使之成为民族前进的动力，而不是禁锢其发展的桎梏。这从兴起于18世纪中叶、延续到19世纪末叶的犹太启蒙运动中可以明显地体现出来。

19世纪以后，随着启蒙运动的发展和解放时代的到来，犹太人掀起了学习世俗科学的热潮，并在教育内容与教育体制上广泛地吸取了近代西方教育的先进经验，从而大大提高了犹太人的文化素质。在意大利、法国、英国、德国等地的犹太社团都维持了较高的教育水平。如1900年前后的维也纳，"学者们被认为是最高贵的贵族……当时，许多青年都不上学，而犹太人却热心于教育。犹太学生几乎占总学生人口的30%左右，在犹太人居住较为集中的地区，某些学校的犹太学生占据了在校学生的大多数……正是由于对教育的热忱，犹太人得以进入学术和文化领域"。

在启蒙主义者中，俄国思想家冈兹伯格的作品对犹太教育的改革产生了很大的影响。冈兹伯格作为一位作家、记者和批评家，在他带有自传色彩的《亚以比谢》一书中，以自述的方式批判和揭露了宗教传统及陈规陋习对犹太青少年的禁锢与危害，号召人们与各种陈腐观念及偏见决裂。他以满腔的热情呼吁犹太人改革墨守成规的教育制度与繁缛陈腐的教学内容，采用科学的教学方法，保证青年一代的健康成长。他的著作深刻地体现了时代精神，开阔了犹太人的眼界。另一位哈斯卡拉活动家、有"俄国的门德尔松"之称的莱温佐恩在他的《以色列的密西拿》一书中，详细地阐述了复兴犹太教育的计划。他号召青年人不仅要学习《托拉》，还要学习外语、世俗科学，并且要从事生产劳动，尤其是农业劳动。

启蒙运动大大丰富了犹太人的思想，激发了犹太人学习现代科学文化的浓厚兴趣。这一时期的犹太教育注意培养融传统文化与现代潮流为一体的下一代犹太人。欧洲各地的犹太社团普遍出现了文化繁荣的景象，在哲学、自然科学、文学、语言及艺术等领域涌现出了一批杰出的犹太精英。

随着工业革命的兴起与教育的发展，犹太人突然发现他们正面临着不可忽视的新知识的挑战。如果犹太文化想在精神方面继续得到尊重，那么就必须把现代哲学纳入他们的有关上帝、世界、理性及人的本质等问题的思考之中，就必须广泛吸取传统之外的新知识，投身于现代化的洪流之中。这样，犹太教育的目标又一次发生了重大的调整，即通过大范围多层次的现代化、世俗化教育，使犹太人了解西方文化，掌握现代科学技术。与此同时，还要深刻反思民族文化，提炼犹太教信仰，清除自中世纪以来弥漫于犹太宗教中的谬误与虚妄，消除文化孤立主义，弥合在精神与文化方面与西方文明社会的差距，"最终塑造出在思想与文化方面能适应整个欧洲社会的新型的犹太人"。这样，处于思辨过程中的犹太人又一次把历史的重任赋予了教育，教育改革成了他们实现理想的武器。

20世纪以来，随着科学文化事业的迅猛发展，世俗教育的迅速普及，越来越多的犹太人在保存犹太身份的前提下，广泛深入地接触世俗教育，医学院、法学院、商学院、理工学院等等都成了犹太青年获取知识的场所。杰拉尔德·克雷夫茨在谈及当代的美国犹太人时就高度评价了他们的求知精神。他指出，在美国，"世俗教育越来越兴盛"，"上学成了他们的期望，智力受到赞扬，高学位为他们所追求"。

第四节　从家庭教育到学校教育

犹太人在智力取向活动方面的优势以及在文化领域的成功，有着历史和社会等多方面因素，而他们独特的家庭教育在其中也起着很重要的作用。家庭在犹太人的教育中是一个非常重要的环节，而非犹太人家庭在这方面就显得相形见绌了。就是这一因素，构成了两者在许多方面的差异。

早期的犹太教育和其他原始民族的教育一样尚处在萌芽阶段，当时没有正规的学校和教师，家庭便成为孩子们接受教育的主要场所。犹太人非常强调父亲对子女的教育，在他们看来，父亲是上帝委派的第一位教师。父亲的职责不仅仅是要把子女抚养长大，而且要第一个把神圣契约与律法传授给他们，教会他们如何做一个犹太人。父亲在家庭教育中的特殊地位也许与当时犹太人所处的社会阶段有密切的联系。随着迁出埃及和征服迦南，犹太人逐渐由游牧文化转入农业文化，父权制社会逐步形成，家庭成为较为稳定的社会组织，父亲便成为家庭中的核心人物。既然教育子女是"神所吩咐的诫命"，这一崇高的责任自然就落到了父亲的肩上。

犹太人的家庭教育较为注重对儿童的早期教育。先知以赛亚说，婴儿从断乳期就应当接受教育。斐洛主张襁褓中的婴儿就应该感受到上帝的灵气，长大后就要逐步学习背诵祈祷词、《圣经》、格言、谚语及圣典上的一些简单内容，如果父母有能力的话，还应教孩子识字并学习书写。对儿童早期教育的高度重视，是说明古犹太人重视教育的一个重要方面。一位拉比是这样说的："如果一个人从小学起，他可以比作什么呢？比作把字写在清洁的纸上。如果一个人到老了才学，他可以比作什么呢？比作把字写在有污渍的纸上。"

早期犹太人家庭教育的主要内容是宗教神学并辅之以道德和职业方面的训练。教育的直接目的是培养孩子对上帝的敬畏心理以及身为犹太人的使命感与优越感，启发他们对公义与信念的献身精神。尽管当时的家庭教育还比较原始、狭隘，远未形成完备的教育体系，但它却在犹太民族的发展史上，在世界教育史上占有一定地位。"正是这种浸沉着浓厚宗教气氛的家庭教育，使得每个犹太人家庭都是一个牢不可破的堡垒。正是这种把一切统摄在笃信上帝、充当上帝的子女的教育之下，使得犹太人尽管此后散居各地、被掳往异乡，仍能继续生存、发展，保持其传统习惯、宗教信仰。"（戴本博：《外国教育史》，人民出版社，1990年出版，第32页。）

犹太人重视知识的应用和独立思考，这来自于他们的基本信仰和生活经验。犹太人的基本信仰只有一条：承认上帝的存在。其他一切都可以根据自己的经验和理解去独立思考，而这并不违背教义。"三个犹太人有四种意见"是犹太人好争辩的写照。即使在摩西十诫中，父母与子女的关系只有一条："孝敬父母"。父母有责任指导孩子读书，增长知识，明辨是非。他们在一起诵经，共同探索经文真谛，达到交流思想的目的；孩子不是简单模仿大人的行为，要多问为什么，甚至展开争论，这并不有悖家规，而是受到鼓励的。

但犹太人认为对顽劣的儿童可以进行体罚。体罚是基于这样一种信念：要把误入歧途的孩子引上正道，通过无情的鞭笞使他永远告别罪恶，步入高尚和美德构筑的殿堂。在他们的眼里，鞭笞是获取知识和增长智慧的有效方法。正如犹太格言所说的那样："马不打会变野，儿不打会变劣"，"鞭子是抽劣马的，笼头是套笨驴的，棍子是打蠢人的"，"愚蠢在小孩子心中，只有棍棒才能把它赶走"。

一个典型的犹太家庭是，男子外出挣钱养家，女子操持家务，相夫教子，确保子女完成学业。富有人家是这样，贫困之家也是这样。一个犹太孩子，除须外出求学外，每天要做多次祈祷，每七天要过一个安息日，每年有十几个宗教节日，父母通过这些对孩子进行着宗教的、民族的，也是文化的教育。犹太人的家庭教育是非犹太人无法比拟的。犹太传统婚姻也体现犹太人尊重知识的精神，困境中的犹太人最懂得优生优育的道理。才智一般的犹太人尚难立足社会，更何况才智低下的人呢？犹太人的"门当户对"不完全是财富与门第的匹配，而是人的素质的匹配。富人愿为子女寻找有才华的青年或品行好的女子，而不管他（她）是贫是富；贫穷的父母宁肯变卖家中财产也要为子女找一个有学识的人家。

"巴比伦之囚"以后，随着犹太文化的发展与繁荣，犹太人中出现了专门从事文化工作的新阶层——"司书"。"司书"实际上是抄写员、律师、翻译员的总称。"他们成了希伯来人的第一代职业教师……他们不在农村而到城市去教导人们，让他们服从耶和华，这是司书和教士的职责"。与此同时，为了维护犹太人的宗教信仰与民族身份，防止被巴比伦文化所同化，在流放地的犹太社团中第一次出现了犹太会堂，人们在此聚会礼拜，学习律法；天长日久，来会堂的儿童越来越多，不得不另设房屋，用于儿童的学习与祈祷，这便是萌芽中的初级学校。

犹太人返回巴勒斯坦之后，当时的家庭教育已难以满足需求，犹太人便仿照在巴比伦的做法建立自己的学校。据记载，公元前3世纪，在一些犹太会堂中已开始设立学校，后来学校逐渐增多。这些学校主要向低龄儿童传授读书写字的知识。年龄较大的孩子则进入一些专门学校系统学习犹太宗教与律法。公元前75年，耶路撒冷元老院的大法官西缅·本－蔡奇颁布法令，推行广泛的初级教育，规定犹太社区必须资助公共教育，父母必须送儿子入学。公元64年，大祭司约书亚·本－加玛拉拉比重申西缅的法令，规定每个社团都必须设立学校，6至10岁的儿童都必须入学，在老师的监督下学习律法。这一法令被认为是犹太义务教育出现的标志。这一传统以后一直为犹太人所继承，并逐步为世界上其他民族所接受，成为现代义务教育的先声。

《塔木德》对犹太式教学的明确规定，反映了学校教育的基本模式。它规定：每一村落应设一学校，儿童在25名以内，由一位教师承担教学；儿童超过40名，要由两位教师（并另设一名助手）承担教学。儿童10岁时小学毕业，接着进入律法学校。目的是要把孩子培养成"法律之子"或"模范子民"。儿童15岁之前一般都得在学校学习。15岁之后，如果父母亲有经济能力的，还可以到以著名学者命名的学校，如"山迈之家"、"希勒尔之家"等继续深造，学习更深奥的律法，以增长才能。

中世纪以来，各地的犹太社团在面临重重困难的情况下，仍艰难地维持着重教的传统。只不过此时他们的重点已从古老的家庭教育转为社团中的学校教育了。遍及欧洲各地的犹太社团极为重视办学、聘请有学问的教师和开展对律法的研究。尽管"世界对犹太人的态度是黑暗的，但学术的光不会熄灭"。为了让孩子成为有知识的人，在艰难中奋斗的犹太人始终对教育怀着极高的热忱。这种情形一直持续到今天，"上学成了他们的期望，智力受到赞扬，高学位为他们所追求"。

在18世纪、19世纪的俄国，反犹主义盛行，犹太人的处境是极为艰难的。然而，在许多犹太社团里，人们仍把接受教育视作自豪且值得夸耀的事情。希伯来语启蒙作家亚伯拉罕·帕佩纳在他的自传体作品中，就详细地描述了在尼古拉一世统治下的一个俄国小城市里曾经出现过的这样一种现象：

> 我们城市的特点是缺乏现代化学校。科皮尔连一所国立或公立的世俗学校也没有。基督徒居民都是文盲，而犹太人却办起了大量的学校。当时，科皮尔约有3000居民，其中有犹太人、白俄罗斯人和鞑靼人。犹太人是少数。所有4至30岁的犹太男子都在黑德尔（传统的男子小学校）学习。虽然没有规定女孩子必须受教育，但她们大多能朗诵祷词，阅读《摩西五经》的依地文译本。在科皮尔，有个犹太人为了送自己的孩子去上学不惜倾家荡产。不少穷人为了交纳学费卖掉了自己最后一个枝形灯架或仅有的枕头……除去为浴池烧火和担水的呆子梅尔克以外，科皮尔的犹太人中没有一个文盲。即使那个低能的水夫也多少懂得些祈祷词，能够一字不差地背诵对《托拉》的祝词。

俄国犹太人热衷于教育的传统一直延续到当代。在苏联时期，犹太人的教育水平超过了其他诸民族。据1920年的统计，当时俄国犹太人有70.4%已经脱盲，比其他民族的比例高出一倍。而且，"由于得天独厚的机遇和对高等教育的渴求，他们大量地进入大学和各类技术学院……1929年，在俄罗斯的医学和经济学院中，犹太学生占60%以上"。在20世纪七八十年代，即苏联解体前，犹太人接受大学教育的比例为2/3，而苏联其他民族上大学的比例仅为1/4。

早期犹太人的教育基本上是以男性为中心的教育，尽管女子在家庭享有尊严的地位，但她们扮演的角色主要是相夫教子。《塔木德》中有这样的说法："妇女如何获得荣誉呢？通过把儿子送到犹太会堂去学习《托拉》，把丈夫送到拉比学院去研究。"这种传统也一直持续到近现代。人们注意到，尽管西方社会中犹太妇女的文化教育素质很高，但就业率却低于其他民族，原因是她们要留在家里照看孩子，以确保孩子的学习质量，这一家庭安排的"远见卓识"，非其他民族所能比。

第五节　特色鲜明的教育形式

在犹太教育中，方式方法的多样性也是一个相当突出的特点。长期以来，犹太民族从自己的切身体验中积累了许多特色各异的教育方法，这些方法在今天看来仍具有很大的借鉴意义。

犹太人很注意对儿童的教育。每个人的童年时期都有一颗纯洁的心，那时他们并不知道世界的真实面目，只觉得世界很美好，世界在他们心中就像一片蔚蓝的天空。他们不仅相信自己，而且信任周围所有的人。如此天真单纯的人，当然是无法应付复杂的社会的。于是，这些父母便从小就教育自己的孩子，世界是复杂的，绝不能轻信任何人。

据说有一种犹太父亲教育儿子的方法：父亲把3岁的儿子放在窗台上叫他往下跳，父亲在下面接。孩子跳到父亲的怀中自然十分安全，因而玩得十分高兴。到了第三次，孩子又欢快地跳下，但父亲却突然抽回了手，可怜的孩子跌落到地上，痛得哇哇大哭。父亲则站在一旁，以嘲弄的眼光望着上当受骗的儿子……当孩子抱怨父亲为什么欺骗他时，父亲就趁机教导儿子:"你为什么以为我接了你前两次就一定会第三次再接住你?你为什么以为我是你父亲就一定会帮你?"这样教育的结果是,即便是父亲也不可相信,孩子以后自然就不会轻易相信任何人了。

这样的教育方式,在其他人看来未免太残酷了:为什么要在孩子幼小的心灵印上如此阴沉的刻痕?为什么在孩子那么小的时候就让他学会怀疑和仇恨?然而,犹太人的逻辑是:一个被逼得逃离了自己家园数千年,被逼得操持贱业、受人宰割而只能忍辱偷生、苟延残喘,世世代代浪迹天涯,深味做人不易和世态炎凉的民族,为什么没有怀疑他人和世界的权利呢!

犹太家庭很注意培养孩子的独立意识。犹太孩子从小在家庭里便以一种平等的身份和父母相处,他们对父母直呼其名。他们要想得到零用钱,就必须帮家里干活,除草10元,买牛奶1元,洗衣服5元,孩子们无论年龄大小,一律同工同酬。正是这种平等和独立思想,使孩子从小就认识到,连自己的父母也不可靠,要想生活得舒适,就得靠自己去奋斗争取。所以,他们成年之后就开始独立生活,自己赚钱养活自己。正是这种从小就开始的、似乎有些不近情理的教育方法,使犹太青少年很早就能适应社会,找到解决生计的好方法,在自己的事业领域里纵横捭阖。

犹太男孩一到13岁,就要举行被称为"巴尔—米茨瓦"的成人礼仪式。由他自己选择《圣经》中的一节,在众人面前宣读。不仅要读,还必须阐述自己对这节经文的解释。虽然刚刚13岁,但已经被要求发表独立见解了,此后他也会认为自己是一个大人了。同时,犹太人还十分注意明智处理长幼之间的关系。《塔木德》上有这样的话:"5岁的孩子是你的主人;10岁的孩子是你的奴隶;到了15岁时,父子平等;以后就要看你如何栽培他——他可以成为你的朋友,也可以成为你的敌人。"

一般来说,天下的父母总是希望孩子拥有自己未曾拥有过的东西,所以他们偏爱给孩子们提供更好的物质条件,如给孩子们更多的零用钱,让他们上更好的学校等等,在孩子们身上真是一掷千金也在所不惜。但犹太民族更注重精神上的延续:"我希望将父亲以前所遗留给我的东西,同样留给我的孩子。"这些东西是什么呢？是亲情、勤勉、谦虚以及节约的精神，在犹太人心目中，这是比金钱宝贵得多的财富，是应该一代一代一直传递下去的财富。所以，好父母不见得是最肯花钱或者花钱最多的父母，而是那些懂得做人的道理、具有做人的尊严的父母。犹太父母在教育子女的同时也在教育自己。

　　重视学习的民族，必定也尊重能够带来知识的人。谁能带给我们知识和经验呢？当然只有老师和长辈了。因此，犹太家庭也教育孩子尊敬师长，这不仅是要给孩子们树立学习的榜样，同时还含有更深层的意思，那就是不断督促师长们自我努力，给学生和子女做出表率。犹太人把家庭教育看作是一种双向的教育。犹太人有许多种勉励个人提高修养的方法，其中之一就是让成人在晚辈面前保持自己的尊严，这的确得付出不少辛苦和代价。山峰伸出云端，像是希望长得比天更高。同样，父母和师长也都希望能够爬上最高的地方，以作为孩子们的模范。这不能不说是一种聪明有效的做法。

　　除家庭教育外，犹太人还很注重另一方面的教育——社会教育。在古代，犹太人社会教育的方式主要有两种：首先，在犹太会堂等场所反复宣传某些圣贤之士的善言善行，为人们树立一种学习的楷模。《圣经·申命记》中说："他们要将你的典章教训雅各，将你的律法教训以色列。"根据这一告诫，犹太拉比们形成了在公共场合讲授律法的传统，并要求妇女、儿童也应参加。在这种场合拉比不仅仅讲授律法知识及上帝的训诫，而且还广泛介绍先知们的美名美德，在人们心目中唤起一种道德感染力。其次，通过宗教节日进行社会教育。犹太民族的宗教节日繁多，每个节日几乎都与民族历史息息相关。每当宗教节日来临之际，犹太人都要举行盛大的纪念活动，在这些活动中很注意启发性地引导孩子们提出一些问题，通过长者的解答与阐释，使孩子了解更多的知识。

　　例如，犹太家庭中有这样一种习俗——在一年一度的逾越节家宴上，家中最年幼的孩子都要提出这样四个问题："为什么今晚与其他夜晚不同？为什么只吃无酵饼？为什么吃生苦菜时要蘸盐水？为什么今晚要倚着椅背吃？"然后由家中的最年长者来回答这些问题，复述犹太民族出埃及的故事，全家一起诵读有关的《哈加达》篇章等。《圣经·出埃及记》中明确规定了在逾越节应该对子女进行这样教育：

> 当那日，你要告诉你的儿子说，这是耶和华在我出埃及的时候为我所行的事。这要在你手上做记号，在你额上作纪念，使耶和华的律法常常在你口中，因为耶和华曾用大能的手将你从埃及领出来。所以你每年要按着日期守这例。将来耶和华照他向你和你祖宗所起的誓，将你领进迦南人之地，把这地赐给你，那时你要将一切头生的，并牲畜中头生的，归给耶和华……日后，你的儿子问你，这是什么意思，你就说，耶和华是用大能的手将我们从埃及为奴之家领出来。

这样，年复一年，每一个宗教节日，年轻人都经历了一次传统教育，而且每次接受教育的内涵也不尽相同。如在逾越节，他们感受的是祖先的勇敢与机智；在五旬节，他们领悟的是祖先的虔诚与神恩的荣耀；在结茅节，他们体验的是祖先的艰辛及其感人的意志。另外，"儿童们在游戏中也经常表演这些活动，并承担不同的角色……儿童成长的整个生活环境就是他学习知识的大学校"。

家庭、社会和学校三方面紧密结合的教育方法，使犹太青年从不同的方面、以不同的方式深受民族传统的耳濡目染，从而对本民族的历史与文化产生深刻的印象。海涅在谈及斯宾诺莎的成长历程时说过：把这位哲学家教育成才的功劳不能仅仅归于学校，而要归于社会，归于犹太人特有的生活，这一点也许正是他与其他哲学家的区别之所在。爱因斯坦的成就，也与他在童年时代受到的良好教育有关。他自己说，他在很大程度上得益于母亲对他的音乐熏陶，得益于叔父的数学启蒙，得益于父亲在他做出了蹩脚的小板凳后仍加以鼓励的情感教育。

犹太智慧书《阿伯特》在谈及学习时，极为强调学与行的结合。它指出："有四种上学的人：学而不行，得到的是对学的报酬；行而不学，得到的是对行的报酬;亦学亦行,是虔诚者;既不学又不行,是恶棍。"那么,学习的目的到底何在?《阿伯特》中已经提出了"学以致教,学以致用"的至理名言。犹太教极为注重伦理道德方面的感化与教诲。犹太学生在接受这一方面的教育时,不仅仅要求掌握各种伦理准则、律法知识,而且必须躬行实践,运用于自己的一言一行、一举一动之中。正如《阿伯特》上所说的,"学习《托拉》,要持之以恒,要少言多行。待每一个人都要满面春风"。

犹太人还认为,接受教育是每一个人的责任与义务,但学习知识和钻研律法并不能代替劳动的技能,因此还必须学习一种技术。《塔木德》上说,"凡不教育子女学习职业的人,便是教育了女从事盗窃"。只有那些既学到了智慧又能维持生计的人才算是选择了人生的正道,"那是一条能给选择者以荣耀和他人之赞誉的道路"。《阿伯特》上还引用了拉比加玛拉的话,阐述了学习《托拉》与劳作之间的密切关系:

> 最好的是学习《托拉》能与一项脚踏实地的劳作一起进行。同时致力于这两项,将使人摒除恶念。而任何不伴以劳作的《托拉》学业都终将被荒废并引发犯罪。一切为公众服务者,都应以上天的名义而工作——因为是你们祖先的业绩在佑助你们,永恒的是他们的公义。至于你们,我将赐你们以丰厚的报偿,就仿佛是你们自己完成了这些工作一样。

在这一传统观念的影响之下,从古代开始,犹太人就极为强调要掌握一门技艺,要求儿童无论贫富贵贱、等级高低,到成年时都必须掌握一门手艺。部落所有的头领也都有技术,甚至可以和街上的匠人媲美。犹太人这种重视技艺的美德使儿童从小就接受职业训练,培养谋生的能力,这样他们成人之后就易于从社会中寻得自己的地位。

背诵、记忆是古希伯来教育最通用的教学方法。在学者们当中,能一字不差地背诵《圣经》是最值得夸耀的事。教师们常常要求学生背熟内

▲法国犹太学校的学生

容,然后再逐段逐句讲解,其目的就是为了让学生丝毫不漏地掌握圣典的内容。犹太人在强调机械性记忆的同时,还主张勤于思考。希伯来圣哲讲过:一个成功的学者要手脑并用,通过学习来引发思考。因此,当学生熟背了所学的内容之后,老师常常引导学生提出问题,并对这些问题进行讨论。在讨论的过程中,使学生把所学的知识上升到一定的高度。

犹太人认为,学校固然是获取知识的主要场所,但学校教育并非万能,仍有许多在学校中学不到的知识需要掌握。为了弥补学校教育的不足,每个人无论其年龄大小都应学会自教自学,具有独立获取知识的技能,并以此来指导自己的生活。尽管每个人自教自学的方法不尽相同,但所有事业有成的犹太人都不约而同地视读书为一种最有效的自教育法,并在实践中积累了许多行之有效的读书方法,如定向选读、广采博收、巧用信息等等。

诺贝尔奖获得者、美籍犹太人赫伯特·布朗说:"我的祖父常问我,为什么今天与其他日子不同呢?他总是让我自己提出问题,自己找出理由,然后让我自己知道为什么。我的整个童年时代,父母都鼓励我提出疑问,从不教育我依靠信仰去接受一件事物,而是一切都求之于理。我以为,这一点是犹太人的教育比其他人略胜一筹的地方。"

当代德国犹太问题专家沃尔特·拉克在他的《犹太复国主义史》一书

中谈及德国的犹太人时这样写道：

> 比当代出现在政治舞台上的意义更为重大的是他们在文化领域所取得的巨大成就。大量犹太人进入中学和大学学习，几年之后犹太人在这些学校学生中所占的比例远远超过了他们在总人口中所占的比例。在100个信基督教的德国男孩中只有3人读大学预科；中等学校是上大学的进身之阶，在100个犹太教孩子中却有26人在这些学校求学。这种情况必然会导致大批犹太青年毕业后从事自由职业。第一次世界大战后普鲁士每4个律师、每6个内科医生中就有1个犹太人；在大的中心区，像柏林和维也纳，百分比更高。1850年以前几乎没有犹太人在科学上获得什么名望和地位，这时从那些叫卖小贩和街头零售商的子孙中出现了众多光彩夺目的人物。他们是化学家和物理学家、数学家和医生。他们的名字用金色的字母印在科学编年史上，像弗洛伊德和爱因斯坦，他们的成就意味着在科学思想上的一大革命，它的意义须要在许多年以后方能为人所认识。
>
> 即使是反犹主义者在心不甘情不愿的情况下也不得不承认，犹太人在居民中所占的比例虽小，但他们所作的贡献是极大的。从19世纪初开始，他们已表现出对新闻事业和戏剧艺术的特殊喜爱，后来他们又出现在以前被认为是绝对的"非犹太人所有的职业领域"内。埃米尔·拉特瑙成了德国电气工业的先驱之一；阿尔贝特·巴林是德国一家主要航运公司的首脑；马克斯·利贝曼是当时德国最伟大的画家，而德国音乐如果没有犹太人的作用简直难以想像。

据统计，在纳粹上台前，德国一流的科学家中有25%是犹太人。犹太人对科学文化事业的特殊贡献不仅仅表现于德国。在意大利的某些学科中，犹太人所占的比例甚至比德国还高，意大利杰出的数学家中犹太人的比例占50%以上，若考虑到在这个国家里犹太人口仅占总人口的1/1000，这不能不说是一种带有奇迹性质的现象。

第六节 本章给我们的启示

一

灾难和痛苦自出生便紧紧追随着人生的脚步，对于犹太人来说就更是如此。然而，潜藏在每个犹太人心中的民族意识是一种不可动摇的信念，他们相信明天，相信努力奋斗会带来光明的结局。犹太民族具有罕见的向逆境挑战的勇气和毅力，这既是这个民族的独特的性格，也是使其生存至今的一个重要因素。

犹太民族中有一则流传很广的寓言，很能说明犹太人这种为生存而奋斗的勇气和决心。有三只青蛙一同掉进一只装满鲜奶的桶中，第一只青蛙说："这是神的旨意。"于是，它缩起后腿，一动也不动。第二只青蛙说："这只木桶太深了，我实在没有办法跳出去。"说完也同样动也不动。不久，这两只青蛙就被淹死了。而第三只青蛙却说："我一定要设法跳出去。"于是它不断地跳呀跳。它的不断跳动，使牛奶渐渐变稠了，最后变成了坚硬的奶酪。第三只青蛙最后跳出了木桶，因而保住了生命。

犹太人对人生苦难及一切不幸总是抱有乐观向上的态度，总是抱有积极向上的向"第三只青蛙"学习的态度，总是把教育、人才、学习、学校、知识作为克服困难、应对一切不幸的首位对策。这种思想观念、这种意志品质是相当值得我们学习的。随着我国改革开放的逐步深入和市场经济的全面建立，生活节奏、工作节奏、学习节奏都大大加快了，工作的压力、生活的压力、学习的压力也大大加大了，这种压力可能会压垮许多过惯四平八稳的生活、适应按部就班的学习和工作的人，也最易使人失去心理平衡，患上各种各样的心理疾病。面对挑战、压力、紧张、冲突，我们认为，犹太人的许多宝贵品质是值得国人学习的。这种能够承受压力、勇于面对困难、对明天充满希望的品质，是中国青少年特别需要加强的。

事实上，每个人都存在着"经验"和"潜能"，每个人都有其可发挥作用之处。拿破仑有句名言："世上没有废物，只是放错地方。"许多人认为自己没有"经验"和"潜能"，没有成功的本领，这明显失之于消极。他们不懂得"经验"有直接经验和间接经验两种。直接经验是自己的实践总结，间接经验是别人的经验，有了经验可以少走弯路，事半功倍。为此，善于自我挖潜的人，懂得不断总结自己的经验，学习别人的经验，其失误就较少，工作效率也较高。有了经验的人，也懂得怎么去挖掘自己的潜在力量，不至于漫无方向，束手无策。

　　犹太民族出了那么多影响全人类精神世界的伟大巨人，一个最为重要的原因就是这个民族善于思考，善于从正反两个方面、甚至是多个方面思考一般人根本不会去探究其原因的问题。一个人或者一个民族如果只是按简单的直线方式去思维，按非此即彼、非左即右的方式去认识事物，认识问题，认识世界，怎么可能产生学术巨人呢？又怎么走出一些思想怪圈呢？中国人是聪明的，也是勤奋的，但思维方面的缺陷也是明显的，唯书、唯上、唯利的短视思维可能正是束缚中国人聪明才智的一大绊脚石。

二

　　犹太教育有许多特色，其中很值得一提的是犹太人对男女儿童一视同仁，均要求他们学习犹太宗教和文化知识，女性教育水平并不比男性低。犹太母亲受教育程度普遍不低而就业率却较低这一现象，从表面看她们是牺牲自己的事业，在家相夫教子，而实质上是这个民族的一种远见卓识，是民族和家庭内的一种分工，以支持整个民族向科学和知识的高峰攀登。"母亲的素质决定民族的优秀与未来"这种说法是有深刻道理的。一个民族和国家的强大，不仅要解放妇女，同工同酬，还应大幅度地提高女性的教育水准和文化素质，这一点尤其应该引起国人的重视。与犹太民族相比，中国千百年来，父权、夫权一直扮演主角，妇女社会地位低下，反映到教育中，女童与男童受教育的权利就很不平等。时至今日，中国广大农村女童辍学、失学的比例也远远高过男童，重男轻女的封建传统仍然很有市场。这种几千年的长期历史文化和女性教育的畸形发展，使我国妇女，尤其是广大农村妇女的整体文化素质不高，而女性素质不高，受教育程度不高，怎么可以指望下一代具有良好的素质呢？又怎么可以指望她们在相夫教子上有远见卓识和广阔的视野呢？

中华民族和犹太民族都是历史久远的古老民族，我们5000年文明中积累起来的宝贵文化遗产是令人骄傲的。中国真正落后于西方发达国家是从明清时期才开始的，中国在很长一段时期的落后，实际上是教育、科技的落后，是许多思想观念的落后。犹太教育的成功经验，向国人昭示着这样一个亘古不变的道理：教育就是力量，有了这种力量，人世间任何困难都可以克服。如果教育在国人心中也如同犹太人所认为的那样神圣、重要并得到尊重，中华民族的腾飞指日可待。

人的智力和精神财富，来源于接受教育。中国自1995年正式提出"科技兴国"战略以来已取得了相当大的成就，这一符合时代发展潮流的治国方略应该坚持数百年不动摇。但问题的关键是，科教兴国既是一个战略目标，同时也是一个长期的过程，是一个需要千千万万教师、知识分子、学校、管理人员投身于其中，作出巨大努力才可能见成效的大工程。这也是一个需要相当长时间才能出成果、产生效益的工程，而我们中的一些人却只看到眼前利益，只想急功近利地不投入或少投入便获得巨大回报，因此在诸如办教育的资金问题、教师队伍建设问题，以及学校、社会、家庭三方面的共同努力等处都采取了许多短视行为。

虽然我们国家已把教育摆到了重要的位置上，提倡尊师重教，提倡为希望工程作贡献，但在市场经济大潮中，不少人的教育文化意识逐渐淡薄，为饱满"钱袋"而空了"脑袋"，新一代文盲在扩大。国民文化素质的下降，已引起社会各界人士的关注。我们应当从犹太人重视教育中得到启示和鞭策。如果都能像犹太人那样"倾家荡产"地让孩子读书，"希望工程"就大有希望了。

第三章 智慧民族的视角：教育＝财富

犹太人从古至今都信奉这样的教育理念：让年轻一代受教育，掌握知识，这对社会、家庭和个人来说是一笔可以不断升值的财富，而且是所有财富中最重要的财富。犹太人认为，对于一个民族来说，即使丧失一切，也不能丧失对年轻一代的教育，只要能不断对年轻一代进行教育，让他们掌握完备、合理的知识，让他们学会思考、探索、钻研知识和基础技能，这个民族就会重新拥有一切。这个民族凭借着对年轻一代的教育，不断培养出具有创造力的、素质优良的社会成员，使他们在有利的社会环境中更具竞争力、更为优秀，即使在不利的社会环境中也能更为明智有效地采取多种措施克服困难，在逆境中自强不息，获得最大的生存空间和发展余地。

的确，纵观人类五千多年的历史长河，先后出现过多个古老文明，但存活下来的文明却屈指可数。曾经盛极一时的巴比伦帝国、波斯帝国、亚述帝国、罗马帝国、拜占庭帝国等先后都灰飞烟灭，一个个消亡了。仅存的古老国家如埃及、希腊、印度等，其历史也时断时续。犹太民族是一个古老的、多灾多难的民族，自公元前586年古以色列王国被巴比伦帝国灭亡之后，千百年来他们没有自己的国家和土地，一再受到各种各样的迫害、驱逐和屠杀，被迫到处漂流，四海为家。更可怕的是近现代反犹、排犹浪潮不断，仅在第二次世界大战中德国纳粹政权就残酷地屠杀了600万左右的犹太人。但令人称奇的是，那些曾经耀武扬威地征服他们、驱逐他们、流放他们的强大帝国一个个都在历史上消失了，那些曾傲慢地歧视他们、迫害他们、屠杀他们的民族也一个个衰落了，而这个人口最多时不超过1700万、最少时仅存200多万的民族却一直极为顽强地保存着自己的文化和传统，保持着自己的宗教信仰，维系着自己的民族团结，并在逆境中不断创造出奇迹，最终竟在21世纪又重新建立了本民族的国家，而且又在短短几十年里使这个国家迅速成为一个经济、文化、科学和技术都十分发达的"微型超级大国"。

这个古老的民族、不死的民族是怎样渡过国家灭亡的灾难、无家可归的坎坷，在数千年漫长的岁月里保持自己的民族发展命脉并创造复活的奇迹的呢？这个神奇的民族又是凭借什么秘密武器，使自己在短短几十年里自强于世界民族之林，创造了许多世界第一奇迹呢？应该说，是教育挽救了这个民族，是教育复兴了这个民族，是教育使这个民族变得强大。正是由于犹太民族特别重视教育，把不断教育下一代钻研和学习知识视为万事之首，并将此提到信仰的高度上认识和看待，正是他们把教育视为社会和民族发展最重要的财富，才创造了一个又一个奇迹，使自己立于不败之地。

第一节　知识是夺不走的财富

两千年来，犹太人不断受到迫害，财产被掠夺，房屋被烧毁，人民遭驱逐，这迫使他们把寻求知识、增长智慧当成一种防御和求生手段。这种一心追寻求知识，并以不同方式运用知识来谋生，成为犹太民族世代相传的一个特点。在他们受到迫害、遭到驱逐时，金钱、房屋、财产犹如昙花一现，然而犹太人并不以此为重，因为在他们的观念中，知识和智慧是比财富和地位更为重要的东西。在犹太人中流传着这样一则故事：

有一艘船在海上航行，船上坐着一些腰缠万贯的富翁和一位两手空空的拉比。在言谈中，富翁们情不自禁地炫耀起自己的巨额财富。当他们争执得不可开交时，那位贫穷的拉比说出了自己的见解："要论财富吗？还是我最富有，只是现在我还无法证明这一点。"

好像冥冥之中果真有上帝的安排一样，在随后的航行途中，一群海盗无情地袭击了这艘船，富翁们引以自豪的财富被洗劫一空，个个都成了身无分文的穷光蛋。海盗离去之后，这艘船因为缺乏继续航行的资金不得不停泊在一个陌生的港口里。

船上的乘客都只得下船，依靠自己的能力去谋生。这位拉比因为有知识而被人们器重，被当地的居民请去当了老师，在他们的眼里只有高尚而幸运的人才能从事这一职业。而那些与拉比同行的富翁们却因不学无术而谋生无门，朝不保夕，艰难度日。后来，这些富翁们不得不对拉比说："还是你说的话对，拥有财富的人会一夜之间失去一切，而一个有学问的人会永远富有，你拥有学问就等于拥有了一切。"

犹太人从这则故事中得出的结论是："知识是最可靠的财富，是唯一可以随身携带而且终身享用不尽的财产。"这是早已植根于犹太民族脑海之中的观念。一般来说，在犹太儿童长大成人之前，他们的父母就会教育他们，知识和智慧比财富和地位更为重要。

"假如有一天，你的房子被烧毁，你的财产被抢光，你将带着什么东西逃跑呢？"母亲问孩子们。

"钱。"一个孩子回答说。

"钻石。"另一个孩子这样说。

"有一种没有形状、没有颜色、没有气味的东西，你知道是什么吗？"母亲继续问。

孩子们左想右想，找不到答案。

母亲笑了，接下去说："孩子，你们要带走的东西不是钱，也不是钻石，而是知识和智慧。知识和智慧是任何人都抢不走的，只要你还活着，它们就永远跟随着你，无论逃到什么地方你都不会失去它们。"

在反犹主义盛行的年代里，犹太人总是像古时逾越节前夕一样，身着行装，随时准备踏上逃亡之路。他们的不动产是带不走的，收拾好的细软金钱也往往会在路上遭到洗劫。这样，他们能随身带走的，就只有一样东西——知识。犹太人注重两种知识：脑的知识——学问，手的知识——技能。这就是他们所有投资的浓缩和凝固形式，也就是他们最大的一笔财富。靠这笔财富，他们能在流散途中的任何地方迅速地找到那些缺乏教育者无法与之竞争的职位，从而站住脚，恢复元气，乃至很快重新兴盛起来。在任何一个国家，犹太人都相对集中在这样一些行业中：金融、保险、商业、贸易、教育、法律和医学。很显然，这类职业都是最需要知识、智力和智慧的。正是千百年来的经历使犹太人认识到，知识是一种特殊形态的财富，它不能被抢夺而且还可以随身带走！

有了这样的认识，无怪犹太人是全世界公认的最会经商也最会赚钱的民族。犹太人这种相当独特的社会现象引起了社会各界的普遍关注，英国大文学家莎士比亚、法国的大哲学家孟德斯鸠、德国伟大的思想家马克思等对这种现象都有过相当精辟的评论和描述。可以说，有钱的地方就有犹太人，有可观财富的地方就有犹太人，犹太人是一个与财富、金钱为伴的民族。如今在美国，犹太人口只占美国总人口的2.5%左右，但每年的《财富》杂志所选出的美国超级富豪中却约有20%—25%是犹太企业家。从更广的范围来看，全世界最有钱的企业家中，犹太人竟占了一半。无论在世界什么地方，犹太人几乎都是当地社会中"最富有的少数民族"。

但应该强调的是，发财致富本身并不是犹太人生活的目的。长期以来，他们没有权力，没有地位，没有尊严，但他们有钱（或者说他们有赚钱的本领）。而只要他们有了钱，他们在统治者的眼中就有了存在的价值。正如一本名叫《犹太人与钱》的书中所说的那样："犹太人若不是因为他们在财政方面的效用，恐怕早就被消灭殆尽了。"在反犹主义盛行的环境中，只有金钱可以给他们提供某种保护作用。当他们外出做生意遭到海盗土匪劫掠时，钱可以赎回他们的生命；当他们遭到驱逐时，金钱可换取别人对他们的收留和保护；即使是在反犹暴乱中，他们还可以试图用钱进行贿赂，以求得一条生路。因此，从这个意义上来说，金钱确实就是犹太人的"上帝"。

经商使犹太人掌握了大量金钱，却又变成他们新的"罪恶之源"，成为他们受到敌视、遭受迫害的另一根源。对于犹太人来说，未来是难以预料的，反犹迫害不知何时会发生，只有金钱可以给他们提供某种保护作用。因此，犹太人与金钱，似乎成了这样一个怪圈：为了生存、为了获得金钱这一"保护神"和"护身符"，犹太人必须拼命地挣钱，尽可能多地积累财富；但他们积累财富的手段，以及他们的财富本身，却又成了招致他人嫉妒和敌视的原因。他们靠钱生存，但也因钱而受害。但是为了在周期性爆发的反犹运动中生存下去，犹太人还得不断地去赚钱。在这种机制的作用下，犹太人成了一个善于赚钱和做生意的民族，他们在理财、生财、发财、积财方面表现出某种特殊的能力，但另一方面，他们又不愿意过多地去谈论钱，不愿意"露富"。因为他们深知，金钱对于他们来说，是一把锋利的双刃剑，既能保护他们，又太容易给他们带来伤害。而总的来说，知识是犹太人最可靠的财富，它既有现实方面的功能，也有精神方面的功能。著名作家茨威格是这样来论述犹太人的知识和财富之间的关系的：

> 一般人都认为发财致富是犹太人的最终和典型的生活目的。然而没有比这种看法更错误的了。发财致富对犹太人来说只是一个过渡阶段，是达到真正目的的一种手段，而根本不是他的内在目标。一个犹太人的真正愿望，他的潜在理想，是提高自己的精神文明，使自己进入更高的文化层次……一个虔诚者，一个研究《圣经》的学者，在全体犹太居民中间的身份要比一个富翁高一千倍。就连最有钱的富翁也宁愿把自己的女儿嫁给一个穷得像乞丐似的知识者为妻，而不愿嫁给

一个商人。这种对知识的敬重，在犹太人的各阶层中都是一致的。纵然是扛着背包、头顶着日晒雨淋沿街叫卖的最穷的小贩，也都愿意意作出最大的牺牲，想方设法至少要让自己的一个儿子念上大学。倘若在自己的家庭成员中有一个人明显地成了称得上有知识的人，如当上了教授、学者、音乐家，那么他们就会把这种荣誉头衔看作是属于全家的，仿佛他通过自己的成就会使全家人变得高尚似的。在犹太人的内心，都不知不觉地竭力避免成为一个……无知无识的人。

第二节　智慧比金钱更重要

犹太民族是一个酷爱智慧的民族，犹太商人也是极擅长以智取胜的商人。犹太商人都追求以智慧来赚钱，智慧与金钱的同在与统一使犹太商人成了最有智慧的商人，使犹太生意经成了智慧的生意经：犹太人的生意经就是让人们在做生意的过程中越做越聪明，而不是越做越迷失的生意经。有了这种智慧，没钱可以变得有钱，有钱可以变得更有钱。金钱和智慧两者并不矛盾：活的钱（即能不断生利的钱）比死的智慧（即不能生钱的智慧）重要，但活的智慧（即能够生钱的智慧）则比死的钱（即单纯的财富，不能生钱的钱）更重要。

二战期间，在奥斯维辛集中营里，一个犹太人对他的儿子说："现在我们唯一的财富就是智慧，当别人说一加一等于二的时候，你应该想到大于二。"纳粹政权在奥斯维辛杀死了几十万人，他们父子俩却幸运地活了下来。

1946年，父子俩来到美国，在休斯敦做铜器生意。一天，父亲问儿子一磅铜价格是多少，儿子答："35美分。"父亲说："对，整个得克萨斯州都知道每磅铜的价格是35美分，但作为犹太人的儿子，你应该说3.5美元。你试着将把一磅铜做成门把看看。"20年后，父亲死了，儿子独自经营铜器店。他做过铜鼓，做过瑞士钟表上的簧片，做过奥运会的奖牌，他曾把一磅铜卖到3500美元，这时他已是麦考尔公司的董事长。然而，真正使他扬名的却是纽约州的一堆垃圾。

1974年，美国政府为了清理给自由女神像翻新而扔下的废料，向社会广泛招标。但好几个月过去了，没人应标。正在法国旅行的他听说后，立即飞往纽约，看过自由女神像下堆积如山的铜块、螺丝和木料后，未提任何条件，当即就签了字。纽约许多运输公司对他的这一举动暗自发笑。因为在纽约州，垃圾处理有严格规定，如果弄不好还会受到环保组织的起诉。

就在一些人要看这个犹太人的笑话时，他开始组织工人对废料进行分类。他让人把这些废铜熔化，铸成了小自由女神；把那些水泥块和木头加工成底座；又把废铅、废铝做成纽约广场的钥匙。他甚至把从自由女神像身上扫下的尘灰也包装起来，出售给花店做肥料。不到三个月的时间，他竟让这堆废料变成了350万美元现金，每磅铜的价格比他购买时整整翻了一万倍！

在这些能干、精明的犹太人眼里，任何东西都是有价的，都能失而复得，只有智慧才是人生无价的秘诀。犹太人并不是天生比任何种族的人聪明，但他们善于观察，善于总结，所以懂得应该怎样去铸造这枚无价的金币。

在犹太人眼里，知识和金钱是成正比的，有了丰富的阅历和广博的业务知识，在生意场上才能少走弯路少犯错误，这是能赚钱的根本保证，也是商人的基本素质。一个仅能从一个角度去观察事物的人，不但不配做商人，也不能算是一个完整的人。而犹太人做生意，也乐意与学识渊博的人达成交易。

一个做钻石生意的犹太商人曾问他的合作伙伴："你知道大西洋底部有哪些鱼类吗？"

听者乍一听这个问题，可能都会感到莫名其妙。因为做钻石生意和大西洋底部的鱼类毫无关系，怎么问这样一个驴唇不对马嘴的问题呢？

但犹太人有自己的道理：一个钻石商人需要的是一个精明的头脑，对方连大西洋有哪些鱼类都了如指掌，可见其对钻石的业务知识也同样相当熟悉，那么其对巨细俱全的钻石种类的分析肯定也是全面、周到的，和这样的商人合作肯定能赚钱。

许多犹太商人看起来更像学者，他们风度儒雅，身上普遍透着一股书卷气。这并非因为犹太商人都有高学历，都在学校学习过许多年（事实上，不少老一辈犹太商人因各种原因没受过正规学校教育），主要是因为犹太民族的学习传统和钻研习惯。因数千年四处漂泊的特殊经历，犹太人对学习、知识的重要性的认识要比其他民族早得多，早就将之上升到"资本"、"资产"的高度，将其比作"抢不掉而又可以随身带走的资产"。

久而久之，这便成了一种群体的习惯、民族的传统。与犹太商人打交道你会发现，犹太商人的知识面很广，眼界很开阔，就像上面说的犹太钻石商人连"大西洋底部有哪些鱼类"这样的生僻问题都知晓。作为拥有上千年辉煌的商业智慧和丰富的商业实践的民族，纯商业上的知识在其就更不待说了。犹太商人还非常重视语言的学习，他们中精通两三门外语的不在少数，他们视外语为世界商人的通行证。

犹太民族重视学习蔚然成风，形成了一种全民学习、全民都有文化的传统。尽管早期的犹太民族的学习主要以神学研究为取向，涉及的知识面十分狭窄，但后来随着犹太民族受迫害流散于世界各地，他们的学习很快扩展到吸纳世界各国的文明成果。

第三节　犹太人的经营之道

犹太民族中早已形成一种好学风气，他们宁可克制欲念和忍耐艰辛，而对充实本身的经验和知识却肯大量投资，绝对不会吝啬。他们明白，工作经验和知识的充实可把自己的潜能充分地带动出来，这成为事业成功的财富。工作上的经验和知识，加上自身的潜能，是一个人最宝贵的财富，是引导你走上成功的康庄大道，是打开财富之库的钥匙。

不仅在科学技术领域，经商也如此。许多商界的犹太巨子，都是由于不断努力充实自己的工作经验和知识，一步步地攀登到最高的位置，走上发迹致富之路。犹太人比奇特尔从德国移民到美国时，既没有资本，又没有专业知识。为了生活，他从事一些家庭维修业，如厕所、水管、窗户的维修等。他没有经验，悄悄到一些工地观察别人是怎么安装和建设这些工程的。他自己也找了有关的书籍学习这方面的知识，把自己的潜能全部挖了出来。经过几十年的奋斗，他获得了成功，比奇特尔公司发展成为世界级的建筑工程集团，年收入超百亿美元。

在人们印象中，犹太人都是有钱的。这倒不一定是事实，但有钱的犹太人确实不少。探究犹太人成为所在国家财富、金钱霸主的秘诀，可能会有成千上万个精彩的案例，但基本上可以概括为两大经营之道：

1. 用勤奋和耐心赚钱

并非所有犹太人都是富人，如美国 600 多万犹太人中大约仍有 70 万犹太人生活在贫困线以下，但总体上说，多数犹太人属于美国中上阶层。而当今许多拥有亿万、千万、百万资产的美国犹太人最初均是一无所有、两手空空的穷人。据对美国犹太富人的一项调查显示，他们的祖辈大多白手起家，是沿街叫卖的小商贩，是干重体力劳动的工人，是从为别人送报、送饭开始干起的贫民，和其他移居美国的少数民族没有什么两样。值得深思的是，为何其他民族中的多数小贩、工人、贫民没有成为富翁，而多数犹太人在两三代人的时间里却能一跃成为美国富有的中产阶级和资产阶级呢？研究发现，犹太人在做生意的过程中有两点特别令人敬佩：一是犹太人特别勤奋，二是犹太人特别有耐心。

犹太人认为，钱虽然流通各地、无所不在，但若只让它从眼前溜过去是聚不了财的。犹太谚语云："赚钱靠勇气，存钱靠聪明。"依照传统犹太人的理财方法，任何时候都一定要拨出 1/3 的金钱以任何的方式储蓄起来。

只有这样才能把财富累积起来，堆沙成山。就像一位伊茨哈克拉比说的："理想的理财方式是，用 1/3 来买地（最好的储蓄方式），1/3 用于商品运作，另外 1/3 则应该留在手边。"实际上这就是如今社会呼吁的分散风险的安全投资方法，而犹太人很早就已经在运用了。

当今世界上最舒适方便、美观大方和受人欢迎的服装大约就是牛仔裤了。工作、旅游、跑步、骑车……牛仔裤与青春同在，与活力同在。但是，关于牛仔裤的创始人我们却知之甚少。牛仔裤的创始人叫利维·施特劳斯，1850 年出生于德国的一个犹太家庭。受家庭影响，他自小博览群书、勤学好问，但由于家境贫寒，他没能上大学。

1870 年，20 岁的利维抱着淘金发财的梦想跟随一大批年轻人来到旧金山。在金矿上苦干了三个月后，利维早年的犹太教育发挥了作用。他算了一笔经济账，发现淘金又苦又累，风险又大，还赚不到钱。于是他独辟蹊径，开一家日用品小店。他的同伴劝阻他不要干这种不可思议的事，还有人嘲笑他目光短浅、笨头笨脑。其实，利维早已心中有数：矿场淘金者几万，如果平均每人每月买一支牙膏、一块肥皂、一条毛巾、一包饼干，那么加起来此数将非常之大。"我从每一美元的生意中赚 20 美分，那么一月可赚几万美元。"难以抑制心中的念头，利维马上行动。为了解决资金不足的矛盾，他从少量品种和数量起步。没多久，他的小店已初具规模。

有一次，利维去矿区推销线团和帆布。一位淘金者对他说："您卖的帆布是供我们做帐篷的，但是，如果先生您用这些帆布做成裤子，相信大家会更喜欢。"利维忙问为什么，矿工说："我们穿的裤子是棉布做的，不耐磨，而帆布结实耐磨呀！"利维由此深受启发，他马上拿这些帆布找裁缝试做了几条裤子。矿工们争相购买，有人预付定金也要购买。风靡世界、百年不衰的牛仔裤就这样诞生了。

利维初战告捷，并且愈战愈勇。他组织人员大批购进帆布，然后大量生产。1873 年，他成立了利维·施特劳斯公司，在旧金山开设工厂，生产这种帆布裤子。数以万计的矿工穿上了帆布裤子，利维的财源滚滚而来。

有创新才有发展。利维特别注重提高裤子质量，改进裤子样式。他深入研究矿工的劳动特点，逐步改进这种裤子。为了便于矿工收集不同的矿石品种，他在裤子不同的部位缝制了多个口袋，并且改用金属钉钉牢，以防止开裂。后来，他又引进产于法国的一种哔叽布，这种布柔软耐磨，穿着舒服，更受大家欢迎。此时，牛仔裤的独特样式已形成了。

牛仔裤由矿工中流行到各行各业的工人中，后又流行到美国年轻人中，在大学生中更是备受青睐。20世纪60年代，牛仔裤风靡世界，成了世界流行服装，它已远远超出了服装的界限而形成一种世界性的"牛仔裤文化"。在当今中国，几乎每个年轻人都会从自己的衣柜中找出几条牛仔裤来。牛仔裤"战果非凡"、经久不衰，这大约是一个多世纪前的利维始料未及的。利维·施持劳斯公司兴旺发达，1970年一年的营业额就达20亿美元，1984年该公司跻身于美国大企业之列。今天，它在海外有30多个销售分公司，在10多个国家有生产厂家，在20多个国家和地区建立起了代理销售机构。

让我们再来看看美国连锁店的先驱者大卫·卢宾。他1849年生于俄国，父母都是正统的犹太人和虔诚的犹太教徒。1853年，他4岁时随父母迁往英国，后又移民并定居美国纽约。他16岁时就追随大潮流去美国西部的加州淘金，历尽辛苦而毫无收获。他辗转来到了亚利桑那州，仍是收获不大。

犹太人善于经商的天性，使他发现在矿区经营小买卖比淘金更赚钱。因为矿工们来自四面八方，背井离乡，远离城市，无人照顾，大家必然需要一些日用品。于是，他放弃淘金，开始做一些食品贩卖生意。当淘金热冷却时，卢宾已积累了一些资金，得以把生意逐渐转向人口密集的市内。他很快在加州开了布匹商店，后来改营珠宝首饰。

经过几年的商业实践，他发现当时的商业经营作风不利于自己业务的发展，使顾客对商品有诸多猜疑，影响了消费者的购买行为。最明显的是售价变化莫测、各店不一，没有一个统一标准。卢宾苦思冥想，不断探索,终于创出一种经营方式叫"单一价商店",并于1874年开了第一家叫"大卫·卢宾"的单一价商店。所谓"单一价",即把每种商品的售价固定在一个价格出售,并采取明码标价方式,使顾客一目了然。由于"大卫·卢宾"商店货真价实,杜绝了商业欺骗行为,一时间,他的商店顾客盈门、络绎不绝。

卢宾这一经营方式的出现,给美国商业系统带来了一场大变革。单一价商店的出现也为后来的超市开创了先河,很快,这种经营方式便流行于全美乃至全世界。"单一价商店"成功后,卢宾进一步考虑该怎样稳住近客,抓住远客。后来,卢宾在旧金山、洛杉矶开设"单一价商店"分店,这样,"连锁店"经营方式出现了。

在犹太人的教义里有一条十分简洁的教规:"你要尽心、尽力、尽兴地做上帝安排和吩咐你做的一切事。"在犹太人看来,天道酬勤,人道最基本之处也在于一个勤字,勤能补拙。勤能感动上帝,不断给予犹太人厚爱和帮助,为犹太人指点迷津,走向富裕。与勤相伴的是耐心,特别是做小本生意和微利生意,没有耐心,企盼一夜暴富是不可能的事。数千年来一直生活在也门、伊拉克、埃塞俄比亚等地的东方犹太人一直是以农业、畜牧业和手工业等需要勤奋、耐心的行业为生的;生活在东欧的犹太人在相当长的时期里也有不少人靠农业、手工业,靠做小买卖、小贩为主要生活来源;即使生活在美国、西欧等国的许多犹太人早期也是从需要耐心和勤奋的社会底层行业干起的。可以说,今日生活在世界各国的犹太民族的巨商大贾早期和现在的生意成功靠的最基本东西就是勤奋和耐心,没有这两条,他们中的大多数不可能获得生意上的成功。

2. 用胆量和智慧赚钱

犹太人在经营之道上普遍信奉勤奋和耐心而外,不乏许多凭胆量和智慧赚钱的人。最典型的一个例子是拥有西方石油公司的巨富阿德曼·哈默(1898—1990)。他凭着他的勤奋和耐心,20多岁时即成为有影响力的企业家。众所周知，十月革命之后，苏俄的建立被西方人视为洪水猛兽，西方资本主义采取一切军事、政治、经济等制裁措施，企图封堵、扼杀新生的苏俄政权。与此同时苏俄政权也采取了严厉的革命专政手段，镇压、剥夺、驱赶资本家、地主和贵族，当时被西方称为"红色恐怖"，令西方资本家和商人们谈虎色变。在这种情况下，整个西方世界无人敢进入苏俄，更不愿意和苏俄做任何生意。

但是年仅20多岁的美国犹太商人阿德曼·哈默却在西方媒体的报道中获得了一条有重要商业价值的消息，"苏俄面临着相当严重的粮食饥荒，饿殍遍野，急需粮食"。而当时西方世界不仅粮食丰富，而且价格很低，他把握住了这一商机。1921年，他作为西方第一个胆大包天的资本家踏上了红色苏俄的国土，凭着他的胆量和合理公道的价格，与苏俄政府做成了一大笔粮食生意。这笔大生意令苏俄领导人欣喜万分，解决了当时苏俄面临着的严重饥荒和由此引发的新生政权危机。苏俄最高领导人列宁接见了哈默并与他进行了长谈，建立了良好联系和个人友谊。这笔生意的成功也令美国、加拿大和欧洲一些因粮食积压无销路而发愁的粮食商人们兴奋不已，他们对哈默的大胆和帮助称赞有加。哈默本人也在这笔西方国家商人们看起来根本不可能并可能会掉脑袋的大胆生意中发了一笔数目不小的财。更令人称奇的是，1956年，已58岁并腰缠万贯的哈默，在缜密分析和研究了汽车、石油的开发和应用前景之后，又出人意料地大胆闯进了自己并不熟悉并竞争激烈的石油行业，倾其所有家产并向银行贷巨款，投入令人咋舌的资金，先后在美国加州、北非的利比亚等地进行跨国石油勘探和开采。仅仅用了不到十年的功夫，他在国际石油领域中就占据了不可动摇的地位，成立了自己的西方石油公司，成为声名远播的犹太大富豪。

如果说哈默是凭胆量赚钱，做别人不敢想和不敢做的生意而暴富的话，那么凭智慧赚钱的犹太人就更令人惊讶了。犹太人赚钱做生意大多得益于他们特别优秀的创造性思维和缜密精细的计算。当世界上许多民族还依赖于以物易物的交易方式时，犹太人已热衷并率先使用货币交易的方式了；当其他人只信奉使用金银硬货币时，他们已开始大量使用便捷易带的纸币了；当人们还只相信或限于"一手交货，一手交钱"来做买卖时，他们已开始涉足期货交易、购买权、支票、债券、股票、保险、投资等令人眼花缭乱的现代买卖方式了。现代银行业、金融业、保险业领域中犹太人占尽先机，是因为这些东西均是他们创造发明的，运作这些行业对犹太人来说只是一种驾轻就熟的艺术。他们懂得赚钱做生意的秘密武器，他们能审时度势地提出发展商业、贸易以及银行金融业的战略战术。

只要看看全球诺贝尔经济学奖得主的情况，我们对犹太人凭智慧赚钱就不会感到奇怪了。自1968年设立诺贝尔经济学奖以来，到2014年共有75位获奖者，而犹太人或有犹太血统的获奖者竟在其中占了1/3，多达25人。在美国和全球著名的经济学家中，有相当一部分是犹太人。

犹太人凭智慧赚钱的秘密，从获诺贝尔经济学奖的学者型犹太人名单中便可窥一斑。正因为犹太人有读书钻研的传统，加上他们必须从事理财经商的活动，所以经济学在他们那里得到了特别大的发展。以上这些诺贝尔经济学奖得主都是犹太人，并非偶然的巧合，因为就是在普通的犹太人中，经济学也是他们热衷于探讨的问题。从投资、入股到利息、利润，从商业循环到投入产出分析，从微观经济学到宏观经济学，都是他们津津乐道、饶有兴趣的话题。

从商业活动中也可列举一大批犹太人，其中很值得一提的是德国犹太人罗斯柴尔德家族。这个家族在商业生意上兴旺发达，完全依靠其智慧而成就了一番伟业。最早使这个家族开始兴旺发达的是梅耶·罗斯柴尔德（1744—1812）。他的成功经营之道可表示如下：

> 20岁开始做古董、古币买卖，以后逐步经营棉制品、烟酒、银行业，在40多岁成为法兰克福的首富。

> 让五个儿子走出德国，分散在欧洲各地求发展，这一战略性经营策略的转变使这一家族建立了最早的跨国性国际大公司。

> 三儿子内森·罗斯柴尔德1804年只身到伦敦后，抓住时机，与流

亡英国的德国贵族做起了债券和股票生意，很快成为英国这个日不落帝国的金融证券巨头。

1811年以后，小儿子詹姆斯·罗斯柴尔德在法国巴黎，二儿子所罗门·罗斯柴尔德在奥地利维也纳，四儿子卡尔·罗斯柴尔德在意大利那不勒斯相继建立了罗斯柴尔德家族银行的分行。

罗氏家族的这种战略布局，方便了英国伦敦这个金融帝国与欧洲大陆的金融和贸易往来，最重要的是快速获取欧洲各国政治、经济发展和变化的动向，抢先采取行动，出奇制胜。如在英国伦敦的三儿子内森在英国逐步称霸世界急需扩充军需时，向英国军界提供了数十亿英镑的巨额军费，从而与英国军政要人建立了良好的关系。1814年法国拿破仑兵败滑铁卢之后，内森在伦敦债券价格低迷之际大批吃进，结果仅十多天之后就赚了大笔钱。罗斯柴尔德家族以智慧取胜，大把赚钱，这在后来的日俄战争、美国内战中均有体现。每当世界各地有战争，他们就以最快的速度向各国提供军事贷款，战争结束之后又向战败国提供赔款资金。在这过程中，无论是战胜国和战败国的军政要人均对他们另眼相看，对他们的经营活动大开方便之门，使他们的经营活动渗透到了欧洲及英国殖民地的各个角落，涉及的领域多得数不清，如银行、证券、股票、保险、投资、铁路、通讯、钢铁、煤炭、石油等等。可以说当时资本主义发展最快、最赚钱的领域都有这个家族的身影。

凭借着这种强大的经济实力，该家族又以智慧完成了许多商人无法想像的壮举：如1875年向英国政府提供了400万英镑买下了埃及17.7万股苏伊士运河股票，帮助英国应对法国的竞争，让英国控制了苏伊士运河（此举使英国获得了巨大的政治、军事和经济利益，也使该家族成为日不落帝国上下敬仰的英雄）。该家族还以经济实力对抗敢于迫害和虐待犹太人的俄国、法国和罗马教皇，维护犹太人的合法权益和尊严。罗斯柴尔德家族在第一次世界大战期间凭借与英国军政要人的关系，使英国外交大臣发表了《贝尔福宣言》，为以色列国的建立铺平了道路，并为早期移居巴勒斯坦的移民提供了数百万美元的支持,成为以色列国建立的功臣。

罗斯柴尔德家族以智慧打开了金钱、财富的大门,又以智慧让金钱、财富维护了犹太人的荣誉、尊严和实现复国的千年梦想,这种成功没有杰出的智慧和独到的眼光是根本做不到的。罗斯柴尔德家族有一句在商业界著名的格言:"真正伟大的商人和企业家并不是拥有大把钞票的人,而是凭借智慧拥有金钱的人、凭借智慧可以纵横驰骋和把握商机的人、凭借智慧可以影响世界发展和变化的人。"

第四节 财富、金钱背后的犹太人教育观

犹太人聪明富有,会理财经商,善于用钱来赚钱,更会以耐心、胆量、勤奋和智慧赚钱。犹太人确实与金钱、财富有着密切的关系,这是一个公认的事实。犹太人天生与钱有缘吗?犹太人为什么会具备这些会赚钱、能赚钱的能力呢?犹太人与金钱、财富为伴的根本原因是什么?犹太人的经营之道普遍获胜,其背后的秘密武器究竟是什么?……要回答上述问题似乎很困难。然而,人们研究后认为,最根本的原因在于这个民族的教育理念,即"教育=财富"。

隐藏在犹太人财富的背后的是他们对教育的重视。犹太人对教育的重视达到了一种接近崇拜和信仰的程度。他们的思想深处的观念是,教育的好坏决定着他们的贫穷与富有,安乐与苦难,甚至生存与死亡。他们"教育=财富"的观念,具体表现在以下五个方面:

1. 犹太人是全世界最早消灭文盲的民族

从全世界各国的教育发展史中可以略知,最早颁布国家义务教育法的是德国,最早对贫民、工人开展成人教育的是英国,这些创举大多发生在欧洲工业革命前后,距今不过几百年。在中世纪,在欧洲的文艺复兴运动

之前，世界几乎还处于一片蒙昧与黑暗之中，文盲占当时全球人口的95%左右，教育仅仅是统治集团、宗教首领和王公贵族的特权。有人研究过，即使在文明程度较高、文化较为发达、教育在社会中普遍受到重视的中国，明清时的文盲率也是很高的，占总人口的90%左右。

然而令人惊奇的是，犹太人很早就消灭了文盲，基本做到了"人人能阅读，人人有文化"。可以说，犹太人是世界文明发展史上最早消灭文盲的民族。在古代犹太世界里，一个犹太人一生中必须反复学习和钻研《希伯来圣经》和非常难读又难懂的《塔木德》等经典。这样做的结果是：一是每一个犹太人从很小的时候即跟随长辈学习文字和书写，这样便自然而然地消灭了文盲；二是年轻人在反反复复、一遍又一遍的对这些经典的学习中重温了本民族的历史，受到了民族传统教育，这对保持犹太民族精神，维护犹太文化发挥了巨大的特殊作用；三是这种宗教学习和教育过程不仅使犹太人消灭了文盲，而且也使他们在不断继承古犹太人智慧的同时不断扬弃古犹太文化中的糟粕，从正反两个方面学习和汲取犹太先辈的宝贵经验和教训。

犹太人在中世纪时期就已经消灭了文盲，因此这个民族的整体素质便比其他民族高出一筹，也因此他们能在漫长的经商活动中以及在后来的欧洲工业革命后的资本主义市场经济的残酷竞争中利用文化优势，审时度势，把握机会，出奇制胜，成为一个全球学术大师和富商巨贾众多的民族，成为一个拥有知识、金钱和财富的民族。

2. 犹太人是全世界独一无二的没有乞丐的民族

许多研究犹太历史的专家学者早就发现一个相当独特的社会现象，即犹太人中没有乞丐。这令许多社会学家深感迷惑不解，因为按常理，如果一个民族失去基本的生活资料和社会庇护之后，很多人会成为无家可归的难民、流浪汉、乞丐，也会成为铤而走险的小偷、强盗、杀人犯、醉生梦死的酒徒等。但令人奇怪的是，千百年来，犹太民族既没有自己的土地，也没有自己的国家，一再受迫害、驱逐和屠杀，被迫到处漂流，四海为家，是一个不幸并多灾多难的民族，但那些在其他民族面临瓦解和灾难时最容易发生的事，在犹太人群体和社团中却没有出现。

由于受到外界的强大压力，犹太人非常重视内部的团结互助。在犹太传统中，彼此相帮、捐赠施舍是非常重要的。犹太人将施舍分为八类：第一类是主动救援，帮助受难人恢复自主；第二类是不图回报，施受双方不知名姓；第三类是将钱财交基金会；第四类是施者知道他帮助的人是谁，而受者却不知施者是谁；第五类是受者知施者是谁，而施者不知帮了谁；第六类是不等穷人开口就施舍；第七类是穷人开口再施舍；第八类是施舍数少于应给的数。由此可知，犹太富有者施舍不图报恩而特别重视要做得好，要尽最大努力才心安。而贫者也不会因穷而自感低人一等或不图进取，怨天尤人，潦倒一生，相反，他们认为这是上帝给予自己的考验，是因为自己的言行有误而导致自己的今日和暂时的穷困。贫穷者牢记并反复告诫自己的话是："上帝说，贫穷的人会富有，虚弱的人会强壮，处于困境的人会走上一帆风顺的阳光大道。"表面看，犹太教的这种说教有些空洞，但它却能给予穷人和处于困境中的人很强的精神支持，它如同太阳一样让他们看到了希望。

3. 犹太人是一个生活质量很高的民族

说到犹太人的生活质量高，并不一定完全是指他们拥有财富、金钱，生活很富裕。许多社会学家经过研究后发现这样一个十分有趣的事实：即使生活在贫民窟里的犹太人也与众不同，他们有自己的观念、价值判断标准和很独特的行为方式。众所周知，生活在贫民窟里或生存环境十分恶劣时，人的行为和观念往往会变得十分粗鲁并具有攻击性，还会变得凶残并产生反社会倾向。然而贫民窟中的犹太人很少出现这种情况，更为可贵的是，在这种恶劣的生存情况下，他们仍相当重视子女的教育。犹太人的子女很少逃学，不良行为率低，智力发展和学习习惯比其他民族的子女要好，这全得益于犹太人重视教育和家庭生活。

在他们看来，保持幸福的婚姻和家庭生活，重视子女的教育是必须履行的宗教义务。一个犹太人如果不结婚、不要孩子，或者不重视子女教育，不承担家庭责任，在犹太社团中是不会受到尊敬的，也不能担任犹太社团中的重要职务。犹太教规定许多宗教仪式要在家庭中举行，还规定了夫妻之间、父母与子女之间的义务和责任。这种良好的家庭亲和氛围和重视子女教育的好传统，使犹太人的离婚率、家庭暴力都大大低于非犹太家庭，使犹太家庭成员间的关系普遍比较紧密、融洽。这是体现他们享有较高生活质量的一个重要方面。这种对家庭教育的重视使犹太人在知识界、专业技术界人才辈出，人才辈出又刺激了犹太家庭更加重视教育子女，鼓励年轻一代更加努力勤奋地学习。哪怕是非常贫穷的犹太家庭，也要尽力使自己的子女接受尽可能多、尽可能好的教育。

这样做的直接效果是：犹太民族的整体素质较高，善于掌握较复杂的知识和技能，犹太人中不断涌现一批批杰出的优秀人才；间接效果是：犹太人能在社会经济竞争中处于优势，为他们拥有金钱、财富奠定了良好的基础。实践表明，一个人所受的教育水平越高，知识结构越完备，他的社会适应能力、竞争能力、重新学习知识和技术的能力，以及判断能力、洞察事物发展变化的能力就越强。这一点在近现代资本主义发展时期表现得特别明显。在同样的社会环境中，人们同样相当勤奋地努力工作，犹太人却能占尽先机，把握机会，成为成功者。而教育就是他们在商业活动和其他各种竞争中屡屡取胜的秘密武器和重要法宝。

4. 犹太人是很早就认识到金钱是一把双刃利剑的民族

纵观人类文明发展的历史，许多不可一世的强盛民族，许多富贵旺族和富豪世家，一旦拥有巨额财富和金钱以后，特别容易滋生出千奇百怪的享乐方式，最终被自己的金钱和财富所打倒或彻底毁灭。尤其令人生厌的是，富人容易仗势欺人，以富压人，向世人乡邻显示自己的富有和钱财，或以钱财养妾寻欢，抛弃自己的结发妻子。而犹太人中却普遍有一种倾向：不愿意过多地谈论金钱，更不愿意"露富"。可以说，犹太人是世界上最早认识到金钱是一把双刃利剑的民族，他们深知拥有金钱、财富很重要，可以保护他们，使他们拥有许多人世间宝贵的东西，帮助他们做成许多大小事情并顺利发展，但同时也深知人们在对金钱和财富处理不当或认识不清的时候特别容易伤害自己。犹太人这种对金钱的清醒认识可能由以下原因促成：

一是在犹太教的教义中"挥霍"被看作是一种罪恶，而节俭是一种美德，犹太人中有一句谚语："省下一便士就等于挣来一便士。"一般来说，犹太人对钱、财富的态度是相当严肃的、有节制的，有时甚至是敬畏的，尽管他们有钱却决不会为毫无意义的寻欢作乐、奢靡生活而乱花一分钱。因此，不少拥有巨额资产的犹太人还是过着十分俭朴的生活，和普通的甚至是贫穷的犹太人并没有什么太大的差别。犹太人的这种拥有大量金钱却相当节俭以及对金钱的清醒认识，使犹太民族虽有许多富可敌国、腰缠万贯的大亨，但少有桃色新闻、性丑闻及因钱财发生家庭纠纷的传闻。

二是在犹太教中提倡"行仁义公平之道"，因为生不带来什么，死也不带走什么。许多文学作品中把犹太人描写为精于算计、在钱财上小气和吝啬，但事实上，犹太人由于在对钱的认识上优于他人，他们无论穷人和富人均有按其收入捐钱的传统。调查表明，犹太人捐给各种慈善事业、公益事业的钱比其他民族都要多。只是由于犹太教规定捐钱财对犹太人和非犹太人有区别，而犹太人一般也乐于和倾向把钱用于犹太社团内的慈善和公益事业。

三是一千多年来犹太人与钱一直是人们感兴趣的话题。犹太人财产一再被剥夺、没收，成为一次次排犹浪潮的目标，这种一再发生的惨痛教训和血泪经验，使得犹太人对金钱、财富讳莫如深，使他们养成了有钱不张扬、富裕不狂傲的品性和习惯。这种品性的确使犹太人远离了一些富人最易犯的通病和罪恶。

四是犹太人懂得一个很简单的道理：该花的钱一定要花。为了保护生命和民族存亡，他们是非常慷慨的。当遭驱逐杀害时，他们往往用金钱来换取别人的保护和收留，以金钱买得逃生的希望；他们有时也会用金钱作为筹码获得尊严和社会地位。如1820年，内森·罗斯柴尔德就宣布不同任何一个拒绝犹太人公民权的德国城市做生意，不给俄国沙皇提供贷款，要求罗马教皇下令拆除罗马的犹太隔离区围墙等等。这种以金钱之剑为犹太人谋生开路，以金钱为后盾保护犹太人的利益和谋取较高社会地位，可以说是犹太人运用娴熟的一种技艺，也是源于他们对金钱的一种清醒认识。

5. 犹太人是一个内部凝聚力非常强的民族

犹太人是一个散居全世界各地，分散程度大大高于世界上任何一个民族的群体。据一份全球犹太人口统计资料显示，全球现有犹太人1350多万人，有180人以上的犹太人的共有74个国家，全世界83%的犹太人主要集中在北美、以色列和西欧、东欧各国。虽然自公元1世纪罗马人毁坏第二圣殿、征服巴勒斯坦之后，犹太人就成了一个没有祖国、浪迹天涯的民族，但他们却能在漫长岁月中保持自己的文化、宗教，并能为人类文明进步作出贡献，在许多国家中成为名人、富人，拥有大量金钱、财富，最后还复活了自己的祖国以色列，这实在令人称奇。

这种极强的民族凝聚力和高度的民族认同感也使犹太人在近现代商业活动中大大获益。在这种被迫不断流散、迁移和逃亡的过程中，犹太人的眼界和学识大为丰富，对异地、异国的政治、经济、文化和风土人情有了其他民族所不能相比的认识，积累了丰富的生活、生产经验和学识。如早在公元7世纪到8世纪，由于犹太人经常往来于世界各地，熟悉各国各地情况，与世界许多地方保持着商业、贸易、文化联系，他们中的许多人通晓希伯来语、希腊语、拉丁语、阿拉伯语、西班牙语等语言，他们拥有商业贸易联系和语言交往的双重优势，成了各国在向外发展时不可缺少的独特人才。他们既推动了各国的文化、商业、贸易的交流，也在这些活动中保持了本民族的凝聚力。

犹太人为什么会有这些优秀的特点，为什么能获得这样的成功呢？大量的研究发现这样一个事实：千百年来，犹太人的分布特点是在世界范围内大分散、在具体某个城市里小集中，这使他们形成相当独特的犹太人社团。经过许多世纪的发展，犹太社团带有一些其他社团所不具有的优点，从而使犹太人的集体生活质量明显高于其他社团。

在每个犹太社团中，都有一种不可缺少的人——拉比，这个词的意思就是教师。犹太社团中教师的责任和义务就是在任何艰难困苦的场合下，始终如一地向每一位成年犹太人和犹太儿童传授犹太教的知识和传统。能当拉比的人不仅要学识渊博，行为和品德优良，而且还必须是受人尊敬的人。拉比最重要的职责有两项：一是主持犹太宗教仪式，二是对犹太儿童进行基本教育。

在日积月累的教化过程中，犹太社团成员逐渐形成了一些可贵的品质，例如，重视集体和互相协作，常常为他人着想。这种协作精神对于处理和调动集体成员积极性很有好处，是犹太人理财、管财、用人，进而成为巨商大贾的第一步。又如，犹太社团强调怀仁义公平之心并帮助他人，尤其是帮助本民族的同胞。犹太人内部捐助、施舍的慈善机构很普遍，遵循富者多出、穷者少出和不出的原则，人人根据自己的能力施舍，乃是天经地义的事，施舍行善被称为最重要的公义之事。捐赠的比例大约是收入的 1/10，由会堂收取，向孤老病残、贫穷者发放，也有的专门用于犹太学校教育机构和用于帮助陷入困境的犹太人，如为被掳者出赎金，为孤儿提供成人之前的所有生活费和教育费用等等。如 18 世纪英国伦敦的犹太人社团中，有一半穷人是靠另一半富人的资助而生活并渡过难关的。

正是这类代代相传的影响和教育，使这个民族成为不死的民族，使这个民族成为具有强大凝聚力的民族，也使这个民族成为一个不断创造奇迹的民族。此时的犹太教育也远远超出了原本意义上的宗教教育含义，而成为这个民族赖以生存发展最重要的秘密武器。

第五节　犹太人富凯尔博士的故事

有一位日本人写过一篇文章，谈到了他眼中的犹太人以及他们成功的奥秘。此文对我们中国人也有一定的启发。现将该文转载如下：

1. 储蓄就是穷的观念

我有一位朋友名叫井上多金，10年前结了婚，由于夫妻俩每月省吃俭用，所以银行存折中的数字直线上升，现在已经有20000多美元了。井上夫人时常向左邻右舍的太太们说："如果没有储蓄，生活就等于失去了保障。"

但是这个消息不知怎么竟传到我的犹太朋友富凯尔博士的耳朵里。他是美国耶鲁大学毕业生，专攻心理学，一年前来东京经商。由于商业上的接触，我们成了很要好的朋友。

富凯尔博士对井上夫人如此注重储蓄并不欣赏，他讥讽道："你看，没有储蓄，就会觉得生活上失去了保障，如此看重物质，成为物质的奴隶，人的尊严到哪儿去了呢？男人每天为了衣、食、住，在外面辛苦工作，女人则每天计算如何尽量克扣生活费，去存入银行——人的一生就这样过去，还有什么意思呢？可悲的是，不但大部分的日本人如此，其他各国人也大半如此。"

"你大概知道，犹太人有一个世界闻名的富豪家族叫罗斯柴尔德，这个家族自拿破仑时代起就一直维持着巨富的地位，你们日本人之中能够找出一位世界上知名的富豪来吗？"他看我没有动静，便继续说，"认为储蓄是生活上的安定保障，储蓄的钱越多，则心理上的安全保障的程度就越高，如此累积下去，永远没有满足的一天，这样，岂不是把有用的钱全部束之高阁，使自己赚大钱的才能无从发挥了吗？你再想想，哪有省吃俭用一辈子，在银行存了一辈子钱，光靠利息滚利息而成为世界上知名富翁的?"

我听了,虽然无法反驳,但是心里总觉得有点不服气,便反问道:"你的意思是反对储蓄了?"

"当然不是全盘否定了,"富凯尔博士解释道,"我反对的是,把储蓄变成嗜好,而忘记了等钱储蓄到了相当数目时可以提出来,动动脑筋活用这些钱,赚到远比银行利息多得多的钱。我还反对在银行里的钱越存越多时便在心理上觉得相当有保障,靠利息来补贴生活费的做法,这使人养成了依赖性而失去了冒险奋斗的精神。"

2. 迎合别人,会失去充实自己的机会

周末,我和富凯尔博士逛书店。我发现近来出版界都在一窝蜂地出版经商以及青年修养的丛书,这类书的宗旨简单地说,不外是教人如何成为富翁、如何成为对社会有用的人。

富凯尔博士走马看花地翻了一遍,皱皱眉头说:"这些书大都含有一个共通的错误观念。"

"什么错误观念?"我吃惊地问。

"你看,无论是经商或修养的书,都强调人与人之间的关系最重要。"

富凯尔博士看出我并不同意他的看法,便耐心地举例说道:"你该记得以前的日本首相吉田茂及法国总统戴高乐都是人际关系最不好的人,他们不会八面玲珑,可是他们的事业皆垂青史。因此我认为要想成功立业,注重人缘并不是重要条件。我有一位朋友,现在是某大公司的总经理,他在发迹以前经常和上司吵架。"

"那你大概也常常和上司顶嘴?"我笑着说。

富凯尔博士也笑了,没否认也没承认,继续说道:"我们犹太人对八面玲珑的人以及很会交际的人不大欣赏,我们甚至会怀疑这种人是因为缺乏才能而特意在交际上用功夫,好补救他在能力上的不足。所以犹太人认为,成功的秘诀在于学问、知识、能力。至于人缘不

好，常常和人发生争吵，这算不了什么。相反，某些人总是对别人笑脸相迎，这种人大多是头脑空空的人。"

3. 不要只看表面，要看真正的实力

富凯尔博士怒气冲冲地拿了一份当天的报纸朝我桌上一扔，说："你看今天的报纸！今天日本政府公布的高级官吏升迁人事调动表，和往常一样，刊出了每一位的年龄、籍贯、经历及学历，我看了他们的学历，几乎清一色全是东京大学毕业的……"

"这有什么值得大惊小怪的呢？"

"哼！难道东京大学毕业的人个个都是优秀分子吗？"

"富凯尔先生，你有所不知，日本在明治天皇时创办的东京大学专门培养政府的官吏，这是有它的历史背景的，而且日本每年有许多高中毕业生参加考试，能考取东京大学的，可以说都是些优秀分子，让这些优秀分子来参与政事，有什么不妥呢？"

"我的看法完全不一样，"富凯尔博士斩钉截铁地说，"东京大学毕业的人，将来不是博士，就是政府高官，以后都能扶摇直上，富贵荣华一生享受不尽，但难道大学短短的4年教育就决定了一个人的一生吗？有些人因为某种不幸的原因失去了进大学的机会，但仍孜孜不倦地苦学，这些人的学问和才华难道一定就比东京大学的毕业生低吗？为什么不给他崭露头角的机会呢？你们日本人太重视文凭和学校了，当然不光是你们日本人如此。我怕的是，如此重视文凭，可能会埋没不少真正的人才。如此，对个人来讲是一大遗憾，有恨生不逢时之痛；对整个社会来讲也是一大损失。而且事实上，虽是名牌大学毕业，但才能平庸的也大有人在，如果硬把这些人拉上高位，岂是国家、社会之福？我想改革的方法，不论他们是什么学校毕业，或者根本就没有进过学校，都应该给他们相同的竞争机会，在观念上也不应有厚此薄彼的看法。"

4. 抛弃无谓的体面，才能认识人生

晚上10点左右，我正打算上床睡觉的时候，突然有人在敲门，原来是富凯尔博士来了，他一进门便说："我刚才在小摊子上吃了一碗枸杞汤，就是你上次介绍我吃的那一家。"

我打了一个呵欠，不耐烦地说："这有什么值得讲的呢？"

富凯尔博士显然没有留意到我的疲倦，自管自地说："我告诉你一个有趣的发现，刚才去吃枸杞汤的人只有我一个，我便和摊主聊起天来，他向我透露了一件惊人的事情，他说他原来在大学是专攻化学的，毕业后曾在某公司任化学技师……"

"真的？"我讶异地问，"那么他为什么不去做化学技师，而要摆小摊子呢？"

"是呀，我也觉得奇怪，他说他有一天在公司工作的时候，突然想到自己不过是像机器中的一个螺丝钉一样任人摆布，觉得毫无趣味，便提出辞职，自由自在地摆起小摊子来了。"

"他这样做，不是让他太太和子女们在朋友面前感到不体面吗？"

"我今天晚上这么晚跑来，目的就是要改变你们东方人爱体面的旧观点。中国有句俗语：'打肿脸充胖子。'这句话表明了东方人是非常注重体面的。不少人为了体面，吃了许多苦头，却不知反悟。

"那位卖枸杞汤的人，起先在公司任化学技师，可以说相当体面，但是一个月薪水才10万日元，生活非常拮据；自从他辞职摆小摊子以后，平均每月可挣到30万日元，生活已大见改善，你说他太太和子女们在朋友面前怎么会感到不体面呢？

"中国人说'富贵'，而不说'贵富'，确实是很富有人生哲理的：人必须先富，然后才会得到一般人的尊敬。

"处今之世，有的人不勇敢地面对现实，却一味顾虑面子问题，弄得很多正当赚钱的小生意都不敢去做，害得妻子儿女都挨饿。演变

到如此困境的时候，还有什么体面可言？所以我说，真正懂得顾全体面的人，要能先不顾体面。无论什么事，只要是正当的，能够赚较多钱的，就要不顾体面去做，等成为小富，或中富，甚至于大富之后，大家都来向往你了，到时不是很体面吗？

"这位摆摊子的人，他的思想已挣脱出了东方传统思想的束缚，已经和我们犹太人的看法一致了，我觉得非常难得。"

5. 务必注重思考

上星期日东京神田区所有卖旧书的书店举行联合大书展，富凯尔博士和我约好一起去看看。当天计划乘车直驱目的地，但是离展览会场还有五六百米的时候，人已挤得水泄不通。我们只好下车步行，好不容易挤进书展会，已是全身大汗。所幸的是，大家都在挤着找心爱的书，因此嘈杂的声音不太大。富凯尔博士突然发起牢骚来了："唉！日本的人口怎么这样多？他们每天慌慌张张地在街上挤来挤去，不知道在做些什么。哼！三个日本人一天所做的事情，我一个人一天就可以做完。"

他这番话等于是侮辱了我们日本人，我也就毫不客气地讥讽他道："你每天下午两三点的时候都要到我家来聊天，日本人哪有像你这样懒怠的家伙！"

"不必生气，你听我分析一下就明白了。真正有办法的人，也可以说是聪明人，他们的生活都过得比较清闲，为什么呢？因为他们肯动脑筋，做1小时的工作所得的报酬超过一般人做10小时所得的报酬。因此他们自然就显得清闲，而且物质生活又过得很富裕。你想想，成天在街上奔走，或成天在忙于做某一种事情，累了就睡，睡醒了又开始紧张地工作，如此，没有一点清闲的时间可供他去思索，他怎么会有新的创见？他也没有时间来思考目前的职业是否适当，或者变换一个行业后收入是否会增加，做起来是否更有趣或更有成就。

"你再想想,神赐给我们的时间,每个人都是一天24小时,为什么有的人运用这有限的24小时,成为大科学家、大企业家、大政治家,而有的人默默无闻直至老死,甚至还有些人连自己的温饱都成问题?人的智慧固然有高低之分,但是否善于运用时间,可说是相当重要的一个原因。

"我以为,每天除了必须的工作时间外,务必要抽出一定时间来专供思考用。不要以安于现状为满足,要常常想出改善目前状况的计策来。如果注重思考,并且一有具体的方法就立刻试着去做,我相信任何人都不会平淡无奇地度过一生的!"

第六节 本章给我们的启示

一

犹太人并非天生就与金钱有缘,更不是像有些心存偏见的人认为的那样"犹太人是一个钱的民族,是一个血液中都流淌着钱的民族"。犹太人与金钱、财富的特殊关系是由特殊的历史造成的。事实上,古代犹太人也和全世界农业文明时期的其他民族一样,主要依靠土地和畜牧为生,从事农业、畜牧活动数千年,并不比其他民族高明多少。而且从史料中可知,以色列国灭亡以后,流散到东欧、中东、非洲的东方犹太人仍然是靠农业、畜牧业和小手工业为生。由于基督教反犹、排犹相当厉害,犹太人被禁止进入各级封建行政权力机构和军事组织,也不被允许拥有土地。

在以农业文明为主的封建社会里,土地是神圣的,是财富、权力、地位的象征和来源,没有土地和不被允许拥有土地的犹太人只有到城市谋生。这种情况导致了两个十分奇怪的现象:一是使犹太人成了一个生活在大城市的民族。全世界凡有犹太人的国家里,犹太人几乎都集中生活在大城市,而且以该国首都等政治、经济、文化、教育、交通最发达的特大城市为主，只有不到 1/5 的犹太人生活在小城镇中，极少数的犹太人生活在农村中。二是由于城市中最早的手工业行会也排挤仇视犹太人，犹太人只剩下了一条在当时被人看不起的小路——经商做生意，不如此他们就无法生存。准确地说，犹太人是被反犹、排犹的基督教会赶进金钱与商业世界中去的，是因在被逼无奈的情况下绝处求生而与金钱、商业、贸易打起交道的，而非天生与钱有缘、天生会赚钱。

犹太人是在整个民族消灭文盲、重视教育、崇尚知识、尊敬学者、重视家庭等似乎与经商毫不相干的文化背景下获得巨大商业成功的。他们是以智慧，以商业道德，以守约和信誉，以胆量和独到的经商眼光赚钱致富的。犹太人在商业上的成功得益于犹太教育这一点，应该是对中国人有启示作用的。

二

犹太人由于长期受到迫害，处于动荡之中，强烈的不安全感使得他们对时局和市场动态的反应异常敏锐，并且在应对中不惧旧制、不受束缚、机智灵活、富有弹性。这样，凡有商机出现，他们总能获得先手，屡战屡胜。除此之外，早期犹太人在商业领域的成功还与他们具有的一系列非犹太人所没有的"优势"有关。

首先，散居在欧洲和地中海沿岸各地的犹太人通过婚姻、求学、经商或宗教活动，相互之间保持着紧密的联系，形成了一个联系广泛的网络。犹太人之间的这种流动和联系紧密的特征，对地区间的商业活动和贸易往来来非常有利。犹太人之间的这个地域网络，使得中世纪犹太商人几乎在欧洲和地中海沿岸任何一个地区都有自己的同伴和生意合伙人。

其次是犹太人具有语言的优势。商业往来需要语言的沟通和交流，而中世纪欧洲各地以及欧洲与地中海沿岸（包括穆斯林世界）的人们使用不同的语言，这便为商业贸易设置了一个重大障碍。但犹太商人却不受此影响，一方面他们善于学习各种不同的语言，另一方面他们还可以用他们之间能交流的语言——希伯来语。用希伯来语书写的文书和签订的商业合同，是任何一个地方的犹太人都可以看懂和接受的。

第三，犹太人是一个公认的"守约"民族，对待合约的诚信态度，为不同地区商人之间的商业往来奠定了坚实、良好的基础。凡是签订的商业贸易合同都会得到很好的遵守和履行。而且，犹太人深谙自己同胞对合约的态度，相互间的信任度高。由于犹太人拥有统一、为全体犹太人认可的律法，一旦出现了争端，犹太人无论在何地何处，都可以在犹太法庭依据统一的《塔木德》律法进行仲裁，得到合理的解决。另外，犹太人的信用传统，使他们可以在不同地区委任当地犹太人作为自己的代理，全权处理受委托事宜，自己用不着亲自看货就可以成交、支付。犹太人的这些做法构建了一整套较为完备的商业体系，难怪他们能够在商界具有如鱼得水的优势。

三

回首犹太民族的历史，从公元1世纪到公元20世纪，他们在这个世界上辗转漂泊了2000年，他们从西亚的巴勒斯坦开始走向东欧、西欧、美洲、西亚的以色列，围着地球兜了一个大圈子。在这一漫长的流徙过程中，有一个十分奇特的历史现象：犹太人总是追随着世界文明的脚步走。当世界最早的古代文明中心在西亚建立起来时，犹太文明在西亚也繁荣起来并为西亚的文明作出了相当卓越的贡献；当地中海文明逐渐衰落，西方文明中心在欧洲建立起来后，犹太人也随之来到欧洲并在各个领域人才辈出；当近现代欧洲的文化、艺术、科学、技术开始落伍，美国成为西方文明大本营和世界科学技术强国后，犹太人又大批移居美国，为美国的繁荣、强大作出了相当大的贡献；犹太人还抓住时机，在西亚建立了以色列国并迅速使其成了一个"微型超级大国"。

犹太人的漂流总是踏着世界文明的潮头走，伴随着时代发展的最强劲势头走的。这一奇特的历史现象看起来似乎有些不可思议，其实它背后却有很强的逻辑性。这种规律和现象并不是一种历史巧合,而是犹太人不断追求其民族优良素质的必然结果,是犹太人不断追求更强、更好、更快、更高的发展方向的必然结果。犹太人在世界文明的进程中接受了不断的洗礼和挑战,他们促进了世界文明的发展,世界文明也造就了素质优良的犹太人。正是在这种双重塑造过程中,他们遵循着"人往高处走,水往低处流"的原则,哪里有利于他们生存,哪里有利于他们发展,他们就会往哪里流动。

犹太人总是把重视教育、崇尚知识当作万事之首。当世界在中世纪前后文盲遍地,人类社会处于一片黑暗时,犹太人就已消灭了文盲。当一个民族做到人人有文化、人人能阅读、家家户户均有学习传统和良好学习习惯时,自然可以轻而易举地获得智慧、技能。人类社会进入近现代社会后,犹太民族这种乐于学习、善于学习、崇尚知识、重视钻研学问的状况,体现出其巨大的整体优势。具体表现在,他们快捷地适应了现代世俗教育方式和方法,他们的孩子在世俗学校中成绩优良,智力超群。他们在科学文化领域中迅速走在了其他民族之前,涌现了许多杰出人物。他们在商业活动中常出创新高招,不断开辟和占领新的商业领域,不断提出一些独到的商业管理和运作理念,不断开拓本区、本国和跨国性的商业网点……他们在商业贸易上的成功,其实就归因于他们在用智慧赚钱,用知识做生意。

第四章 从犹太学术巨人看成功的犹太教育

　　虽然犹太民族有近5000年的历史，但和许多世界古老民族相比，它从来都是一个弱小的民族。在历史长河中它曾被奴役、受歧视、遭迫害，被迫逃亡异乡，流离失所了2000年左右。然而，一个弱小的民族在流散世界各地、寄人篱下的困境中，还能顽强地生存和发展，并能保持民族的传统，维持民族的团结，并对世界文明的发展作出不可磨灭的贡献，这使人们不能不对这个民族产生深深的敬意。

　　犹太民族的智慧和贡献无处不在，从自然科学、社会科学、人文科学、文学艺术、新闻传播乃至政治、外交……人类文明的方方面面都留下了他们显著的印迹。杰出的犹太精英如灿烂的群星，为人类文明宝库贡献了千秋永存的光和热。他们的智慧和贡献已不仅仅属于犹太民族，而是属于整个世界、整个人类。他们的成长历程离不开犹太民族传统的影响，当然也离不开他们所在国家的文化熏陶、培养和造就。透过这些犹太文化巨人的身影和成长的足迹，我们可以看到犹太教育的成功；从这些犹太文化巨人的身上，我们可以感受到犹太教育的力量。这些犹太文化巨人也向世人证明，一个有高度文化的民族是不可征服的，他们的巨大潜能以及为人类作出的贡献也不是其人数多少能够衡量的。

在第一章中，我们谈到了犹太人获诺贝尔奖的情况，其实犹太人不仅仅在诺贝尔奖方面有杰出表现，在许多学科领域中都表现不俗，他们中出现过傲视世界的学术巨人和大师。通过本章的介绍，我们可以进一步了解犹太教育成功的秘密。从一个个犹太学术巨人的成功道路中，我们也可以更深刻地了解犹太教育的价值和魅力。

第一节　哲学、社会科学巨匠

卡尔·马克思：科学社会主义的奠基人

> 如果我们选择了最能为人类福利而劳动的职业，我们就不会为它的重担所压倒，因为这是为全人类所作的牺牲。那时我们感到的将不是因一点点私利而获得的可怜的欢乐，我们的幸福将属于千万人。我们的事业并不显赫一时，但将永远存在。面对我们的骨灰，高尚的人们将洒下热泪。
>
> ——卡尔·马克思

没有一位思想家能像卡尔·马克思（1818—1883）那样，对他所生活的时代和后世产生如此巨大而深刻的影响。没有一种以"主义"命名的学说像马克思主义那样在哲学、经济学、政治学、社会学等诸多领域作出开拓性的贡献。马克思是位百科全书式的天才：他是学者、思想家、哲学家，也是政治家和革命家。

1818年，马克思出生于德国莱茵河畔的特利尔城。他的祖父是该市犹太社团的拉比，他的父亲海因里希·马克思是个思想开明的律师。在马克思出生的前一年，海因里希·马克思带领全家皈依了基督教路德宗。幼年时的马克思在一所耶稣教会办的学校接受了最初的学校教育。家庭的熏陶再加上良好的教育使得马克思在18岁时便已形成了深刻的见地和伟大的抱负，他明确表示要选择最能为人类谋福利的职业。

中学毕业后，马克思进入波恩大学学法律，而后又转入柏林大学。1841年3月，马克思毕业于柏林大学，获得哲学博士学位。就是在那时，有人这样评价年轻的马克思博士："请你想像一下，卢梭、伏尔泰、霍尔巴赫、莱辛、海涅和黑格尔结合成一个人（是结合，而不是混合）——这将会使你得到一个关于马克思博士的概念。"

现实的黑暗使马克思放弃了要成为大学教师的想法。1842年，他参加了《莱茵报》的工作，并很快升任主编，开始他那漫长、艰辛而又不屈不挠的作为一个革命家和思想家的生涯。1844年，马克思在《德法年鉴》上发表了《黑格尔法哲学批判导言》和《论犹太人问题》等文章，第一次指出无产阶级是唯一能够消灭剥削制度的阶级。

1844年8月，马克思和恩格斯在巴黎会见。他们的第一个合作成果是《神圣家族》，在《神圣家族》中，马克思阐述了人民群众是历史的创造者这一历史唯物主义的基本原理。1844年，马克思完成了《经济学—哲学手稿》。1847年，年仅29岁的马克思写出了《共产党宣言》，从此世界各国的无产阶级革命运动纷纷以它作为行动指南和斗争纲领。《宣言》中所包含的深邃的科学理性、优美的文字格调和高昂的革命激情激励了一代又一代的共产党人。1867年，马克思发表了《资本论》第一卷。为了写《资本论》，他先后阅读了2000多册有关的经济学著作、4000多种报纸杂志及大量的官方文件和蓝皮书。

1871年，巴黎工人举行武装起义，建立了巴黎公社。马克思高度评价巴黎无产阶级的革命首创精神并很快写出了《法兰西内战》一书，指出工人阶级不能简单地掌握现成的国家机器，而必须用革命暴力"摧毁"和"打碎"旧的国家机器，"实行无产阶级专政"。

马克思的研究领域非常广阔。他学的专业是法律，但他同时还深入地研究了哲学、政治经济学、社会主义学说、历史以及文学。在自然科学领域中，他的成就也是突出的。"马克思在他研究的每一个领域（甚至在数学领域）都有独到的发现，这样的领域是很多的，而且其中任何一个领域都不是肤浅地研究的"。马克思是位冷静、深刻、理性的学者，他称科学研究需要有入地狱的精神。这位犹太人以惊人的毅力克服了种种障碍，从事着伟大理论的创造。由于他的理论贡献，整个世界为之改观。

马克思出身于正统犹太宗教世家，身上流着百分之百的犹太血液，犹太文化对他不无影响。一些人褒称马克思为无产阶级的"先知""预言家"，他的《资本论》被称为科学社会主义的"圣经"。许多犹太人为他们中曾产生了马克思这样一个伟大的人物而引为光荣和自豪，《犹太百科全书》把马克思称为"最伟大的犹太思想家之一"。美国一家出版公司编了一本名为《他们都是犹太人》的书，罗列了历史上100位犹太名人，马克思也被包括在内。

波普尔：批判理性主义的创始人

> 合乎理性就是准备倾听批判。
>
> ——卡尔·雷蒙德·波普尔

一位80岁的老人还沉醉于童话《尼尔斯骑鹅旅行记》，还突发奇想地打算写本书，以证明石头、树木皆有灵魂。这似乎有悖常理，有人说他疯了。这位老人就是卡尔·雷蒙德·波普尔。他并没疯，他只是一位童心未泯、热爱生活、质朴脱俗的老人。

1902年7月，波普尔出生于奥地利维也纳的一个犹太家庭。他的父亲是位辩才出众、能力非凡的律师，同时，也精研历史、哲学、外语，广为收藏古今书籍。他的母亲高贵优雅，有极高的艺术造诣，尤其在钢琴演奏方面。母亲把音乐和儿童故事带给了小波普尔。在母亲给他读的故事中，最令他着迷的是《尼尔斯骑鹅旅行记》，即使在他成年后，波普尔仍年年读它，百读不厌。

波普尔聪明善思。当其他儿童还沉迷于玩乐游戏中时，12岁的波普尔已开始苦思冥想，为一些哲学问题大伤脑筋。但是，顺乎自然、随遇而安的天性又使波普尔在十七八岁时仍没显示超人的志向和雄心，他甚至于满足于当个木匠，最大的愿望也仅止于做一个中学教师。1925—1929年间，波普尔的人生发生了重大变化。此间，他遇到一位叫海因里希·冈泊茨的学者和一位叫朱利叶斯·克拉夫特的逻辑哲学家，在他们的影响下，他步入了哲学的殿堂。

波普尔少年时朦胧的思考逐渐清晰起来。他一生最大的贡献在于其知识论，在科学哲学领域里他的知识理论被称为批判理性主义的知识论。波普尔强调理性应该是批判的，从而赋予理性一种新的含义。他认为，人和动物一样，都尝试着满足自身的愿望，但不能肯定其做法一定会有预期效果，所以不免会有种种挫折；人和动物要从挫折和错误中才能学会关于环境的许多东西。波普尔称生物的这种学习方法为试错法。人和动物都在试错中学习，但人的理性能够认识到他的认识是尝试性的，就本质而言是某种猜想，而猜想都是可错的，都应接受检验、批判和反驳。当人们认识到科学的这一方法特征后，就应当大胆地猜测，积极地寻求反驳。波普尔称这样的方法为"猜测—反驳"的方法。因此，他认为，合乎理性的知识理论必须寻求对知识的批判和反驳，否则，就是对理性的背叛。

波普尔在社会、政治、历史理论方面也作出了突出贡献。他写下了著名的著作《历史决定论的贫困》和《开放社会及其敌人》，把从柏拉图到黑格尔，再到马克思的这一思想系列视为历史决定论的系列。此外，波普尔对音乐发展所作的客观主义解释也独具特色，对物理学、心理学、生物学中的许多哲学问题也都有独到研究。

不论成名前后，波普尔都凭兴趣写作，以自由的心境写作。他一生中还结交了许多科学界和哲学界的朋友，如爱因斯坦、波尔、罗素、维特根斯坦，从众多朋友身上他受益匪浅。他曾到新西兰任教，二战后回到英国，出任伦敦经济学院科学哲学教授，一直到退休。

弗洛伊德：精神分析学派的创始人

因为我是个犹太人，所以我发现自己未受到致使其他一些人在运用其知识时受到限制的那种偏见的限制：作为一个犹太人，我准备反对和拒绝附和大多数人的意见。

——西格蒙德·弗洛伊德

西格蒙德·弗洛伊德（1856—1939）是奥地利著名的精神病学家，他创立了一套独特的治疗神经症的方法和理论，成为当代医学模式的先驱。他开辟了潜意识心理学研究新领域，开创了动力心理学、人格心理学、变态心理学的研究，是精神分析学派的创始人、弗洛伊德主义的缔造者。有人认为，弗洛伊德是近代最伟大的三位天才（马克思、弗洛伊德、爱因斯坦）之一。

弗洛伊德于1856年5月生于奥地利摩拉维亚一个中产阶级的犹太家庭。他的父亲从事羊毛纺织品的商业贸易活动，他的母亲是位善良的、受人尊敬的妇女。弗洛伊德说，母亲总是给予儿子无限的满足，这是最完全、最彻底地摆脱了人类既爱又恨的矛盾心理的一种关系。有研究者认为，弗洛伊德把其母过于理想化的倾向，正是以后他提出俄狄浦斯情结（恋母情结）这一基本发现的基础，也是他人格结构形成的动力。

弗洛伊德天资聪颖，刻苦好学。他9岁就上了中学，17岁时以优异的成绩被保送到著名的维也纳大学医学院。大学期间，他在当时著名的生理学家布吕克的直接指导下，开始研究中枢神经系统。1881年，他以优异的成绩获得医学博士学位。1885年，他被任命为维也纳大学医学院神经病理学讲师。1886年，他开了一家私人诊所，并开始尝试用他特创的自由联想法（或精神分析疗法）为患者治病。

弗洛伊德并不是个虔诚的犹太教徒，但他对自身的犹太血统颇感自豪，他说："我的父母是犹太人，我自己至今仍然是个犹太人。"当他因犹太血统受到歧视时，他以加倍的努力来对抗这种歧视。他在自传中写到："我发现别人指望我该自认为低人一等，是个外人，因为我是犹太人。""我在年轻时便不得不熟悉这种处于对立面和在'紧密团结的大多数人'的禁令之下的命运。"

弗洛伊德一生著述颇丰。1895年，他发表了《歇斯底里症研究》，这是他的精神分析理论的奠基之作和正式起点。1899年，他发表了《梦的解析》，该书被认为是弗洛伊德精神分析学形成的标志，被西方学者誉为"揭开人类心灵的奥秘"和"改变世界历史"的书籍。但是，他的理论在当时并未引起人们的重视，人们仅仅把它当作奇谈怪论而加以指责和反对。

1905年，弗洛伊德发表了《性学三论》，此书着重阐述精神分析的性理论观点，认为性欲是人类一切成效的源泉，提出性欲观念的扩展，第一次系统地探索了人类性欲发展的规律。有人称此书是弗洛伊德阐明人类性欲之本质与发展的主要文献。此书的发表在学术界引起轩然大波，一时间，弗洛伊德成了科学界最不受欢迎的人。1908年，第一届国际精神分析大会召开。此时，弗洛伊德精神分析的主要理论和技术均已建构，他作为创始人也才正式得到国际学术界的认可。

弗洛伊德一开始是作为一个神经病学家和精神科医生来从事研究工作的。1905年以后，弗洛伊德的研究对象从神经病患者扩大到整个人类。他的研究逐步哲学化，他的理论成为了一种哲学。在后期的研究中，弗洛伊德提出了两种本能和人格框架的理论。他认为人格结构由三部分组成：本我、自我、超我。本我是最原始的、无意识的心理结构，它是由遗传的本能和欲望构成的，是一种非理性冲动，受唯乐原则的支配，一味地寻求满足。自我受知觉系统影响，它代表理性和常识，接受外部世界的现实要求，它根据唯实原则行事，它的大部分精力用于控制和压抑来自本我的非理性冲动。自我与本我的关系就像骑手和马的关系。超我一方面对自我进行监督和指导，另一方面对自我进行谴责和惩罚。关于人的本能，弗洛伊德将它区分为两个部分：生的本能与死的本能。生的本能决定了人的生存、创造等活动，死的本能则导致了破坏、毁灭、侵略等行为。

弗洛伊德的精神分析学说在世界各地产生了深远的影响。1920年后，仅美国就出版了200多部论述弗洛伊德精神分析学说的书。如今，全世界有关弗洛伊德学说的书汗牛充栋。弗洛伊德曾两次被提名为诺贝尔奖候选人,但他并未获得诺贝尔奖。对此,他说:"我已经两次看见诺贝尔奖从我面前闪过,但我知道,这种官方承认根本不适合我的生活方式。"

20世纪30年代,弗洛伊德发表了《精神分析引论新编》,此书是理解他思想体系的关键性著作。他还发表了《一个幻觉的未来》,这是他宗教观的代表作。他去世后第二年,他的《精神分析纲要》一书发表,这是他的最后一部著作,这本书对其精神分析理论作了全面而精辟的总结,具有独特的价值。

纵观弗洛伊德的一生及其理论,我们可以说,历史上没有几个人像弗洛伊德那样对人类思想产生如此重大的影响,没有一个人类生存的领域不受到弗洛伊德思想的冲击。他的精神分析学说已发展成20世纪最主要的社会思潮之一,构成了现代人文科学和社会科学赖以发展的支柱之一。

第二节 经济学界骄子

米尔顿·弗里德曼:货币主义理论的创始人

假使可以容忍的话,那么,私人垄断可能是害处最少的。

——米尔顿·弗里德曼

米尔顿·弗里德曼(1912—2006),是当代著名的经济学家,货币主义理论的创始人,1976年诺贝尔经济学奖得主。

1912年7月,弗里德曼出生于美国纽约的布鲁克林。清寒的家境再加上15岁时父亲的去世,使少年时代的弗里德曼饱尝生活的艰辛。但是,苦难并没有摧垮他,相反,他自幼就有了超凡的勤奋和自信,这使他很快在中学里脱颖而出。1928年,弗里德曼以优异的成绩获得一笔奖学金,进入拉特格斯大学。1932年,他获得数学与经济学学士学位。同年,一位很赏识他的教授霍默·琼斯推荐他去芝加哥大学学经济学,并为他争取到一份免学费奖学金。1933年,他又以优异的成绩获芝加哥大学经济学硕士学位。1934年，他又进入哥伦比亚大学，攻读博士学位。在此期间，他对消费者预算和收入结构进行了广泛而深入的研究，他的博士论文《独立职业活动收入》便是这些研究的成果。

1941年，弗里德曼进入美国财政部，专事战时政策研究。这使他把理论研究和社会现实结合起来，也使他把自然科学和社会科学结合起来。战后，他又回到芝加哥大学，一直到1979年他退休。

弗里德曼一生勤奋，著作等身。早年他即以其博士论文《独立职业活动收入》而一举成名。1953年，他出版了《实证经济学论文集》，该书包括了一系列在20世纪40年代后期和50年代早期发表的经济学的方法论、马歇尔需求曲线及收入的边际效用等方面的著名论文。

1950年，弗里德曼出版了《货币数量论研究》，这是其从事货币经济研究的开山之作。1957年，他发表了《消费函数理论》，此书的发表奠定了他在经济学界的威望。该书通过将消费函数与永久性收入，而不是暂时性收入联系起来，重新解释了凯恩斯的消费函数概念。这本书被誉为当代经济计量学的杰作之一。1962年，弗里德曼发表了《资本主义与自由》一书，此书的发表奠定了他作为一个政治哲学家的地位。在这本书中，他热情地赞扬市场机制，认为市场机制能够解决所有重大的社会问题。

1963年，他与人合著的《美国1867—1960年货币史》一书出版，这本书在学术界产生了前所未有的影响，也终于奠定了弗里德曼"货币主义"的权威地位。1971年，弗里德曼出版了《货币分析的理论结构》，进一步丰富了货币理论。1976年，由于"在消费分析领域、货币历史及货币理论领域的贡献，以及他对稳定性政策的复杂性证明"，弗里德曼无可非议地站上了诺贝尔奖的领奖台。

硕果累累的弗里德曼对当代经济学作出了突出的贡献。他在每一本书中都有独创性的见解，他的每一个理论甚至每一个概念都在经济学界引起很大反响。

在经济学上他最大的创见是重新强调货币在经济波动中的作用。他认为经济波动的根源是政府的错误政策，指出西方自由经济发展至今已受到极大威胁，难以继续发展。因此他主张充分发挥市场经济的自我调节机制，实行货币供给量稳定增长的货币政策。弗里德曼是反凯恩斯主义的先驱者，他发动了一场关于货币理论和政策的大论战。在这场论战中，弗里德曼指出，市场经济本身是稳定的，价格机制也能够对外部冲击作出反应，使经济恢复平衡。他认为货币在经济中的作用是最重要的，货币数量的变化能直接引起产量和价格的变化，而货币数量的过度和无规则的增加则是造成通货膨胀的直接原因。这场论战之后，货币主义迅速传播，与传统的凯恩斯主义分庭抗礼。

除此之外，弗里德曼还在经济自由主义、经济学方法论和消费函数理论等方面作出了突出贡献。

因《资本主义与自由》一书，弗里德曼成为当之无愧的政治思想家。他对自由的论述构成其政治思想的主要部分，他认为："对自由最大的威胁是权力的集中。为了保护我们的自由，政府是必要的；通过政府这一工具我们可以行使我们的自由，然而，由于权力集中在当权者手中，它（指权力）同时也是自由的威胁。""因此，要保护自由，政府的职责范围就必须有限度。"他将政府角色理解为游戏的规则，其基本任务是：提供修改规则的手段，调节人们在规则意义上的分歧，并迫使少数对游戏规则不满的人就范。

萨缪尔森：现代经济学的建筑师

> 许多岁月过去了。我的头发由淡黄色转为棕色，然后转为灰白色。但是，像从未变老的道林·格雷的肖像一样，这本《经济学》教科书会长久地保持到21世纪。
>
> ——保罗·安东尼·萨缪尔森

保罗·安东尼·萨缪尔森（1915—2009）的名字在经济学界并不陌生。他于1915年出生于美国印第安纳州的一个犹太家庭。他聪明非凡又吃苦好学，这使他16岁时就被芝加哥大学录取。20岁读完本科后，他进入哈佛大学，6年后，他在哈佛获博士学位。一出哈佛大学，年轻有为的萨缪尔森即被聘为麻省理工学院的经济学教师。1947年，年仅32岁的萨缪尔逊已是麻省理工学院的经济学教授了。

萨缪尔森被认为是西方经济学界最高产的经济学家。据说他平均每一个月就有一篇学术论文问世。他写了多部专著和300多篇论文，这些优秀的论著，确立了他在西方经济学界的崇高地位。1938年，萨缪尔森发表了《评消费者行为纯理论》一文。在这篇文章中，他第一次论证了西方经济学中著名的需求曲线能够从市场中可观察到的购买所"显示"的偏好推导出来，而不必再企求于边际效用理论或无差异曲线。

1948年，他出版了内容丰富而又深入浅出的教科书——《经济学》。《经济学》对于凯恩斯主义宏观经济学和传统微观经济学在世界范围内的广泛传播起了很大作用。该书在理论上实现了所谓"新古典综合论"，消解了西方经济学家长期以来对旧的新古典微观经济学同新的凯恩斯主义宏观经济学之间产生裂痕的担心。《经济学》取得了非凡的成功，它无疑已成为当代经济学持久不衰的畅销书。它在全世界范围内用近20种文字出版，销售了1000万册以上，世界各地的经济学教授和研究生、大学生们都在饶有兴趣地谈论它。它的发行量在西方经济学的整个历史中创下了最高记录。

1958年，萨缪尔森发表了与他人合著的《线性规划与经济分析》，这部书成功地把价格理论、线性规划和增长理论结合了起来。这本书的发表，对传播数学最优化技术起到了关键性作用。这里还应当特别提到他的博士论文《经济分析基础》。他的这本心血之作被西方经济学界奉为"经典之作"。这篇著作中所论述的经济学的数学基础部分，一直被认为是经典性的论述和现代西方经济学发展史上的重要里程碑之一。《经济分析基础》的目的是要清除在经济分析中长期存在的那些由于阐述含糊和在应用上毫无意义的论述而产生的谬误。此后，英美两国的大学和研究生教育日益强调把微积分和线性代数知识作为理解宏观经济理论和微观经济理论的前提条件。

在方法论上，萨缪尔森掀起了一场"数学革命"旋风。早在其早年的著作中，萨缪尔森就凭着他良好的物理学和高等数学知识，揭示了一种可为各个经济学领域提供共同基础的数学方法体系，从而把经济分析提高到一个划时代的水平。因此，西方经济学界称他为科学家出身的经济学家。在萨缪尔森的影响和推动下，西方新一代的经济学专家和教师都越来越多地在自己的教学和科研中使用数学语言，从而在整个经济学界提高了数学运用水平。把数学引入经济学成了一种"时髦"，经济学与数学结下了不解之缘。萨缪尔森在西方学界有极高的声誉和权威性。在哈佛大学，他曾获戴维·韦尔斯奖；1947年，他获美国经济协会专为40岁以下的年轻经济学家的最杰出著作设立的约翰·贝茨·克拉克奖；1970年他获阿尔伯特·爱因斯坦奖和诺贝尔经济学奖两项大奖。

在学术活动之余，萨缪尔森还历任要职，为美国政府出谋划策。1941—1943年，他曾担任美国全国物资计划局顾问；1945年任战时生产局顾问；战后他曾担任总统经济顾问委员会委员以及肯尼迪总统顾问；1951—1953年他曾担任美国经济计量学会会长；1961年任经济学会会长；1965—1968年任国际经济学会会长。

纵观萨缪尔森的学术成就及他的理论在经济上所带来的深远影响，我们也就不难理解为什么有人称二战后美国的经济学为"萨缪尔森时代"了。

第三节　科学天才

阿尔伯特·爱因斯坦：现代物理学之父

> 对真理的追求比对真理的占有更可贵。
>
> ——阿尔伯特·爱因斯坦

阿尔伯特·爱因斯坦（1879—1955），20世纪最杰出的科学家，以非凡的科学贡献、严谨的治学风格、超常的智慧和高尚的人格在科学史上和整个人类历史上占据了常人不可企及的地位。20 世纪的人类为他而骄傲，20 世纪的历史因他而更加光彩夺目。当 20 世纪的历史逐渐远去的时候，人们仍然还会记得爱因斯坦：20 世纪最智慧的大脑。

爱因斯坦于 1879 年 3 月 14 日出生于德国南部的乌尔姆城，他的父母都是犹太人。父亲是个波折多难的小业主，母亲是个有较高音乐天赋的善良妇女，在母亲的熏陶下，爱因斯坦拉得一手极其优美的小提琴。幼年时期的爱因斯坦迟钝、内向，四五岁时才开始说话。4 岁那年，父亲给小阿尔伯特一个指南针，这枚指南针激起他强烈的好奇心和无尽的想像力，尽管一个 4 岁的孩子不可能有什么创见，他还是激动得难以入睡。这种对未知事物的新鲜感、惊奇感和探索精神由此萌发并伴随他的一生。

十一二岁的爱因斯坦开始狂热地迷上了哲学，他常常躲在自己的房子里如饥似渴地"攻读"大学哲学系学生都嫌艰涩难懂的哲学书籍。13 岁时，在叔叔雅格布的指导下，爱因斯坦开始学初等几何。几何原理的简单性、明晰性和可靠性令他惊奇不已，他初次领略到理论和谐的美妙。这些东西深深震撼着他，使他下决心要把追求这种和谐与美妙当作终身的事业。他的第一次伟大尝试是两个礼拜闭门不出，专心证明勾股定理。16 岁那年，他产生了一个貌似天真实则深刻之极的"追光设想"。他想：如果我们跟着光线跑，那么事物该是什么样子呢？世界是什么样子呢？时间是否停止了？这成了他后来创立相对论的最初萌芽。

1894 年，爱因斯坦全家迁往意大利米兰，只把他留在慕尼黑读中学。次年，他因厌恶学校刻板的教学方式而退学来到米兰。因为不愿做德国人，这个 16 岁的少年一到米兰就宣布放弃德国国籍。1896 年，爱因斯坦考入瑞士苏黎世联邦工业学校攻读物理和数学。1900 年，他以优异的成绩毕业，但因他是个无瑞士国籍的犹太人，找工作难上加难。几经波折，到 1902 年他才找到一份固定工作——瑞士伯尔尼专利局的专利审查员。1903 年，他和大学同学米列娃结婚。

爱因斯坦对专利局的工作游刃有余，只用三四个小时即可完成 8 小时的工作量。其余时间他完全沉浸在自己的思考里,外界的一切都不会打扰他。1905年,爱因斯坦因发表了《论动体的电动力学》一文而一鸣惊人。在这篇论文中他阐述了狭义相对论观点,引起了物理学上一场真正的革命。20世纪的物理学蕴含着深刻的危机和矛盾,年轻的爱因斯坦敏锐地认识到,矛盾的核心在于牛顿的绝对时空观。经过大量运算和缜密思考,爱因斯坦得出结论:时间和空间是相对的!爱因斯坦认为数百年来被物理学界奉为神明和权威的牛顿出了问题,终极真理出了问题。"对真理的追求比对真理的占有更可贵"。

爱因斯坦在其论文中还论述了匀速直线运动的坐标系中的物理现象,这一被称为"狭义相对论"的理论成为物理学革命的起点。在他后来发表的另外5篇论文中,他进一步发展了相对论,阐明了质量与能量的关系,修正了经典物理学中的质量守恒定律和能量守恒定律。狭义相对论还有另外一个重要结论就是质能方程 $E = mc^2$,这是人类利用核能的最基本的理论依据。世界被这个26岁的年轻人震惊了!

科学没有尽头,真理没有尽头,爱因斯坦勇于创新、不断前进。10年之后,爱因斯坦在狭义相对论基础上又提出了以广义相对性原理和等效性原理为前提的广义相对论。由此他认为:空间、时间与运动的变化及质量有关,引力是大质量所造成的空间弯曲,物体在引力场中的运动不是引力的作用而是物体趋向于走最小阻力的途径。这是爱因斯坦的又一个惊人发现!爱因斯坦一生中留下的科学财富是惊人的,有人说,若按他一生的科学贡献,他至少应得6项诺贝尔奖。但是,他的思路太超常了,成果太超前了,使得世人难以及时认定他科学思想的真正价值。因此,他生前只因为对光电效应的研究而获得过一次诺贝尔奖,而这只占他研究的一小部分。

爱因斯坦还是一位杰出的社会活动家、国际和平主义者。他的每一项行动都体现着他追求真理、热爱和平的人生准则。一战期间,爱因斯坦因拒绝在怂恿维护德国军国主义的科学家联名宣言书上签字而轰动一时。他曾加入国际知识分子合作委员会，广泛宣扬和平主义思想。他竭力宣传其著名的"百分之二"理论，即只要有2%的人拒服兵役，战争就不会发生。

二战期间，得知希特勒正在研制原子弹，爱因斯坦与其他几位科学家共同上书美国总统罗斯福，从而促成了著名的"曼哈顿工程"。1945年，两颗原子弹在日本爆炸，结束了旷日持久的战争。如果是德国人首先研制成原子弹，那今天的世界也许是另外一个样子。但是原子弹对日本两座城市造成的毁灭性后果，又使爱因斯坦自责不已。战后，他极力呼吁和平利用原子能、销毁原子弹。在人生的最后10年，爱因斯坦始终以强烈的社会责任感和历史使命感为和平事业奔走呼号，成了全世界著名的和平旗手。

爱因斯坦是个家喻户晓的人物。没有几个人看得懂他的理论，但全世界都崇拜他。成名之后，各大学纷纷授予他名誉博士学位，聘他为教授，邀他去讲学。数以万计的贺电、贺信以及礼物包围了他，但爱因斯坦不为盛名所累，他依然是不修边幅的打扮，凌乱不堪的头发。他仍然坚持着简单、朴素的生活方式。这位淡泊名利、崇尚精神自由的老人不为无聊的纷扰所动，只要一息尚存，他那智慧的大脑就在永不停息地思考。

维纳：控制论之父

重要的是为掌握知识进行战斗，而不是胜利。

——诺伯特·维纳

控制论，是现代社会发展和进步的重要杠杆之一。它的创立开辟了科学史上的新时代，而开辟这个新时代的先锋是一位叫诺伯特·维纳的美国犹太人。

诺伯特·维纳，1894年出生在美国哥伦比亚城的一个犹太家庭。他的父亲列夫·维纳是哈佛大学的斯拉夫语言文学教授，是一位集德国人思想、犹太人智慧和美国人精神于一身的优秀学者。维纳上大学前所有的学业都是由其父指导完成的。这位具有广博知识和严谨思想的哈佛教授，从儿子一出生就制定了严格的计划，对维纳进行早期智力开发。小诺伯特4

岁时开始看书，兴趣广泛，他看达尔文的《自然史》、夏尔科的精神病著作和神学书，甚至连出土文物报告都不放过。博览群书，开阔了他的视野，为他以后发展各门学科的综合能力打下了坚实的基础。

列夫·维纳是个严苛的父亲，他一丝不苟地督查儿子的学业，就像要求一个大人那样要求小维纳，稍有不满，就骂他"笨猪"、"畜生"。这些都深深地伤害了维纳幼小的心灵。但40年后当他回想过去时，还是挺感激他的父亲。列夫·维纳的管教不无道理，是他最终把儿子培养成了出类拔萃的科学家。从另一个角度看，列夫·维纳又是个开明宽容的父亲，他使小维纳摆脱了刻板的学校教学模式，使他在自由自在的阅读中获得了全面的知识和良好的思考习惯。

7岁时，维纳已学完了全部中学数学、物理、化学、生物知识，还学会了拉丁文、德文、法文，阅读了大量科学著作和文学名著。11岁时，维纳被送进哈佛附近的一所小型理工学院。列夫这样的选择是别有用意的，他不想让哈佛紧张的考试摧毁了儿子的健康心态，也不想让11岁的大学生引起哈佛的轰动，他要把儿子塑造成一个数学家。大学的第一年，维纳迷上了物理和化学；第二年，他又转向哲学；第三年，他又狂热地钻研生物学，并认定要成为生物学家。后来，他终于又回到数学上来，18岁那年，他以一篇数理逻辑的论文在哈佛取得博士学位。

由于在哈佛的出色表现，他被校方资助去英国剑桥大学学习，师从罗素。年轻的维纳第一次感到心清气爽，神采飞扬。在罗素的启发下，他系统地阅读了大量哲学著作。罗素还建议他主修了当时最难的一门课程《高等数学》，指导教师是哈代。在哈代的课堂上，他掌握了勒贝格积分，这使他在日后的研究中，能把湍流作为一种函数模型，高度完美地描述布朗运动，从而完成一项开创性的工作。

在剑桥一年后，维纳转到了德国哥廷根大学的希尔伯特门下。希尔伯特是位数学奇才，几乎可以说是世界上唯一一个真正通晓一切现代数学领域的数学家。希尔伯特思想之深刻、知识之渊博，使维纳为之震惊。他立志要成为像希尔伯特那样的数学家。也正在此时，他才真正懂了数学，也才真正爱上了数学，这也促使他后来以数学统一物理、工程、神经生理等领域，从而创立控制论。这是一项需要广博的知识、敏锐的洞察力，需要科学、技术、哲学各学科综合能力的工作。这项工作必须由一位百科全书式的科学家来完成。而维纳正是在其父亲、罗素、哈代、希尔伯特这些伟大学者的影响和教育下，成了这样一位百科全书式的科学家。

第一次世界大战爆发后，维纳被迫放下数学，应征入伍，在阿拉伯射击场编制高炮射击表。这虽是件枯燥无味的工作，他却从中学会了以数学理论解决物理学的问题。退役后，他在麻省理工学院任教。他确定了自己的第一个主攻方向：用严格的分析和积分学语言来描述物理学中的布朗运动。夜以继日的思考和运算，智慧的水滴终于汇成了涓涓小溪。维纳以独特的、完美的数学形式对布朗运动给出了生动的描述。在将数学与物理学结合的道路上取得成功后，他又开拓了数学与工程技术及其他学科结合的新路子。他是个数学家，但他早已超出了数学的领域，在各门学科都留下了他的足迹。

控制论是一个靠一两个人或一两个领域的知识所无力解决的复杂问题，它需要诸如数学、工程学、心理学、物理学、神经生理学、计算机科学等学科的合作。维纳主持和召集了这种合作。1948年，"控制论"——一个令人振奋的合作成果，一门对后世具有永久深远影响的学科诞生了。这是一门可移植适用于机器、生物、社会的各种组织性、目的性系统，指导、设计、完成各种目的性行为的科学。控制论的问世，轰动了美国，轰动了全世界，维纳也因此被永久载入史册。

玻尔：原子物理学及量子力学的创始人

> 常有人问有什么秘诀使那么多青年理论家如此热衷于聚集在我那里。其实我没任何秘诀，我只是不怕在年轻人面前暴露我的愚蠢。
>
> ——尼尔斯·玻尔

尼尔斯·玻尔是伟大的物理学家和思想家，原子物理学及量子力学的创始人，哥本哈根学派的创始人。1885年10月7日，尼尔斯·玻尔诞生于丹麦首都哥本哈根一个富裕的犹太书香门第。他的祖父是位语言学博士，外祖父是位犹太银行家，父亲克里斯丁·玻尔是哥本哈根大学的生理学教授，母亲是一位优雅和善的妇女。玻尔的家庭相当开明。克里斯丁·玻尔常和他的几位朋友轮流在各家聚会，热情激昂、随心所欲地探讨学术问题，而小玻尔则一直"旁听"，间或也加入讨论。这些讨论对他后来在物理学和哲学上的发展起了相当大的作用。

1903年，尼尔斯·玻尔考入哥本哈根大学的数学和自然科学系。在校期间，他撰写了一篇《用水注振动法测定水的表面张力》的论文，获丹麦皇家科学院有奖征文的金质奖章。当时，谁也没料到这样成熟的学术论文竟出自一位大学生之手。1911年，尼尔斯·玻尔以《金属电子论的研究》一文获哥本哈根大学哲学博士学位。尼尔斯·玻尔从1912年3月至7月在卢瑟福实验室工作了4个月，正是这4个月为他一生最伟大的成就——原子结构理论奠定了基础。他与卢瑟福的相识，标志着一个科学新纪元的开始，也标志着一段终身不渝的友谊的开始。

1913年9月，尼尔斯·玻尔的《论原子和分子的组成》经卢瑟福推荐，发表在英国《哲学杂志》上。这篇原子物理学的划时代的文献从根本上改变了以往人们对微观世界的认识，大大拓展了人类认识自然的疆域。就科学自身发展而言，这一理论无疑是经典力学和经典电动力学自我再认识的里程碑，"无所不能"的牛顿力学体系终于遇到了屏障，人类也逐步认识到了科学认识的理论层次性。后来，他因这方面的卓越功绩而获诺贝尔奖。

1927年9月，尼尔斯·玻尔提出互补概念，这一概念不但奠定了量子力学的所谓哥本哈根解释的基础，而且成了一种包罗万象的互补哲学。他不止一次地把他的互补原理和相对论相提并论，认为后者是牛顿绝对时空观的合理推广，前者则是旧式的因果原理的合理推广。1936年，玻尔提出原子核滴液模型，把热动力学概念引入核物理学中。他深入地研究了在热中子作用下重核分裂机制的理论，这一发现为释放核能指明了方向。

尼尔斯·玻尔的贡献不仅仅体现在科学上，最难能可贵的是他还以自己崇高的威望、幽默好客的态度吸引了一大批卓越的青年物理学家，使他们互相学习、融为一体，形成了世界三大著名理论物理学派之一——哥本哈根学派，创立了被世人誉为物理学"圣地"的玻尔研究所。如果说20世纪物理学两大革命性发展之一的相对论主要归功于爱因斯坦，那么另一个发现——量子力学却是两代人集体努力的结果，而这个集体的精神领袖便是尼尔斯·玻尔。他领导这个研究所长达40年之久，大约培养了600多位物理学家。

奥本海默：原子弹之父

我们唯一的敌人就是核弹本身。

——罗伯特·奥本海默

1904年4月22日，罗伯特·奥本海默生于美国纽约。其父是位犹太商人，母亲是画家。奥本海默"头部狭窄，个子瘦瘦，耳朵尖尖，长得獐头鼠目"，却是位少见的天才。他5岁便能收集地质标本，后来3年便修完了哈佛大学4年的课程。

20世纪初，物理学界发生了革命，一个个划时代的突破和革命性的发现相继向人类展示着它们的光彩。年轻的奥本海默应接不暇，激动不已。1925年，刚刚毕业于哈佛的奥本海默来到大西洋彼岸的剑桥。1926年5月和6月，他相继发表两篇学术论文，很受麦克斯·玻恩的赏识。

1926年，应玻恩之邀，奥本海默来到了哥廷根理论物理研究所，当时的哥廷根理论物理研究所是能与玻尔的哥本哈根理论物理研究所相匹敌的理论物理学术中心之一。在玻恩的研究所，奥本海默与玻恩合作研究出处理分子的电子自由度、振动自由度和转动自由度的方法，此法被称作"玻恩—奥本海默法"。1927年，奥本海默获博士学位。同年，他回到美国，受聘于加州大学伯克利分校和加州理工学院，成了一名重要的物理学家和学术权威。

20世纪30年代后期，法西斯肆虐欧洲，希特勒开始秘密研制原子武器，打算以此征服世界。为此，爱因斯坦上书美国总统罗斯福，建议研制原子弹，遏制德国的野心。面对现实的威胁，罗斯福采纳了他的建议。当时的美国已聚集了100多名流亡物理学家。作为世界物理学的中心，美国完全有能力研制出第一枚原子弹。这就有了著名的"曼哈顿工程"。

1941年，奥本海默中止了他的一切个人研究工作，全力以赴投入"曼哈顿工程"。在他的建议下，"曼哈顿工程"把研制武器的工作集中在一个实验室内，而奥本海默则以其非凡的协调管理才能和过硬的原子物理知识，当之无愧地成了实验室主任。

"曼哈顿工程"的规模和难度都是前所未有的。它前后耗资20亿美元，调用人员20万。仅在新墨西哥州的洛斯阿拉莫斯就集中着4000余名研究人员，设有理论物理、化学及冶金、军事研究、实验核物理、炸药、炸药物理、规划等7个研究所。面对如此浩大的工程，奥本海默指挥若定，调遣自如，充分展示了他不凡的科研才能和科学管理才能。

为了首次试爆的成功，奥本海默投入了所有的时间和精力，采取了十分严密的措施。试爆地点被选在距洛斯阿拉莫斯约100英里的阿拉摩哥多沙漠。试爆所需的配件必须十分安全地运到零点山，不能发生任何意外事故。在原子弹爆炸过程中，许多结果都必须记录下来，例如原子弹内部的演变情况、它所释放出来的能的数量与种类、受到爆炸波及的范围、爆炸以后在地面和空气中所产生的辐射污染等等。

1945年7月15日，约有1000多人，其中包括科学家、放射医学家、气象学家、工程师、数学家、爆炸专家、军事参谋、政府官员和外国政府代表，被邀请参观这次试爆。大家被集中在距零点山20英里的伙伴山上。次日凌晨5时半，试爆圆满成功。在半径一英里的范围内，所有蔬菜、动物以及各种有生命的东西都被破坏无遗，连一条响尾蛇、一根青草也看不见；半径4000多米以内的砂石都变成了黄绿色玻璃状的物质……零点山上的那座钢塔完全被高热蒸发，没有丝毫存留的痕迹。人群沸腾了，而奥本海默却驾车远远地离开了试爆基地。

完成了这项艰巨使命后，奥本海默回到了原来的教职上，不想再担任任何职务了，因为他并不想做个"武器制造者"。然而，对美国原子能委员会（AEC）而言，他那不同凡响的经验具有难以估量的价值。因此，奥本海默被加州延聘，任职于AEC属下的战略顾问委员会，并且在此后的两年中被华盛顿当局咨询了12次以上。然而，当这些坐飞机来来往往的旅行、商讨、会议和他的教书职务同时进行时，奥本海默感到莫大的厌倦和苦恼。于是，他向加州大学提出辞呈，同时接受普林斯顿大学的聘请，担任该校高级研究所所长的职务。

二战后期，奥本海默与费米、劳伦斯等人一起作出了支持用原子弹轰炸日本的决定。这是奥本海默第一次参与政治决策，也是他最感遗憾的错误。投向日本的原子弹导致了20万人的死亡，奥本海默后来说："当时我太欠考虑了。"

第四节　文学泰斗

茨威格：穿透人类心灵的天才作家

> 只有经历过光明和黑暗、和平和战争、兴盛和衰败的人，才算真正生活过。
>
> ——斯蒂芬·茨威格

斯蒂芬·茨威格，是蜚声世界文坛、至今盛名不衰的奥地利著名作家。对中国人来说，茨威格的名字并不陌生，他的《人类群星闪耀时》《昨日的世界》《异端的权利》等书早已成了不少中国读者的案头精品。

茨威格1881年出生于奥地利维也纳的一个犹太富商家庭。当时的维也纳是奥匈帝国的首都、欧洲文化的摇篮，名流济济，人才荟萃。举世闻名的音乐大师、各色流派的不朽诗人、杰出的小说家和戏剧家、伟大的思想家和学者都云集在那里。茨威格自幼便处在浓厚的文化氛围之中，饱览群书，搜集珍藏，游历世界——他到过印度、俄罗斯、东南亚和非洲，两次踏上美洲、横越美国东西部，德国、法国、荷兰、比利时、瑞士、英国、意大利更是常来常往。因此，他阅历极其丰富，学识非常渊博。

1900年，度过了生活优裕、敏感多思的少年时代，茨威格进入维也纳大学攻读哲学，1903年获哲学博士学位。但是，茨威格的真正兴趣从来不是哲学，而是文学艺术。早在1901年，他的诗作《银弦集》就产生过轰动性的反响。大学毕业后，他把大部分时间用来游历各国、结交朋友、进行创作。他出身于犹太家庭，犹太民族的命运多舛常使他惆怅、沉思、遐想……

一战前后，茨威格先后发表了小说集《埃利卡·艾瓦尔德之恋》，诗集《早年的花冠》，剧本《泰西特斯》《海滨之星》以及小说集《最初的经历》等。《最初的经历》中有篇《家庭女教师》备受读者推崇和喜爱，它叙述了一位家庭女教师被富豪子弟玩弄并抛弃的不幸遭遇，以及这一事件给她的学生——一对小姊妹带来的心灵震荡。该小说视角独特、构思奇巧、心理描写入木三分，别具一番魅力。

1920年，茨威格发表了传记三部曲《建造世界的大师们》的第一卷《三大师》（巴尔扎克、狄更斯和陀斯妥耶夫斯基）。随后，他发表了《马来亚狂人》和《一位陌生女人的来信》，其中《一个陌生女人的来信》成了经典名篇。他的其他小说佳作还有《月光胡同》《芳心迷离》《看不见的收藏》《桎梏》《象棋的故事》等。

茨威格不仅是位杰出的小说家，还是位享有盛名的传记文学大师。他著名的传记作品除《三大师》外，还有《和精灵的斗争》（德国三位患精神病的天才人物荷尔德林、克莱斯特、尼采的评传）、《回忆艾米尔·维尔哈仑》、《三位反映自己生活的作家》（司汤达、托尔斯泰、卡萨诺瓦评传)、《精神疗法》、《玛丽·安托瓦特内》、《亚美利哥》、《巴尔扎克》、《罗曼·罗兰》、《人类群星闪耀时》等。

海涅：才华横溢的浪漫诗人

> 纵使我们身体里的心已被撕裂、已被割破、已被刺穿，洪亮而高昂的笑声仍将我们陪伴。
>
> ——海因里希·海涅

海因里希·海涅，是19世纪德国诗坛最响亮的名字之一。他一生留下了大量脍炙人口、广为流传的抒情诗和政治讽刺诗。时至今日，海涅的诗依然散发着不朽的光辉。

海涅1797年12月13日生于德国一个破落的犹太人家庭。父亲萨姆逊·海涅是位知足常乐的小商人，母亲贝拉·盖尔德具有很高的文学造诣，且精通英、法、德等国语言。幼年的海涅内向、敏感，甚至有点神经质，他受不了任何噪音，哪怕是响亮的钢琴声和人们的高声谈话。他只愿依伴在妈妈身旁，听她读歌德的诗；或躲开小伙伴，藏在角落里，一个人静静地看书。15岁时，海涅开始用略显稚嫩的笔抒写他少年的情怀。

1819年，在叔叔的资助下，海涅进入波恩大学学法律。1820年，他转入哥廷根大学，半年后因打架被勒令退学。1821年，他去到柏林，师从哲学大师黑格尔，黑格尔对他的思想产生了极大的影响。1823年，他重返哥廷根，并于两年后取得法学博士学位。此时，在诗海遨游了十余年的海涅已初步形成了简洁凝炼、铿锵有力的诗歌风格。

在1824—1826年间，海涅写出了《还乡集》《北海集》《哈尔茨山游记插曲》等三部诗歌。1827年，他因这三部诗歌的合订本《歌集》而获得了空前的成功。《歌集》中的诗歌主要采用绘景抒情的方式，注重激情和想像，如"我的床头长出了一棵树/年轻的夜莺在上面歌唱/它歌唱着纯真的爱情/在梦中我依然倾听"。世人开始瞩目这个叫海因里希·海涅的年轻诗人。与此同时，在诗歌之途上初入辉煌的诗人第三次遭遇激情。他爱上了一位叫苔莱莎的姑娘，但苔莱莎却拒绝了他，敏感多情的诗人又一次痛不欲生。

19 世纪 30 年代，除诗作外，海涅还留下了大量的文艺批评著作，其中以《论浪漫派》和《论德国宗教和哲学的历史》最为著名。《论浪漫派》批评了浪漫主义作家消极落后的一面，提出文学必须和现实生活相结合；在《论德国宗教和哲学的历史》中，他对德国历史上宗教和哲学领域的名人进行了独特而透彻的评价。

19 世纪三四十年代欧洲革命的风起云涌给诗人以极大的震撼。他逐步走出歌颂自然、抒发个人感情的小圈子，创作了一批优秀的政治诗歌，其中《西里西亚纺织工人》（1844 年）被恩格斯称作"最有力的诗歌之一"。这首诗文字朴素、节奏有力、人物生动，歌颂了劳动者伟大的革命精神。

1844 年，海涅写出了他最出色的长诗《德国，一个冬天的童话》。全诗长达 27 章，以冬天象征死气沉沉的德国，通过童话般的幻想，讽刺了德国旧制度和一切不合理现象，讽刺锋芒指向了普鲁士王国的反动政权、所谓的反政府的自由主义派别和资产阶级庸俗的市侩。这首长诗充满了夸张的讽刺、离奇的比喻、民间传说和个人幻想，体现了海涅独有的艺术风格。

他还创作了一部叙事诗集《罗曼采罗》（1851 年），包括《史诗》《悲歌》《希伯来调》三部分。海涅自称这部诗集是他的"抒情诗荣誉的第三支柱"。这部诗集内容丰富、充实，发挥了海涅诗歌的各种特色，是一部堪与歌德的《东西诗集》媲美的作品。1854 年，海涅又完成了一部抒情诗集《最后的诗》，这时他已因患麻痹症瘫痪在床了。对此，丹麦著名文学批评家勃兰兑斯这样写道："那些在病榻上写就的诗歌是最真实、最勇敢、最辛辣和最光彩夺目的……一个人全身瘫痪……同时却在创作，在讥讽，在嬉笑怒骂，让精神围着地球在优美而深沉的梦境里遨游，这确实是伟大的。"

第五节　新闻行业的革新者

普利策：新式新闻业的开创者

> 讲些勇敢真实的话，摒弃平庸陈腐之言；讲些使社会上有见识的、有教养的、有独立见解的人们敬重的话，无虑党派性和流行偏见。
>
> ——约瑟夫·普利策

约瑟夫·普利策是美国著名的报业家和新闻学者。他的新闻理想和实践，开创了美国的新式新闻事业。他所创办的两家大报使他获得了"现代第一流美国编辑"的荣誉，同时也为他积聚了一笔2000万美元的财产。而以他的遗赠为基金并用他的名字命名的新闻奖则早已驰名世界。

普利策1847年出生于匈牙利。他父亲是匈籍犹太人，母亲是奥籍日耳曼人。他幼年在私立学校里受到良好的教育，17岁从家中逃跑，想去从军。由于视力差、体力弱，他遭到了拒绝。1864年，一名不那么挑剔的美国人，把普利策招募到欧洲志愿军中。战争结束后，普利策流落到纽约，身无分文，语言不通，干了许多临时苦差。但是，强烈的求知欲和充沛的精力促使他进取。1867年，他入了美国国籍，一年后被卡尔·舒尔茨经办的德文大报《西部邮报》雇为记者。他夜以继日地工作，挖掘各种类型的新闻，很快就成为颇有声望的专栏作家。

1872年，普利策成了《西部邮报》的合资经营者。为自己的前途考虑，普利策以3万美元出售了《西部邮报》的股份，并且通过购买圣路易斯的一家日报，又赚了2万美元。后来，他又把这家日报转卖给一个叫约瑟夫·麦卡拉的人。金钱到手后，普利策四次访问欧洲。当返回圣路易斯时，一个历史性的机遇向他走来——创立于1864年的《电讯报》破产，正在被迫拍卖。普利策在1878年12月9日出价2500美元买下了《电讯报》，在这当中，他的主要收获是得到了美联社社员的资格。后来，他把《电讯报》和《邮日报》合并，创办了合作经营的《邮讯报》。

就这样，美国最大报纸之一的《邮讯报》诞生了。在最初的四年里，《邮讯报》是圣路易斯最大的晚报，年净赚45000美元。这家报纸也最早体现出普利策的新闻理想和主张。它致力于推动社会改革运动，揭露社会弊端，抨击各种不合理现象。它在形式上，锐意创新，革除陈旧的套式；在版面上，改用短小而富有深意的新闻标题，增加图片和漫画，力求新鲜感和趣味性。

普利策有坚强的意志去取得成功，他总是处于神经紧张状态，使人不易接近。他为《邮讯报》制定了这样的办报方针："《邮讯报》不为党派服务，而为人民服务。它不是共和党的喉舌，而是真理的喉舌；它不追随任何主张，只遵循自己的结论；它不支持行政当局，而是批评它；它反对一切骗局，不管其发生于何处，也不管其是何种性质；它提倡道德原则和思想，不提倡偏见和党见派性。"普利策的办报方针，"可以说是美国新闻事业的理想的、前所未有的、最好的表述"。后来，美国新闻界把普利策的新闻理想与实践称为"新式新闻事业"。

到1883年，年仅36岁的普利策已经是个身残体弱的人了。不间断的工作使他视力衰退，神经受到严重损伤。心灰意懒的普利策打算启程去欧洲度假，经过纽约时，他听说1860年创办的民主党晨报《世界报》要出卖。这消息令他激动万分、心潮澎湃，经几番分析后，普利策果断地以34.6万美元从纽约的资本家古尔德手中买下了这家报纸。

普利策很快改组了编辑部，《世界报》以全新的面貌出现在读者面前。仅仅3个月，报纸销量便从1.5万份增至3万份，7个月后又翻一番，一年后增到10万份，两年后逾25万份。1897年发行量创最高纪录，达70万份。1893年该报出版10周年时，已拥有资产1000万美元，为普利策当年买进资金的29倍。《世界报》的崛起给纽约乃至全国报界带来极大的影响，一时间各地报纸纷纷仿效，形成一股新的办报潮流。

普利策为《世界报》制定了明确的指导思想："……是真正民主的，是真正站在人民的一边，而不是倒在那些有钱有势的人们的一边。……它将暴露一切诡骗和无耻，抨击一切危害公众的弊端，并以真诚的态度为人民而奋斗！"在他的倡导下，《世界报》表现出抨击社会弊端、维护公众利益的正义精神。1908年，《世界报》指责一些金融家借购买新巴拿马运河公司资产获取巨额利润，结果触怒了总统罗斯福，普利策受到投入监狱的威胁，但他不畏强权，组织报纸连续发表社论，展开针锋相对的斗争。这件事在美国新闻界赢得了好评。

普利策还是一位积极的社会活动家。众所周知的自由女神铜像就是经他发动的募捐运动才得以矗立在自由岛上的。1883年，法国政府向美国赠送自由女神铜像。这座耗资25万美元的巨像在美国竟因无人出资建造基座而难以立身，普利策为此利用《世界报》掀起了全国规模的募捐运动。他发表激动人心的社论呼吁人们"无论多少请捐献一点"。他的行动在美国引起巨大反响，仅一个月就有12万人捐款10万多美元，《世界报》因此名声大震。自由女神像终于高高屹立在自由岛上，普利策也赢得了受人尊崇的社会地位。

普利策对美国现代新闻事业的发展作出的卓越贡献还体现在他倡导新闻教育、培养新闻人才方面。1903年，普利策立下遗嘱，将200万美元捐赠给哥伦比亚大学办新闻学院。1912年，新闻学院终于在百老汇路曼哈顿第160街奠基。普利策还以他的遗赠为基金设立了"普利策奖"，其授奖对象包括美国小说、戏剧、诗歌、音乐、历史、传记、非小说类纪实文学著作和新闻。"普利策奖"自1917年颁发以来，已有90余年的历史，现已成为美国文化、新闻界最有权威的奖项。

路透：通讯之王

迅速、准确、客观、公正，这永远是新闻报道的最高准则。

——保罗·朱利叶斯·路透

保罗·路透，原名叫伊斯拉埃尔·贝亚·约瑟法特，1816 年 7 月 21 日出生于普鲁士小城卡塞尔内的一个犹太学者家庭。13 岁那年，他父亲突然去世，这使他决定中止学业，自谋生路。1829 年，他来到哥廷根，在表哥的银行里当了一名小职员，他同时还兼职推销员，沿街叫卖。这些经历为他积累了丰富的经商才能。

后来路透怀着"凌云大志"来到柏林，在这里生活了 8 年，完成了三件大事：第一是他于 1844 年皈依了基督教，并改名保罗·朱利叶斯·路透；其二是他在 1945 年娶了一位银行家的女儿伊达，后来伊达对路透的事业立下了相当大的内助之功；其三是他积累了不少资料和经验，为他后来发展电报事业打下了牢固的基础。

1848 年，路透离开普鲁士，来到巴黎，这使他的人生发生了根本性变化。在巴黎，路透拜见了 65 岁的报业巨头查理·哈瓦斯。路透以他的三寸不烂之舌向哈瓦斯先生讲述了他的志向、勇气以及目前的困境，并请求哈瓦斯给他一个赚钱谋生的机会。正缺人手的哈瓦斯欣然接纳了这位精通英、法、德三种语言的年轻人。这样，路透成了哈瓦斯社的一名翻译。

胸怀大志的路透不甘久居人下，既然译文在政界和财界大受欢迎，为什么不自己单独经营呢？路透下决心单干。1849 年春天，路透和同样精通翻译的妻子搞起了提供外国消息的工作，并同哈瓦斯社展开竞争。他们玩命般地干了几个月，从春天干到夏天，直到自己筋疲力竭，再也干不下去了。于是，路透夫妇不辞而别，到柏林开拓事业。但没想到他的同事沃尔夫已捷足先登。

既然柏林的生意被抢，路透当机立断地赶到德国和比利时交界处的亚琛开办了一家单独经营的电报办事处。路透选择亚琛是别有用心的，因为坐落在通向比利时首都布鲁塞尔的途中的亚琛正好可以充当集中信息并向亚琛地区和比利时提供信息的基地。路透把从德国各地收到的汇兑和证券交易的行情通过火车送到亚琛，再送往比利时。据说，当时途经亚琛的列车不装路透的稿件就不开车，出现了一股争相订购路透快讯稿件的局面。而从亚琛到布鲁塞尔有170公里，火车行9小时才可到达，这样提供的消息就很难是"快讯"了。路透经过苦苦思索，终于找到了办法："用信鸽！两个小时足够。"于是，路透从一个叫盖勒的旅店老板那儿租了40只信鸽，让它们充当亚琛—布鲁塞尔邮路的"信使"。由此，路透成了最快的新闻稿件的提供者。

1851年夏天，路透夫妇移居伦敦。路透说："伦敦是我能够实现理想的唯一的一个地方，因此，我要拼命去干。只能成功，不能失败。"1851年10月14日，路透社正式在伦敦开张营业。当时的路透社，除"社长"路透和妻子伊达外，只有一个12岁的毛孩子是他们的工作人员，名叫詹姆斯·格里菲思。这个孩子后来把其一生都献给了路透社。当时，路透社的主要业务是把欧洲大陆的金融情报编辑成消息作为"路透社快讯"内外发售。到1852年，"路透社快讯"已声名远扬。

1853年，路透得知两家电报公司在连接苏格兰和英格兰的海底铺设了一条电缆。两公司在爱尔兰南部的昆士兰海迎候来自北美的载有新闻稿件的船只，这比从南安普顿至美国缩短了400公里。精明的路透秘密地在昆士兰西90公里处修建了一个电报基地。在这儿，路透社在海上值班的小舢板用信号示意基地的联络艇从北美来的船上取稿件。这样，路透社就可以在先于其他报社100公里的地方发报，从而节省了时间。

当时，路透社与大报《泰晤士报》还没有供稿合同。路透社几次试图敲开《泰晤士报》的大门，但遭到断然拒绝。为了攻克《泰晤士报》这座顽固的"堡垒"，路透想出了一种新式武器，这种新式武器不是商情快报，而是尽快准确地向《泰晤士报》提供政治新闻。因为那时的欧洲政局混乱，而路透能通过他在欧洲的电报网迅速提供各种政治新闻，这是他的有利条件。这样，保守的《泰晤士报》终于向路透打开了大门。以"快"著称的路透社敲开《泰晤士报》大门后，又提出了更高的目标：获取重大独家新闻。

1855年，法奥战争在即。路透社在路易·拿破仑·波拿巴演讲的同时，发出了法国对奥地利宣战的布告。路透社的非凡本领使其他报社大吃一惊，但又不得不佩服。从此以后，每当战火燃起，路透社总能快速、客观、公正地发布快讯。路透社在英国的影响越来越大,以至于有人写了一首诗叫《路透赞》,其大意是:路透始终保持中立的立场/他并没有权力/但是,谁要干涉他的事业/那也是妄想!……/如果没有路透,世界会变成什么模样?

1865年4月26日,路透社在英国首先发布了林肯总统遭暗杀的重大独家新闻,进一步提高了它在英国国内的威望。1865年美国南北战争结束后,路透社的电波从欧洲经俄国,穿过博斯普鲁斯海峡,再从土耳其经波斯延伸到印度。1870—1872年间,路透社的电波又从新加坡辐射到中国和日本。

1871年9月,路透因为多年为公共利益的辛勤劳动被封为男爵,得以进入英国上流社会。路透很喜欢举办酒会,当时路透男爵的酒会被列为伦敦社交界有名的仪式之一。发迹后的路透并未变得盛气凌人,他那威严的面孔下是一颗宽容的心,据说他常常在深夜很随便地出现在编辑室,轻轻叫醒打瞌睡的夜班编辑,而后和颜悦色地离去。每逢圣诞节,他总要召集员工在自家聚会。

1899年,路透在法国南部的尼斯逝世,享年83岁。路透的事业被他的儿孙们继承了下来。时至今日,路透社仍是具有国际影响的大通讯社之一。路透社的名字早已传遍世界各地。

第六节 艺术大师

门德尔松:音乐诗人

> 音乐可以用比语言好得多的千百种因素来充实一个人的灵魂。
>
> ——门德尔松

门德尔松是人类文化史上一个灿烂夺目的名字。他是早期浪漫主义标题音乐的先驱、天才的作曲家、杰出的钢琴家、艺术精湛的指挥家和受人崇敬的音乐活动家。门德尔松的音乐甜美动听、典雅委婉。倾听他的《意大利交响曲》《仲夏夜之梦》《无词歌》等作品,会使你忘却忧愁与痛苦,沉浸在无比欢乐与幸福的境地。

门德尔松的小名叫弗莱克斯（幸福的意思），1809年出生在德国汉堡一个犹太望族家庭。他的祖父是欧洲造诣最深的学者之一，他的父亲是位很有修养的大银行家，母亲是一位才女和贤妻良母，擅长钢琴、唱歌和绘画，具有极高的艺术鉴赏力，还能说流利的法语、英语和意大利语，是孩子们称职的启蒙老师。在这样优越的家庭环境中，门德尔松的音乐天才很早便得到充分的发展。

门德尔松3岁时，他们全家从汉堡迁到柏林。在柏林，他和他的姐姐范妮开始接受音乐教育。他学音乐的条件非常优越，父亲不惜花巨资培养他。父亲把最著名的音乐家请到家里给他上课，为了培养他学会指挥管弦乐和合唱，他父母甚至在每个周日邀请专业管弦乐团与合唱团来家里演出。

9岁时，他公开演奏钢琴，10岁开始作曲，11岁便写出几十首奏鸣曲及其他乐曲，他几乎是像莫扎特一样的音乐神童。12岁时，他的老师策尔特带他去见72岁的大文豪歌德。在歌德面前，12岁的少年从容自如地演奏巴赫的曲调，他们立刻成了好朋友。在他15岁的生日宴会上，他得到这样的颂词："他不再是一个学徒，而是音乐大家庭中独立的一员了。"17岁时，门德尔松为莎士比亚的喜剧《仲夏夜之梦》谱写的序曲，以及著名的《婚礼进行曲》都成了不朽的名作。《仲夏夜之梦》被音乐史学家称为浪漫主义音乐的产物和杰出的代表作，为此门德尔松被认为是标题音乐的创始者。

20岁时，门德尔松在柏林大学毕业，并在父亲的安排和资助下开始了他一生中最光辉的旅行演出。他先后到过英国、瑞士和意大利，以及维也纳、巴黎等音乐圣地。在英国，他去过苏格兰，苏格兰那充满浪漫色彩的历史传奇和大自然的旖旎风光，使门德尔松心中不断涌出诗情和优美的旋律；在意大利，他走遍罗马、佛罗伦萨、威尼斯、那不勒斯等文化名城，参观了梵蒂冈、国会大厦、博尔盖塞画廊；在巴黎，他广交朋友，认识了钢琴家肖邦、李斯特等人。在旅行演出中，门德尔松心潮澎湃，才思敏捷，发表了大量新作：四部交响曲、《无词歌》以及其他许多作品。此外，他还写了描写苏格兰赫布里底岛美景的《赫布里底岛》序曲，清唱剧《圣保罗》和《伊利亚》等等。在他的四部交响曲中，第二交响曲《A小调苏格兰交响曲》和第三交响曲《A大调意大利交响曲》最受人欢迎。为此，瓦格纳曾称他是乐坛上"第一流的风景画家"。

在这期间，门德尔松还创作了《G小调钢琴协奏曲》《宗教改革交响曲》《圣母颂》《海外归来》等作品，并出版了他的钢琴小品《无词歌》的第一集。《无词歌》是门德尔松的首创，它属于浪漫主义抒情器乐小品中的一种独特的体裁。它形象单一，曲式短小，着意于用音乐语言"表达一种介于图画与诗歌之间的美好意境"，体现了追求器乐"声乐化"和标题性的浪漫主义音乐的显著特征。

1834年，年仅25岁的门德尔松接受了莱比锡市历史悠久的格万豪斯交响乐团总指挥的职务。这是世界第一流的交响乐团。在他的严格指挥训练下，格万豪斯交响乐团的演奏不久便成了欧洲各地乐团的楷模。门德尔松还发起并建立了莱比锡音乐学院，培养了许多优秀音乐家。在门德尔松的努力下，莱比锡成了德国一流的音乐城市和许多音乐家慕名前往的"圣地"。至今，格万豪斯交响乐团和莱比锡音乐学院依然存在。

梅纽因：天才的小提琴家

> 艺术一直是人类有史以来人们活动的一部分。艺术与生活是不能分离的，我不赞成艺术家对自己或自己的所作所为自视清高，因为艺术家是个人。
>
> ——耶胡迪·梅纽因

耶胡迪·梅纽因，1916年4月22日出生于美国纽约。他的父母亲都是犹太人，以犹太出身而自豪，所以给孩子起名"耶胡迪"（希伯来语"犹太人"的意思）。他的父母是文化修养很高且具有极大献身精神的人，他们培养了梅纽因柔和、开朗和关心他人的性格。同时，他们小心翼翼地培育这位天才儿童，使他得以躲避过早成名带来的消极后果，步入事业的辉煌之境。

梅纽因自小就对音乐有特别的感悟力。3岁时他就经常会为音乐伤心落泪。4岁时他开始学小提琴，6个月后就已经可以在费尔基特大酒店举办的学生演奏会上登台演奏了。自那时起，小提琴就成了他的生活伴侣。5岁时，他拜旧金山交响乐团的首席小提琴路易斯·珀辛格为师。7岁时，梅纽因同旧金山交响乐团在9000多位听众面前演奏了门德尔松的小提琴协奏曲。这位神童征服了听众，听众如痴如醉。他说："我拿起琴来并不是想拉给别人听，只是想用来抒发自己的感情。"

10岁时，梅纽因去拜访世界公认的小提琴大师乔治·艾涅斯库。艾涅斯库听了梅纽因的演奏之后，异常兴奋，当即决定免费给他上课。11岁时，经大师雕琢的小天才又一次名震世界。梅纽因同纽约爱乐乐团在著名的卡内基音乐厅成功地演奏了贝多芬的小提琴协奏曲，乐队队员激动得不知所措，评论家惊讶不已。1916年，13岁的梅纽因来到柏林，热情的柏林人以狂热和骚动欢迎了他：听众的热烈欢呼长达45分钟之久，大街上人头攒动，竞相评说；在奥古斯特大厅演出时，因过多的听众要挤进大厅，竟砸碎了20多扇窗子。1931年，16岁的梅纽因在巴黎音乐学院的小提琴竞赛中荣获头奖，他所到之处无不引起轰动。

但此时，盛名之下的梅纽因却过着几乎是与世隔绝的生活。他的父母为了让他免受舆论宣传的干扰，在很长时间内不让他会见一位记者，也不让他看一篇报界的赞美之辞。1935年，在声势浩大的环球演出结束后，梅纽因悄悄退出舞台生活，开始了长达18个月的乡间隐居生活。按他本人的说法："采取这一决定是为了自我检查和认清本行艺术的实质，认清小提琴和自己的一切。"

1937年底，经过长时间养精蓄锐的梅纽因重返舞台。此时的他，身穿礼服，典雅从容，演奏技巧更加纯熟，风格更加纯净，他的曲目中又增加了舒曼和莫扎特的作品。二战期间，梅纽因走遍军营，进行了 500 多场巡回演出，用他的琴声表达了自己对和平的渴望。他说："我十分珍视我在战争时期学到的东西，这些知识帮助我开阔了视野。"

长年的奔波劳累，使他得了职业病，到 50 年代，他的右手一度出现剧痛，几乎无法碰琴。但是这位天才的小提琴家以极大的毅力战胜了困难，重新出现在舞台上。

从 1959 年起，梅纽因定居英国。他同时还在世界各地旅行演出，并在英国和瑞士安排一年一次的梅纽因音乐节活动。为了培养后继人才，梅纽因在英国创办了梅纽因音乐学校，专门培养世界各地的 6 至 11 岁的音乐天才。梅纽因注重天才儿童的全面发展，在他的学校，从音乐到自然科学、从打板球到期末排练，各种课程和活动十分丰富。音乐学校里的梅纽因是位非常从容、非常谦和的人，他讲话时很少用手势，具有一种坦率、讽刺的幽默感，语调也十分柔和，富有音乐的韵律和节奏。他很注重用词，但毫无做作之感。他的每一种感情、每一种思想、每一个身体动作，都来自他平静的内心。梅纽因以身作则，始终倡导一种相互友善、志同道合的校风。在他的努力下，梅纽因艺术学校成绩斐然。他的学校的三位首届毕业生，毕业时都获了奖，此后均进入皇家音乐学院深造。

梅纽因既是位声誉卓著的小提琴大师，同时也是位正直、积极的社会活动家。从 1969 年起，他连任联合国教科文组织国际音乐理事会主席。他是 165 个组织和委员会的成员。他广泛地、忠实地执行他自己的艺术女神的旨意，在国际范围内开展演奏、指挥、教学活动。梅纽因的演出收入曾达到每年 10 万美元以上，但他一直视钱为身外之物，他的大部分收入都捐献给了慈善事业或转赠给了同他合作过的乐队作为队员的退休基金。他说："钱从来没有成为我生活的中心，我的生活始终围绕着音乐、家庭和朋友。"

1979 年，梅纽因应邀来中国讲学，并受聘为中央音乐学院名誉教授。1980 年，他挑选上海音乐学院附小的小提琴学生金力进入梅纽因音乐学校学习 4 年。1985 年，在庆祝联合国成立 40 周年的音乐会上，梅纽因邀金力与他同台演奏了巴赫的双提琴协奏曲，一时传为美谈。

梅纽因，一个勇敢而谦虚的人，世界第一流的小提琴演奏家，他悠扬的琴声早已传遍世界各地，流进人们的心田。

毕加索：绘画界的怪杰

> 我不怕死，死亡是一种美丽；我怕久病不能工作。
>
> ——帕布罗·毕加索

1881年10月25日，帕布罗·毕加索出生在西班牙港口城市马拉加。4岁时，毕加索就能用纸剪出花草、动物并凭借自己的想像力创造出一些奇异之物。后来，毕加索上学了，但对他而言，上学如同噩梦，读书写字是神秘莫测的东西。在他的作业本里，常常出现的不是数学算式，而是各种图画。他还画满课本的空白处，把墨滴也变成动物和人物。

1892年，毕加索进了美术学校，他的父亲东·约瑟就是他的老师。毕加索跟上了学校紧张的专业课，临摹石膏像，参加人物画。1895年，毕加索全家迁到巴塞罗那。14岁的毕加索俨然已成为一个画家，他创作了一幅惊人的画卷《基督赐福魔鬼》，这充分反映了他内心深处的矛盾心理：画面上，基督头戴光环，正用左手为受宠若惊的魔鬼赐福。也就是在这一年，毕加索的父亲永远放下了画笔和颜料，把它们交给了他的天才儿子。

1897年，当毕加索16岁时，他的绘画技巧已经很成熟。他说："在任何事情上都要与众不同。"确实，他已远远抛开了同时代所有艺术名家的风格，走出了自己的艺术路子。他在一次大型画展上展出了自己的三幅作品，其中有一幅叫《科学与博爱》，这幅作品用印象主义的光色技巧表现了深刻的人道主义精神，成为他的早期名作。由于这幅作品的获奖，绘画界不得不对这个少年刮目相看。1900年，毕加索来到巴黎，巴黎白天和夜晚的生活，巴黎的街道，甚至巴黎的嘈杂声，都迷住了毕加索，使他如归故乡。他迫不及待地研究德加、高更、凡洛和劳特累克的绘画，并抽空画了几幅。

毕加索天性爱好蓝色，在1901—1904年间，他一直把蓝色选作调色板上的主要色彩。所以，那几年被称为"蓝色时期"。该时期他的主要作品有：《蓝室》（1901）、《生活》（1903）、《两姐妹》（1902）、《杂技演员一家与猴子》（1904）。他频繁地往来于巴黎和巴塞罗那，艰难地开辟自己的艺术天地。自己的作品究竟有无价值的问题，常令他非常痛苦，而他也从未尝到过比这几年更贫困不堪、一筹莫展的日子，为了不至于被冻死，他甚至在一个寒夜里烧掉了许多画。

1906—1907 年，毕加索画中的人物逐渐变得粗大、笨重，几近几何图形。经过长久的思考和探索，一种体现新观点的绘画产生了。1907 年，他创作了《亚威农的少女》，它标志着立体主义的诞生。这幅画正像毕加索许多最动人的作品一样，又是一种经过组合的难以克服的自相矛盾的总和。毕加索的朋友们大都全盘否定它，对他的转变感到莫名其妙，他的好友马蒂斯甚至认为这幅画是一种"暴行"，企图嘲笑现代运动。有人还说："过几天，他会在那画后面上吊。"但是，慢慢地，他的方法被人理解了，列维·斯泰因说："我知道你的用意是什么，你在努力绘画出第四度！"确实如此，毕加索这幅立体主义杰作虽说人物又丑又怪，却别有一种巍峨的气势，它显示出一股强大的力量，开阔了人们的视野，使想像力插上翅膀，在无垠的空间自由翱翔。

1914 年后，毕加索的创作进入立体主义与古典主义结合的新时期——"新古典主义"时期，代表作有《阳台》《蛋糕》《坐在安乐椅上的女人》等。整个 20 年代，毕加索一方面采用了写实主义手法，创作了《母与子》《两个裸妇》《坐着的小丑》等笔触凝重粗犷、形象丰满厚实、渗透着人道主义精神的古典主义风格杰作；另一方面，他还创作了立体主义的《三个乐师》等。20 年代后期，毕加索对弗洛伊德的精神分析理论发生了兴趣，开始在画中表现性冲动、爱欲、同性恋、恋兽症、梦幻以及生与死等主题。《跳舞》《梦》《接吻》便是这一时期的作品。

1937 年，毕加索创作了《格尔尼卡》，该画描绘了西班牙小镇格尔尼卡被炸的惨象。整个画面由白、灰、黑三种低沉的色调组成；表面上杂乱无章的画面由两个主要层次的内容组成一个完整的统一体。画中 4 个妇女的形象十分醒目，表现了让人悲愤而又无奈的苦难主题。其中一个妇女从窗口伸出一只手臂，手里擎着一盏保险灯，它象征着真理之光，是扑不灭的。画面下端是一个倒下的战士，手中紧握着一把折断了的剑，这表现了人民不屈的反抗精神。《格尔尼卡》完成不久，就在巴黎博览会的西班牙馆展出。这是毕加索强烈的反战、反法西斯思想的作品，在战争年月中它引起了极大的反响。

二战期间，毕加索创作了《牛头》（1943）、《小夜曲》（1945）、《裸女》（1942）、《人与绵羊》（1944）等作品。其中的《牛头》造型很别致，表达了忧郁却并不绝望的心情。1944 年，毕加索加入了法国共产党。他说："在加入共产党时，我丝毫没有任何犹豫。"直到 92 岁辞世时，他一直保留着法共党籍。

战后，他于 1950 年创作了著名的《飞着的鸽子》，1951 年创作了《在朝鲜的虐杀》，1957 年创作了《宫娥》等。1960 年，他的祖国西班牙在巴塞罗那为他建了一所美术馆。1965 年后，毕加索闭门谢客，但并未停止创作。1973 年 4 月 8 日，毕加索在喃喃自语中去世。他的最后一幅画是《带剑的人》。

第七节　本章给我们的启示

一

本章中所介绍的这些驰名于哲学、社会科学、经济学、自然科学、文学、新闻传播学、艺术、音乐等领域的犹太巨人的不凡业绩，确实令人折服，令人敬佩，同时也使人深思。究竟是什么东西使犹太人中会有如此多的学术巨人？为什么犹太人能在众多的学术领域中出类拔萃？为什么他们能在这些智力活动中占有如此明显的优势？这确实是许多人感到难以理解的一个谜。人们试图从婚配遗传、环境影响、文化传统等各方面来解释这一"犹太文化现象"。有一点是肯定的,那就是犹太人的智力优势与这个民族的独特历史、特殊的生存环境是有关系的。他们必须加倍努力地运用自己的知识、智慧、能力来谋求生存。正是这种需要,才使他们能够成为知识和学术领域中的佼佼者。

无论是受到良好家庭教育的音乐诗人门德尔松,还是天赋极高的天才小提琴家梅纽因,无论是少年丧父、13岁就自谋生路的通讯之王路透,还是其貌不扬、一度穷困缠身的现代新闻事业的开拓者普利策,无论是名扬全球的科学巨人爱因斯坦,还是在科学界有杰出表现的玻尔、奥本海默,他们身上都有一些共同的特点:一是他们的成功和不凡业绩都与犹太传统教育有密切联系,他们一生的努力奋斗都是建立在此基础之上的;二是他们事业的成功都与犹太家庭中的长幼双向教育、早期智力开发,以及社团教育中的培养孩子勤学、好问、多思等品质的教育方式紧紧相连;三是他们都怀有对人类的一颗爱心,在学业上谦虚、执着、不怕困难、不断努力,并不断向自我、向学术权威挑战,勇于创新。正是这些非智力方面的因素使他们走上了成功的道路。

试想,如果马克思不是选择"为人类谋福利而工作"的人生宗旨,他也许就忍受不了困苦和磨难,也就不可能勤奋学习众多的科学知识,一生努力不懈地奋斗,最后创立科学社会主义理论;如果爱因斯坦是个唯书、唯上,明哲保身,为利禄奔忙的人,他就决不敢向牛顿定律挑战并发出"我爱牛顿,但我更爱科学和真理"的呐喊,也不可能在26岁成名之后仍不断推陈布新,创立狭义相对论、广义相对论。我们在为马克思、爱因斯坦的杰出成就而骄傲,钦佩他们的人品、胸怀和远大抱负的同时,更应该就他们所折射出来的犹太教育理念和方式进行思考。

我国教育理念中存在着严重的功利性,这是阻碍中华民族产生学术巨人的致命因素。读书学习为什么?在古代是为谋个一官半职,光宗耀祖。谋取一官半职、效命朝廷的个人奋斗目标与为人类幸福而工作的信念显然有天壤之别。近现代直至当今的中国社会,读书学习为什么?为谋个好职业、找个好工作。这种教育理念似乎并无多大改变，以至于我们费尽九牛二虎之力培养出成千上万的人才，仍然被人才短缺所困扰，尤其是为缺乏一流的杰出人才所困扰。我们也就不难理解改革开放以来大批中国学子流向海外，不难理解大批人才轻而易举地被落户中国的外国企业挖走或雇佣的现实了。

我们无意指责中国人受教育后找个好工作、有个好职业的追求，也无意指责中国人出国留学、到外企谋职以求更大发展空间的努力。但可以断言的是，教育的功利性追求只会导致对权力、金钱、地位、荣誉、名利的追求，这是很难促进社会进步的，也不可能使民族精神得到真正的复兴。更不可能指望这种教育理念会让人产生为人类、为科学、为真理而献身的无畏精神。我国长期盛行着一种唯书、唯上、缺乏创新精神的教育形式，这是阻碍中华民族智慧和才能得以开掘的障碍。我们的学术研究对前人、圣人之言不敢越雷池半步，这已司空见惯。教学方式采取满堂灌，包教包讲，教学内容陈旧，这样做当然不可能挖掘出中国人的智慧与才华的巨大潜力，更难以培养出世界一流的学术巨匠。

二

一个伟大人物的产生离不开三个重要条件：一是要有博大的胸怀和热爱人类、热爱和平进步事业的心；二是要有广博的文化知识基础和对众多学科的了解，要对社会发展的趋势和问题具有洞察力；三是要能协调与他人的关系，善于合作，善于相互理解。这三方面能力的培养在犹太教育中都是被十分调强的。犹太人既培养孩子对学习和书本的热爱，也培养孩子对攻击犹太人的言论、书刊的宽容心理，还培养孩子不怕困难，努力奋斗，不为名利，不断提升自己的意志和品格。面临强大外部压力的犹太社团培养了犹太人的集体协作精神；犹太人居无定所，不断遭驱逐而四处流浪，这又使他们能够博采众长，吸纳各民族的文化精华，不断追赶世界文明的发展潮头，从而具有广阔的视野。

控制论创立者维纳，他的父亲就是一个相当典型的"德国人思想，美国人精神，犹太人智慧"集于一身的哈佛教授。而维纳在美国哈佛获博士学位，后又游学于英国剑桥，先后师从学术大师罗素、哈代，再游学德国哥廷根大学师从希尔伯特。由于维纳有多学科、多领域的知识，而少有政治、民族偏见，涉足了数学、物理学、工程技术学、心理学、生物学等几十门学科，才以博大的学术胸怀和眼光创立了轰动世界的控制论。

从穿透人类心灵的天才作家茨威格、才华横溢的浪漫诗人海涅、新闻事业的开拓者普利策、通讯大王路透到画坛怪杰毕加索，他们的成长道路均能让人感受到犹太教育的巨大成功。要知道，海涅是在全身已完全瘫痪的情况下，用口述的方式写出了许多脍炙人口的不朽诗篇的；普利策是在双目失明、神经衰弱、病魔缠身的情况下仍对报纸新闻了如指掌，捐巨资建立了哥伦比亚大学新闻学院的；路透开始是个穷孩子，13 岁失学，当过小贩、银行小职员，最后却成为通讯之王。新闻和信鸽是毫不相干的两种东西，可有谁会想到路透会把信鸽用于通讯传播呢。毕加索是在烧自己的画取暖的情况下独创出立体主义绘画，终成一代画坛巨匠的。

这些犹太巨人的成功是否折射了犹太教育理念的巨大成功呢？是否能给我国教育改革带来一些有用的启示呢？中国教育改革最重要的任务是全面推进素质教育，即培养受教育者非智力方面的素质，诸如意志、胸怀、品德、气质等，此外还有奋斗、服务、献身、宽容、协作、敬业的精神以及学术眼光、创新思想等。如果我们的国家、我们的学校、我们的教师、我们的家长能够共同为孩子们营造一个良好的教育环境，使他们挺胸抬头走人生之路，使他们不仅有奋勇向前、勇于创新、努力学习的精神，而且有团结协作的精神，那么我们相信，中华民族将在 21 世纪实现的伟大复兴，就不仅仅是经济和综合国力的复兴和强大，而且也将是一种民族精神的复兴和强大。

第五章 教育,以色列的立国之本

在前面几章中我们谈的主要是犹太民族的教育情况,在以下三章中我们将介绍犹太民族国家以色列的教育情况。这样,我们的读者就可以从犹太民族和以色列国家这两个角度来认识他们的教育的成功之处。当代以色列是一个犹太人的民族国家。流散世界各地的犹太人在复国思想的激励下,经过50年艰苦卓绝的奋斗,终于在1948年建立了他们自己的民族国家。这个国家面积狭小,资源贫乏,长期处于敌对的阿拉伯国家的包围之中,战争和暴力冲突连绵不断。然而,它只经过一两代人的努力,就实现了从落后的农业国家向现代工业国家的转变,实现了经济的腾飞,跻身发达国家的行列。以色列所创造的奇迹植根于犹太民族的深厚传统,其最主要的动力之一就是通过成功的教育,培育高素质的人才,进而以人才为依托,实现立国、强国、富国的理想。

正是教育为以色列国家的发展提供了源源不断的优质人才,使这个年轻的国家在短短的60多年的历史中创造了许多奇迹。现在让我们从以下几个方面来解析"以色列人把教育视为开创民族、国家、家庭和个人未来的关键"这一理念。

第一节　新国家的第一块基石

20世纪，对犹太民族来说是一个令他们刻骨铭心而又激动不已的世纪。在第二次世界大战期间，大约有600万犹太人惨遭希特勒纳粹政权杀害，即当时全世界每三个犹太人就有一个惨死于纳粹的屠刀下。1948年5月14日，犹太民族在经历了千辛万苦之后终于建立了自己的国家——以色列，这是他们在失去祖国2000年之后重新有了自己的民族国家。2000年来他们流散四方，到处受人欺凌、迫害、驱逐、杀戮，他们深知一个弱小民族没有祖国的痛苦，因此他们对这个来之不易的国家充满着热烈的感情，他们深爱着这个国家，并为它感到自豪和骄傲，以火一样的激情投入新国家的建设中。然而，作为以色列国民的犹太人，也深知建国后他们面临的巨大困难与挑战。

首先从地理角度看，以色列的情况就很难令人乐观。全国近2/3的土地是沙漠，境内没有一条能用来灌溉和发电的河流。以色列的大部分国土除沙漠外就是盐碱地，土壤碱性很强，极不利于农作物的生长。以色列严重缺少可供利用的水资源，全年365天中约有300天是日照，只有约50天是阴雨天，雨量稀少，全国只在北部有一个不大的淡水湖，人均年可用水资源只有360立方米。按国际标准，年人均占水量5000立方米以下就算贫水或者半贫水，以色列无疑属于世界上最贫水的干旱国家之一。以色列境内没有可供开采的石油、天然气、煤和森林资源，周边敌对的阿拉伯国家不仅不会向以色列提供建设急需的资源，而且还对它进行全面封锁。可以说，新生的以色列除了太阳、大海、沙漠和盐碱地之外什么也没有。

其次，从人口角度看，建国之初的以色列人口仅有49.8万人，而且大多是1904—1948年期间从世界各地移民来的；尽管犹太人普遍文化和教育程度较高，但由于受各自原居住国家文化的影响，要使他们以及后来的移民融为一个新的民族还有许多困难。来自世界各地的犹太人，在外貌服饰、生活习惯、思想观念等方面存在着极大的差异，使他们来到一起的唯有共同的理想和共同的追求，即建设犹太人自己的国家。

再次，以色列建国后一直处于敌对的阿拉伯国家的包围之中，与周围阿拉伯国家冲突不断，先后进行过五次大规模的战争。直到今天，它与巴勒斯坦仍处于严重的冲突和对抗状态。自建国以来，以色列这个年轻的国家一直面临着关乎国家生死存亡的战争威胁和各种政治、经济、外交等难题的考验。1948年5月14日以色列宣布成立，5月15日五个阿拉伯国家就联合对以色列发动了攻击，此后战事延绵，冲突一直不断。这个新生国家所面临的内外困难是罕见的，也是极为严峻的。

1948年建国后，根据这个古老的民族、年轻的国家面临的诸多难题，全国上下达成了一个共识：以色列最重要的资源是人，人的资源要得以最充分最有效的利用，就必须依靠教育。这一共识形成之后，以色列确立了以教育开创国家未来的立国思想，强调必须以教育来使每一个以色列家庭和个人体面而幸福地生活在这个新的国家里，用教育来提升全体以色列人的素质，使他们能迎接来自于内外部世界的诸多挑战。总之，教育、学校、知识是以色列国家的未来，也是每个以色列家庭和个人的希望所在，是年轻一代和整个世界的希望之所在。应该说，这种观念与犹太文化中重教崇智的传统完全是一脉相承的。

事实上，早在以色列建国前，犹太复国主义者就试图把教育作为复国的手段之一。因此当19世纪末犹太移民来到荒凉的巴勒斯坦时，在建立起简陋的定居点的同时就建立了最早的犹太子弟学校。到20世纪初，随着越来越多的犹太移民的到来，巴勒斯坦犹太社团已有了一批中小学和几所中等、高等专科学校和职业学校。到1923年和1924年，犹太先驱者们还进一步建立了两所高水平的大学，一所是海法理工学院，一所是耶路撒冷希伯来大学。因此，当1948年以色列国建立时，"教育复国"这种早已深深扎根于人民心中的观念，成为了这个新国家的第一块基石。

最能说明这一观念的例子是：以色列建国之后，在政局不稳、百废待兴的情况下，议会最早通过的一个法律就是义务教育法。

1948年5月14日，以色列国宣告成立，随即便卷入到一场与周围阿拉伯国家的战争之中。当时，以色列国内也是一片混乱，百废待兴：大批犹太难民从欧洲和阿拉伯国家涌入，许多人只能居住在临时搭起来的草棚子里，国家的经济情况非常糟糕，到处都是失业的人群；原来建立的学校几乎被战争摧毁，根本谈不上有什么教育设施。然而，以色列国家的领导人此时就已经在考虑未来的教育问题了，首任总理本－古里安在其日记里写道："新国家要制定一批法律……其中也包括《义务教育法》……"刚成立起来的以色列教育部只有首任教育部长夏扎尔和他的秘书艾德勒两个人，部里唯一的财产便是一架旧打字机。一天夏扎尔把艾德勒叫进了他的办公室，一本正经地说："艾德勒，我们要一起来起草一部教育法，要求5岁至13岁的孩子们都必须上学，让他们接受免费的义务教育，这是我们这个新国家的头等大事。"

"免费教育？"艾德勒惊愕得几乎说不出话来。要知道，当时的以色列还处在炮声隆隆、战火连天的境地，战争的费用主要来自美国及世界各地犹太人的捐助，这个年轻的国家能否经得起这场战争的考验还未有最终定论，靠什么来实行免费义务教育呢？但夏扎尔部长的态度极为坚定："我们处在敌人的包围之中，旁边是地中海，前面就是埃及、叙利亚、约旦、黎巴嫩，这些阿拉伯人无时不在想把我们赶到地中海里去。我们必须培养高素质的人，只有这样才能对付几十倍于我们的敌人。我们要建立一个历史博物馆，让孩子们知道圣殿被罗马人毁掉的悲剧，让他们知道在第二次世界大战中犹太人被屠杀的事实，知道希特勒和那些毒气室、骷髅、鲜血。还要让他们明白，这里，巴勒斯坦，是世界上我们唯一可以自卫的地方，这块土地是我们的，我们没有别的地方可以去。"

就这样，第一次中东战争还没有结束，夏扎尔和艾德勒就已经草拟好了第一部教育法，即《义务教育法》。在这个法案中，这个刚刚诞生、一穷二白的小国家就比照老牌的西方发达国家，大胆地提出了实行强制免费义务教育的计划。第二年，即1949年，战争刚刚结束，这部法律就获得了以色列议会的一致通过，并公之于世。

犹太民族是个法律意识很强的民族，这种法律意识同样体现在教育上。除了1949年通过了这个《义务教育法》之外，1953年又颁布了一部重要的教育立法——《国家教育法》，全面实施义务教育，并将全国的学校体系纳入国家的统一管理。这是因为当时以色列国内存在着形形色色、种类繁多的学校，分宗教学校、世俗学校，而不同的宗教教派又有自己的学校，不同党派和不同移民群体也有自己开办的学校，学习内容、课程、管理方式也是千差万别。《国家教育法》也是以色列议会通过的第二个基本法，将所有学校纳入国家统一的教育体系。在此后的几十年里，根据需要，以色列议会又通过了一系列教育立法：《高等教育委员会法》（1958年）、《学校审查法》（1968年）、《特殊教育法》（1988年）、《延长学时及丰富学习内容法》（1997年）。这一系列法律的制定，进一步确立了教育在国家生活中的重要地位，形成了富有以色列特色的教育制度。

从一开始，以色列的教育目标就很明确，它们依次是：第一，为国民提供接受教育的优良环境，提高民族的整体文化素质；第二，通过教育来推动国家文化整合和民族融合的进程，确保各民族各教派融入新的国家，加强国家民族的凝聚力；第三，为经济发展提供具有基本技能的劳动力和各类专业人才；第四，推动文化的繁荣，促进科学技术的进步；第五，解决一些特殊群体的教育问题，如新移民、学习上有障碍者和天才学生的学习问题。

尽管以色列历届政府所面临的客观环境不尽相同，施政纲领也各有差异，但在对待教育问题上的态度却没有多少差别，政策始终如一，都"遵循前辈的传统，把教育视为以色列社会的一种基本财富以及开创未来的关键"。

第二节 政治家与教育家

一个国家的教育状况好坏，教育水平高低，除了与该国人民对待教育的态度有关，与这个国家的领导者的教育观念也有密切联系。以色列教育事业之所以如此发达，与这个国家的政治家们在教育上的远见卓识是分不开的。

▲教育就是未来——以色列总理内塔尼亚胡与小学生在一起

以色列是一个内阁制的国家，内阁总理是国家的实际领导人。以色列的历任总理中，很少有人没有受过高等教育，有的还获得过硕士或者博士学位。他们中不少人毕业于名牌大学，如第五任总理果尔达·梅厄毕业于美国著名的威斯康星大学，第七任总理梅纳赫姆·贝京毕业于华沙大学法律系，第八任总理伊扎克·沙米尔也毕业于华沙大学，第九任总理西蒙·佩雷斯曾就读于哈佛大学高级研究班，第十一任总理本雅明·内塔尼亚胡获得过著名的麻省理工学院的工商管理硕士学位，第十四任总理埃胡德·巴拉克和第十六任总理埃胡德·奥尔默特都是耶路撒冷希伯来大学的毕业生。即使是行伍出身的第六任总理伊扎克·拉宾，也是农业专科学校的毕业生，后来又到英国皇家参谋学院进修学习过。第一任总理、被称为"以色列国父"的大卫·本-古里安早年曾就读于华沙大学，没等到毕业就移居巴勒斯坦，这并不意味着他是一个"大老粗"。本-古里安的知识面非常广博，这都是通过他自学得来的，他爱读书善学习的习惯在他的朋友和同事中有口皆碑。他自己也自豪地称，他通过自学掌握的希腊语足以同柏拉图对话！

许多人都知道，以色列国的第一任总统哈伊姆·魏茨曼是一位杰出的犹太复国主义运动领导人、著名的政治家和外交家。使以色列国得以建立的《贝尔福宣言》就是在他的个人努力下，由英国当局于1917年公开发表的。但很多人并不知道，魏茨曼还是一位卓有建树的著名化学家。他1899年毕业于瑞士弗里堡大学，获得博士学位，早年曾先后在瑞士日内瓦大学和英国曼彻斯特大学任教。第一次世界大战期间，魏茨曼应邀主持英国海军部研制新炸药的工作，成功地发明了丙酮生产新工艺，为制造新炸药解决了关键性难题，极大地增强了英军的战斗力，他从而也与英国政界建立了密切的关系，最终使英国发表了《贝尔福宣言》。

众所周知，伟大的犹太科学家阿尔伯特·爱因斯坦曾差一点当上了以色列总统。爱因斯坦是一位坚定的犹太复国主义者，积极支持以色列国家的建立，并热心地帮助以色列发展文化教育事业。他早年参加了耶路撒冷希伯来大学的创办，并多次向这所大学捐款。所以当1952年以色列的第一任总统、爱因斯坦的老朋友魏茨曼去世后，以色列总理本-古里安便代表以色列政府正式致函爱因斯坦，邀请他出任以色列国的第二任总统。虽然以色列总统只是一个荣誉性的职位，但它毕竟代表一个国家和民族，只有深孚众望的人才有资格担任。爱因斯坦却婉言谢绝了这一邀请，他说他还有许多科学工作要做，并说自己不适合做一位民族领袖。他称自己"深为这项提议所感动，却不是适合担任这一职务的人"。从中我们可以看到一位伟人的高尚品格，也可以看到并不是权力、荣誉，而是知识、学问在犹太人心目中占有更重要的地位。

在研究以色列的历史时我们还发现，以色列一些有名望的政治家都担任过教育部长,因为在他们看来,教育部长一职不仅是一个可以为犹太民族作出实实在在贡献的职务,而且也是一个非常光荣和体面的职位。曾任以色列外交部长的阿巴·埃班(他最初的职业是一位历史学家,曾在英国剑桥大学当过教授),就在50年代后期担任过以色列教育部长。以色列著名的政治家、担任过副总理的伊格尔·阿隆,也担任过教育部长。有三位著名政治家在担任总理职务的同时还兼任教育部长,他们是首任总理大卫·本-古里安、第六任总理伊扎克·拉宾和第十四任总理埃胡德·巴拉克。担任过副总理的伊格尔·亚丁,虽然没有担任过教育部长,却是一位享誉世界的考古学家,是耶路撒冷希伯来大学货真价实的教授,是一位学者型的政治家。

以色列第三任总统(1963—1973)扎勒曼·夏扎尔是一位学者和作家,在担任总统之前的职务就是教育部长。而第五任总统伊扎克·纳冯的情况刚好与夏扎尔相反,他是先担任总统(1978—1983),卸任后又进入内阁担任教育部长。当了国家元首之后,再回过头来当教育部长,而且当得勤勤恳恳,这似乎并不是任何人都能做得到的。第四任总统(1973—1978)伊弗雷姆·卡齐尔倒没有担任过教育部长,但他是一位著名科学家,曾任魏茨曼科学研究院生物研究所的所长。1978年他卸去总统职务之后,又回到了魏茨曼科学研究院和特拉维夫大学从事学术研究和教学工作,常常给学生上课,将三尺讲坛作为新的工作岗位。第六任总统(1983—1988)哈伊姆·赫尔佐克曾担任过以色列驻联合国大使,1975年他在联合国大会上发表了反驳"犹太复国主义等同于种族主义"的著名演说,并当众撕碎了包含此内容的联大决议。他也是一位著作等身的学者和作家,出版了十多部著作。

有这么多的教育家、科学家和学者担任国家元首,有这么多的政治家与教育、学术和科技紧密相联,除了以色列,全世界恐怕找不到第二个国家了。这本身也足以说明这个国家和民族对待科学和教育的态度。

1948年建国后,以色列的历届领导人遵循前辈的传统,一直把教育视为以色列社会的基本财富和开创未来的关键。本－古里安认为："没有教育，就没有未来。"果尔达·梅厄说："对教育的投资是有远见的投资。"夏扎尔则强调："教育是创造以色列新民族的希望所在。"曾任以色列教育部总司长的希奥山尼博士在1994年出版的《以色列政府信仰教育》一书序言中指出："以色列国将教育作为民族优先的事业，因为我们相信，投资教育将帮助以色列维持世界先进国家的地位。"

众所周知，以色列由于政党众多、政见分歧，议会开会时各个政党在许多问题上常常发生争吵，每年的政府预算是争论最激烈的问题之一。然而，无论是鹰派议员，还是鸽派议员，也无论是宗教党派的议员，还是世俗党派的议员，对高额的教育预算却很少提出什么异议，也很容易达成共识。有时各党派在某项预算上争论不休，互不妥协，折中的办法就是谁也别要这笔钱，把它用到教育上去。"鹬蚌相争，渔翁得利"，在这里成了党派相争，教育得利。这并不奇怪，因为这些以色列政治家的灵魂深处都有犹太人千百年形成的重教观念，他们也都懂得这一点：用在教育上的钱是决不会白花的。

第三节　用在教育上的钱是决不会白花的

有人说，世界上没有哪一个国家对教育的重视和办教育的热情能达到以色列这样的程度。这种重视和热情既包括来自家庭和父母的，也包括来自国家和社会的。正如前面所谈到的，一个犹太家庭无论怎么贫穷，孩子的教育总是头等重要的事情；同样，对以色列国家来说，无论在艰苦的时期还是在富裕的时期，无论在战争的年代还是在和平的岁月，教育经费在国家预算中所占的比例之高，能与之相比的国家也是不多的。

以色列建国以后，历届政府一直在教育方面保持着较高的经费投入，从而为教育事业的发展奠定了雄厚的物质基础。以色列国家的安全环境很差，长期处于敌对国家的包围之中，因此其国防开支历来是国家预算中最大的一块（20世纪60年代平均为16%，70年代约为27%，80年代约为20%），而教育一直是仅次于国防的第二大预算项目。20世纪70年代中期至21世纪初，以色列教育经费在国民经济中的比重一直没有低于7.5%，这一比例超过了美国等许多发达国家。做到这一点，对于一个资源贫乏、军费高昂的年轻小国来说确实极为不易。从下表可以看出，即使是在战云密布的20世纪六七十年代，以色列教育经费在政府预算中也没有低于7.5%。

以色列教育经费在国民生产总值中的比重

年度	百分比	年度	百分比
1972—1973	7.5	1997—1998	10.6
1975—1976	8.0	1998—1999	8.5
1979—1980	8.8	1999—2000	8.0
1982—1983	8.6	2000—2001	8.2
1983—1984	8.4	2001—2002	8.4
1984—1985	8.5	2002—2003	8.5
1985—1986	7.8	2003—2004	8.4
1987—1988	8.0	2004—2005	8.0
1989—1990	8.5	2005—2006	7.8
1990—1991	8.6	2006—2007	7.8
1991—1992	8.7	2007—2008	7.6
1992—1993	9.1	2008—2009	7.6
1993—1994	9.6	2009—2010	7.5
1994—1995	10.0	2010—2011	7.6
1995—1996	10.4	2011—2012	7.5
1996—1997	10.5		

资料来源：以色列教育文化部编：《以色列的教育与文化：事实与数字》，1998年出版；世界银行："世界发展数据"，http://data.worldbank.org/indicator/

在以色列的政治家和有识之士看来，教育投资并不是一种国家的负担，而是一种有效的国家战略。没有资源，没有土地，没有金钱，并不要紧，只要通过教育培养出高素质的人才，以色列就会拥有一切。正是有这种明智的认识，以色列一直对教育进行着较高比例和稳定增长的投入。

进入20世纪90年代以后，随着中东局势的缓和，以色列国防开支持续下降（见下表），而教育经费则持续上升，最高时达10%以上，远高于经合组织国家的平均值。以色列教育经费的结构特点是：约80%的教育经费由国家提供，少部分由地方政府和民间团体筹措；每个在校学生的人均支出大幅度上升，1990年人均为9080谢克尔，1996达12140谢克尔，2000年人均达15000谢克尔以上（20世纪90年代后期，1谢克尔约合0.31美元）。

1988—2012年以色列的军费开支

年度	军费开支（亿谢克尔）	军费占国内生产总值百分比（%）
1988	13052	18.60
1990	16253	15.36
1992	21180	13.10
1994	26593	11.83
1996	30588	8.78
1998	36131	8.27
2000	40495	7.56
2002	51577	9.08
2004	49480	8.24
2006	52518	7.74
2008	52612	6.85
2010	55495	6.00
2012	58094	5.86

资料来源："以色列军事开支"，http://www.indexmundi.com/facts/israel/military-expenditure

1975—2012 年以色列的教育投入

年度	教育投入（亿谢克尔）	年度	教育投入（亿谢克尔）
1975	21926	2000	47817
1980	24347	2005	49871
1985	26265	2010	58775
1990	30368	2011	61698
1995	41188	2012	63893

资料来源：以色列中央统计局："以色列教育开支"，https：//www. jewishvirtuallibrary. org/ jsource/Education/edspending

从教育经费的来源看，以色列基本上是政府办教育，尤其是中小学教育，其经费基本上是由政府提供。以 1995 年为例，在当年的国民教育开支中，中央和地方政府占了 74%，其中绝大部分是由中央政府提供（中央政府占 65%，地方政府占 9%），其余 26% 的教育投资由非政府机构或私人提供。以色列政府的教育经费来源也包括两个方面，即税收和国外援助。

1978 年以前，政府的教育投资主要来自一般性的政府收入。1978 年之后，国家开始征收教育税，教育税由全国保险协会根据家庭收入的高低统一征收，其税额相当于应纳税收的 0.4%。与此同时，政府很注意吸收国外援助款项用于教育事业，如经过犹太代办处提供的国外犹太人的捐款在以色列教育投资中曾占很大的比例，特别是 1968 年，高达 27.7%。以色列的地方政府虽然也承担了一部分教育开支，但比重不大，如在 1990 年，中央政府提供了国民教育开支总额的 60% 以上，而地方政府仅承担了 8%。整个 20 世纪 90 年代，国家教育支出一直呈上升趋势，1995 年，高达国民生产总值的 10%，同年，佩雷斯政府还宣布把国防开支占国民生产总值的比重降至 9%，将节约的资金主要用于教育与科技事业。

国外援助在以色列的教育经费中占相当大的比重，尤其是高等教育。一般说来，以色列大学 60% 的经费来自政府，其余的主要从国外筹集。如我们在前面所谈到的，如果让海外犹太人出钱帮助以色列发展军事力量，买武器打仗，可能他们还会有些犹豫，但让他们出钱帮助以色列发展教育，他们往往都会慷慨解囊。以色列大学里的许多设施，如教学大楼、图书馆、实验室等，都是由国外犹太富商捐赠的，这些建筑的前面往往有一块石牌，上书捐赠者的姓名。许多奖学金、研究基金和专项基金也是由国外犹太人设立的。

以色列的大学一般都设有庞大的国际董事会和基金会，董事们大部分是世界各国的富商巨贾、社会名流或政界要人，大学的校长们就通过他们筹集巨额的办学经费。这种来自国外的基金或捐赠甚至是大学的主要经费来源。以特拉维夫大学为例，该校1995年的年度报告显示，1990—1995年共筹得资金1.18亿美元，其中来自国内的资金仅为2291.6万美元，而其余全部是来自国外的资金，其中来自美国的是2884.6万美元，来自瑞士的是1494.6万美元，来自德国和英国的分别为1442.6万美元和739.9万美元。一般而言，学校的自筹经费不用于教职员工的工资，而主要是用于基础设施和教学研究活动。

在以色列，一个学生只要愿意学习，就不会有因经济困难而无法完成学业的情况。首先，国家已为每一个人提供了13年的免费教育，这就可以保证他完成高中教育。在此之后，每个人都有多种渠道和机会继续接受教育，如申请国家专款补贴，享受互助基金资助，获得各种奖学金，依靠银行贷款或者自己到社会打工挣钱。

除了国家提供的条件外，社会上还有互助基金，每月对困难家庭学生进行补贴，因此在以色列因经济困难而放弃学业者很少。据统计，1999年在9至11年级的学生中，辍学学生总数为19800人，占中学生总数的7%，但辍学者多来自非犹太家庭的少数民族。对于学习态度极差和学习成绩屡考仍不达标的学生，国家的政策是对他们进行分班强制教育，必须读完高中，但不准参加高中毕业考试和大学入学考试。这样，既避免将"废材"推向社会，又对这些人起到了惩罚的作用。

以色列基本上是个高工资、高税收、高福利、高消费的国家。有学龄子女的五口之家月平均工资约为 3000 多美元。不过，相对家庭的平均收入水平而言，高等教育当然是一笔不菲的支出：大学的学费一年约为 4000 美元，除学费以外，还有书本费甚至房租。但对大学生的经济支持也是多方面的，国家、家庭、社会和学生自己都会分摊压力。政府和学校会对学生的家庭经济情况给予补助，实行全免费、部分免费的灵活政策。20 世纪 80 年代以色列工党政府曾宣布，他们的教育政策的目标是实现从学前教育到大学的全免费制度。尽管后来由于种种原因这一目标未能实现，但至少可以看出工党对教育的重视，也可看出民众对教育的期望。以色列领导人深信，国家的实力和未来在大学校园里。以色列男女青年年满 18 岁就必须到部队服役。在服兵役期间，国家就为每个人存上一笔"教育费"，退役后领取，可满足大学一年的学费需求。这笔钱自领取之日起，6 年之内只能用于付学费或房租，真正做到"专款专用"。学生所付的学费仅是培养大学生的实际费用的一半甚至不到，其余由国家补贴。

像许多中国家庭一样，以色列人的家庭观念很强，一般的家庭也会尽力为上大学的孩子提供经济支持，因为人人都懂得，在教育上的投入是值得的。不过，很多以色列学生不愿家里给钱，倒不是因为他们特别孝顺，而是怕他们的自主权因此受到"干涉"。成绩优异的学生可以挣到奖学金，到社区残疾人中心、老人院、孤儿院等社会保障和福利机构做公益服务，虽无报酬，但学校会给"折价"成相当数量的奖学金。经济上确有困难者还可以贷款上学，毕业后慢慢还。有国家和家庭资助，加上学生校外打工也能赚钱，昂贵的高等教育并没有成为学生和家庭过重的负担。

第四节　教育目标：让每个人都成为社会需要的人

第一节中我们已介绍了以色列教育的五个目标，即：提高整个民族的基本文化素质；通过教育促进来自不同地区的移民的融合，加强民族凝聚力；为经济发展提供优质的劳动力大军；推动文化繁荣和促进科技进步；

解决特殊群体的学习需要。综合起来，其核心目标就是，使每个人都成为社会需要的人。

从建国初期至50年代，以色列政府把教育工作的重点放在推行义务教育、建立统一的国民教育体系上。1949年，以色列教育文化部成立，其职责是："确立稳定的教育标准，培训和指导教师，推广教育计划与教学课程，改善教学条件，并组织和鼓励成人的教育文化活动。"教育文化部成立后，一方面大力推行义务教育，另一方面对建国初期普遍存在的多元性教育局面进行改革，并对一些政党、教派、团体及社会组织主办的学校实行国家统一管理，以保证国民教育的质量。

随着政治稳定与经济发展，大批移民移居以色列，1948—1960年，以色列吸收的移民人数近百万。为了尽快加强集体认同与社会整合，以色列政府从60年代起对教育方针进行了调整，在教育机会均等的前提下，推行教育多样化原则，其主要措施如下：

首先就是改革教育结构。以色列最初的教育体制是仿效西方模式建立起来的，来自东方的犹太移民的子女并不能很快适应。为此，1963年，以色列政府改革教育结构，把幼儿园（3—5岁）+小学（6—13岁）+中学（14—17岁），改为幼儿园（3—5岁）+小学（6—11岁）+中学过渡部（12—14岁）+中学高级部（15—17岁）。设立中学过渡部的目的就是把来自不同环境的小学生吸收在一起，使他们适应新的教学体制，然后再升入同一中学的高中部。这一改革取得的明显成效是在最初的10年中升入中学高级部的学生人数增加了20%。

普通教育的定位，是"把儿童造就成这个不同民族、宗教、文化和政治背景的人们共处的民主和多元的社会中富有责任感的成员"。由于以色列社会从一开始就呈现出多样性，以色列教育文化部很强调因人施教和因材施教，尽可能地照顾到各个社会群体，让每一个人都通过教育成为对社会有用的人。

例如，随着大批亚非犹太移民的涌入，对亚非犹太移民子女的教育成了一个突出的问题。由于亚非裔学生的受教育水平普遍低于欧美犹太人后裔，教育部对亚非裔学生进入公立学校实行多种优惠政策，如：在入学分数线上给以照顾；在收费标准上，亚非裔学生可根据其家庭收入状况而减免学费，所减免部分基本上都由政府承担。1978年，教育税法实施后，低收入的亚非裔家庭尽管纳税较少，但仍能享受奖学金和资助而获得同等的教育机会。此外，政府和学校还向亚非裔学生提供多种形式的奖学金与寄宿条件。由于采取了上述措施，亚非裔学生接受教育的平均年限提高很快，从1962年的5.9年提高到1981年的9.7年、1995年的12.1年。

以色列还开辟了别具特色的天才儿童教育和残疾儿童教育，并在全国开办了一批"实验学校"。在普通学校里，3%的名列前茅的天才儿童可以提出申请，参加资格考试。通过严格的考试和专家鉴定后，脱颖而出的小神童们就可以参加一些全日制的专门学校或校外特殊学习班的深造课程，接受超前性、创造性的教育，进行专门的知识和技能训练。经过这样的训练，他们的潜能会得到充分的发挥，他们当中常常会产生十几岁的少年大学生和二十来岁的博士。

残疾儿童和智障儿童也同样受到特别的关注。每个孩子按照接受能力和残疾的程度，被安排到特殊的学校中去。他们可以单独编班，也可以混合编班，学校为他们提供特殊教育课程，对他们采取延长学时、个别辅导等办法进行补救教育。这项任务由学校、家长、医疗保健人员、特殊教育专业人员以及社区资助团体共同承担，目的是给残疾儿童尽量正常的环境，让他们拥有正常的心灵和生活，帮助他们最充分地发挥其潜力，并最大限度地参与社区生活和职业生活。对于某些逃学者或厌学者，则由儿童心理学家提供专门心理咨询，并推行社会引导服务。从这些关注残疾儿童和智障儿童的活动中可以看出，以色列教育充满了人性温情和对人才资源开发的良苦用心，既不压抑天才儿童，也不忽视残疾儿童，把所有儿童都视为社会的宝贵财富，决不放弃对他们的教育。

1948—1973年，以色列经济经历了一个发展的黄金时代，不仅建立了结构较为合理的工业、农业及国防工业体系，而且实现了10%的高速度经济年增长率。由粗放型经济向集约型经济的转换、走知识密集型的发展道路已成为以色列经济的主导方向。经济的发展对教育提出了新的要求，一般意义上的普及性教育已很难适应发展的需要。为此，从20世纪70年代中期起，以色列再度调整教育方针，除了延长免费教育年限、发展贫困地区的教育之外，政府在政策方面有两个倾斜：一是发展职业教育，二是大力扶持高等教育。

为了大批培养技术人才，政府设立各类技术职业学校，鼓励学生及成人选修经济发展所急需的相关课程，如电脑培训、企业管理、市场策略等。1974年，政府通过了关于提高公民（不论其年龄和教育程度）就业水平的决议。为此，教育文化部创办了开放大学，在全国各地设立了25个教学中心，分别接纳中学水准以下、中学水准及大学水准的学员，每个学员都有接受导师指导的机会。教学中心配备有齐全的图书馆、实验室及其他教学设备，提供80多种学位培训和职业培训。开放大学的设立，为发展经济培养了大批人才。

在发展高科技产业的过程中，政府对高等教育寄予了很大的希望。"以色列的大学在供应合格的工业工程师及技术人才方面起着重要的作用，1972年大学所培养的此类人才为11500人，而到1984年则增至30800人。每千名工业劳动力中工程师所占的人数由1965年的8人提高到1982年的33人"。这种灵活务实的教育方针，使教育更符合于国情、民情，因此也更快地推动了社会的进步和经济的发展，使以色列迅速成为一个世人瞩目的"微型超级大国"。

第五节　书的民族，书的国度

犹太人的创造精神和创造能力是人所共知的。犹太人创造能力的一个重要而直接的来源，就是"书"，即犹太人对知识的异乎寻常的渴求。

犹太民族常被称为"书的民族"（People of the Book），这里包含着两层意思：一是特指，因为犹太人信仰犹太教，他们有《圣经》《塔木德》这样一些神圣的经典之书；二是泛指，说的是犹太人喜欢读书，具有善于学习、崇尚知识的传统。犹太人自古就与书结下了不解之缘。按犹太律法规定，《圣经》是每个犹太人都必须读的书，正因为如此，犹太人早在中世纪就已消灭了文盲，几乎人人能读书识字。犹太人中有句老话："人不能只靠面包活着。"在他们看来，读书是生活的不可或缺的一部分，音乐、诗歌、文学、艺术如同水和粮食一样，对于生命十分重要。

今天的以色列人发扬了他们祖先的读书传统，这一点，凡是到过以色列的人都会有亲身感受。在特拉维夫和耶路撒冷街头，最多的就是大大小小的书店和咖啡店。书店是人们最喜欢光顾的公共场所之一。以色列人的一天往往以一张报纸、一杯咖啡开始。而年轻的大学生们则常愿在幽静的图书馆或书店呆上整整一天。

据联合国教科文组织1995年的一次调查表明，在人均拥有图书和出版社的数量方面，以色列超出了世界上任何一个国家，居世界第一位。请看下列一组数字：

以色列共有183家出版社。

当年全国共出版图书5300种，1300万册。

除教科书和再版书外，以色列每年新出版图书达2000种以上；14岁以上的以色列人平均每月读一本书；以色列全国公共图书馆和大学图书馆有1100多所，平均不到4000人就有一所公共图书馆。

以色列办出的借书证有100余万份（当时以色列全国只有450万人口）。

……

此外，以色列定期出版29种报纸，其中希伯来文15种，阿拉伯文5种，其他语言9种，包括在世界上影响很大的《耶路撒冷邮报》。以色列每年出版的期刊达900多种，每个语种，每个年龄，甚至每种特殊兴趣和癖好的人，都能在多种期刊中觅到他们的"知音"。以色列奉行新闻自由原则，任由各种思想"百家争鸣，百花齐放"，只有涉及国家安全问题时，才对书报进行必要的审查。这样，以色列人可以随便在街头报刊亭里买到当天的《纽约时报》《世界报》《泰晤士报》等西方各大报纸，也可以在同一个书摊同时买到最严肃的政治刊物和最通俗的成人杂志。

不少以色列人是典型的"书虫"和"书痴"，马路旁、公园里、候车室中、汽车上，只要有人群的地方，总能看见专心致志的阅读者。在每个家庭里，书房并不是一个可有可无的装饰部分，而是一个收藏书籍、研读学习、会晤客人、讨论问题的家庭核心。每个家庭都以家中书房的装饰美、藏书多而自豪。据某年的一项统计，以色列人每年平均读书64本，远高于其他国家（日本40本，法国20本，韩国11本，而中国仅为5本）。

由此可见，以色列人真是一个"书的民族"。

以色列每年出版的上千万册图书中，大部分是希伯来文书籍，另有相当一部分是英文、法文、德文、西班牙文的书籍，还有一部分则是从各种文字译为希伯来文的。

以色列每两年在耶路撒冷举办一次国际图书博览会，其规模不亚于著名的德国法兰克福国际图书博览会。博览会期间，成千上万的世界各地客人前来洽谈、采购，国内的参观者、选购者也达10万人次以上。而在每年春季举办的"希伯来图书周"则是以色列人自己的图书节。不少以色列人早早备好钱，等待图书节的到来。"图书周"期间，以色列许多乡镇的街头、公园都变成了书的市场。人们也可以到大大小小的书店去购买各种廉价书籍。以色列人平均每人每年购买大约10到15本新书，读过的书更多。相比而言，以色列的图书价钱和大众消费还是相适应的，一本书只卖几十谢克尔，对大部分人来说，买书并不会给生活造成多少负担。

书与人，书与社会构成了以色列一道独特的风景线。

人们都知道，以色列是一个"全民皆兵"的国家，所有的适龄青年都要参军，因此，为军队中的年轻士兵们提供精神食粮也是文化教育部门的一项重要任务。军队中有专职人员为士兵提供文化教育和娱乐服务，包括讲课、演出和开设流动图书馆等。当地方上举办书市时,也要相应地为部队举办书市,以优惠价格向军人提供图书。军队的出版机构还针对士兵和军队的特殊的情况,专门为士兵们出版了一套叫做"塔米尔"(意为可以放在背包里的书)的小版本系列文学丛书,便于他们随身携带,随时阅读。这套丛书包括以色列和世界上最好的文学作品。以色列人读书风气之盛由此可见一斑。

总之,犹太民族是一个名副其实的"书的民族"、"知识的民族"、"智慧的民族"、"教育的民族"。正是在这种刻苦求知的优良风尚的滋养下,犹太人形成了高人一筹的教育观。通过博览群书,以色列人掌握了丰富的知识,整个民族的知识水平都比较高。曾经长期与犹太商人打交道的日本商人滕田在谈及对以色列和犹太人的印象时,就深有感触地说:

> 一旦接触犹太人,你就会明白,犹太人是"杂学博士"。与犹太人进餐时,他们的话题涉及政治、经济、历史、体育、娱乐等各个领域,你不得不为其知识的广博而吃惊。即便一般被认为与商业买卖没有多大关系的东西,犹太人也有相当的了解,比方说,栖息在大西洋底的鱼的名字、汽车的结构、植物的种类等等,其了解的程度几乎与专家相同。
>
> 这些广博的知识,不仅丰富了犹太人的话题和人生,而且对犹太人在面对复杂的世界时作出正确的判断起着不可估量的作用。广博的知识,奠定了广阔的视野,犹太人正是以广阔视野来作判断的。

当我们了解到犹太民族是这样一个嗜书如命的民族,以色列是这样一个书的国度时,我们就不难理解小小的以色列何以能在短短几十年中传奇般地崛起了。

第六节 研究开发，科技先行

第一位积极倡导在以色列故土建立现代犹太国的西奥多·赫茨尔，不仅设想把这里建成犹太人的现实家园，而且还要使这里成为重要的精神中心和科学中心。以色列国第一任总统魏茨曼在积极参与创建这个国家的事业的同时，也参与创建了世界级水平的魏茨曼科学研究院。作为一位著名的政治家和科学家，他懂得教育只是一种手段，其目的是提高整个民族的素质，提高国家的科学和文化水平。

魏茨曼科学研究院如今已是世界十大科研机构之一，其前身是1934年就已建立的丹尼尔·谢伊夫研究所。以色列人坚信，创建一座世界水平的科研机构将对新生的以色列的成长和发展起到举足轻重的作用，于是这个规模庞大、学科众多的科学研究院在以色列建国后的第二年（1949年）正式落成。现在研究院设有13个研究中心，有科研人员2000多名，还专门设有一个科学教育部负责编写中学教材。研究院在其附近的雷霍沃特工业区也倾注了雄厚的力量，目前，这个工业区已有几十家科技公司，专业领域从电子学、光学到遗传科学，应有尽有。该院的范格伯研究生院现有来自世界各地的500名硕士和博士研究生，已成为一个世界公认的供青年科学家在物理、化学、数学和生命科学等领域深造的研究中心。

以色列建国以来，正逢世界科学技术迅猛发展的时代。作为一个小国，它在建国之初即制定了明确的科技发展政策。在科学方面，以色列的目标是在各个领域力争达到国际水平，同时鼓励以杰出的科学家为核心，在对工业部门发展有重要影响的领域建立一些高水平的研究中心。以色列主要以专业化的方式，集中国家的力量将技术用于有限的几个领域和机构，如军事工业、航空工业、化学工业、电子工业等，力争取得出色成绩。

在以色列的研究与开发的机构中，包括以色列理工学院和耶路撒冷希伯来大学在内的 7 所大学、几十个政府和公立研究所是最主要的力量。政府和公立机构是研究与开发资金的主要提供者，资助总额占以色列研究与开发经费的一半以上。在为民用研究和开发提供的资金中，大部分用于发展工业和农业，与其他国家相比，在总额中所占份额很大；资金总额中近 40% 用于提高知识水平，由高等教育理事会的计划和拨款委员会通过综合大学基金会拨给各大学。

目前在以色列，大学以上文化程度的人已占全部劳动人口的 18%。全国每一万人中科学家、工程师和技术人员的比例，以色列为 140 人，高居全球各国榜首，而美国只有 85 人，日本为 83 人。以色列是一个主要由移民组成的国家。冷战结束后，大批苏联犹太人移居以色列，人数约 80 万，其中有数量众多的熟练技术工人、工程师和科学家。据统计，几十年来迁往以色列的犹太人中，拥有博士、硕士学位和教授、副教授头衔的不少于 10 万人。另一重要的移民来源，则是来自美国及西欧的犹太人，这些来自发达国家的犹太人，往往在金融、投资以及学术领域占有重要位置。

以色列人从事科技研究的比例以及投入研究和开发的资金与国民生产总值之比在世界上名列前茅。每年用于科学研究的资金一般占国民生产总值的 4% 左右，这一比例也超过了美国（2.7%）。以色列大学的研究人员，也是以提高基础科学的水平为其主要目标的。据 1995 年的统计，以色列每万人在国际科学杂志上发表的论文数近 120 篇，这一比例远远超过美、英、日等国，居世界首位。以色列发表自然科学、工程、农业和医学著作的人数，在其劳动人口中的比例，也远远超过任何其他国家。以色列还是世界上人均拥有律师和注册会计师最多的国家。以色列高等教育入学率目前名列全球前 10 位。以色列这些研究型大学，目前正在从过去以科学研究为主的做法转向更好地满足社会各个领域的需要，不仅注重基础科学研究，同时注重应用研究以及培养科学人才。

在以色列大学中，还有跨学科的研究和试验机构，主要从事对国家工业关系重大的科学和技术领域的工作。另外，还有很多院校就技术、行政、财务和管理等事宜对工业界提供咨询服务。大学的研究经费和履行合同的费用有9%以上是由本国工业界资助的，而美国和加拿大仅为6.7%。为了使以色列科学家与国际科学界结合，以色列鼓励科研人员到国外从事博士后研究，利用年休假到国外工作，以及到国外参加科学会议。以色列的研究所、大学和政府机构与国外的相应组织一直有范围广泛的交流计划和合作项目。以色列还是举行国际科学会议的重要中心，每年都主办数百场国际科学会议。

以色列各大学的科研活动涉及各个领域，已成为以色列科技发展的生力军和开拓者，并在科技成果转化过程中起着重要作用。魏茨曼科学研究院也是世界上最早建立专门机构（1958年）负责把研究成果转化为商用的研究院之一。目前，在以色列的所有大学中均有类似机构，并且均设有专利办公室。大学校园附近建立起来的以科研为后盾的工业园区也已取得巨大的商业成功，一些大学还成立了一些实业公司，专门负责推广自己的研究成果。

高水平的国民教育为以色列发展高科技产业的战略提供了有效的基础。自1948年建国以来，以色列国家继承了犹太民族尊师重教的优良传统，采取了一系列切实可行的措施，在短期内建立健全了一整套较为完备的教育体制，使教育在提高国民素质、促进社会文化整合、推动资源经济向知识经济的转化等方面起到了不可替代的作用。

经合组织（OECD）2014年的一项报告称，在25—64岁的人口中，以色列接受过高等教育的比例为46%，而经合组织35个国家的平均水平为32%。因此，以色列仅次于加拿大，是全世界受教育程度第二高的国家。排在前十位的国家，除了加拿大和以色列外，其余八个分别是日本、美国、新西兰、韩国、挪威、英国、澳大利亚和芬兰。此外，全国人口中接受过高中教育的比例，以色列也以92%的成绩位居第二，大大高于经合组织国家84%的平均水平。从教育在国民生产总值中所占的比例来看，以色列2013年为7.5%，在经合组织国家中名列第五，也高于经合组织国家平均6.3%的水平。

据以色列驻华使馆提供的资料，以色列大学已成为拥有专利权的主要所有人，专利活动和相对规模已远远超过其他国家的大学。以色列大学平均每年所获得的专利费是美国大学的两倍多，是加拿大大学的九倍多。近年来，以色列跨学科研究和试验机构正在调整方向，成立一些应用开发研究中心，大学教授、科学家正在致力于走出校园、实验室，以顾问身份为产业、公司提供各种咨询和技术指导。这一新的调整，使以色列大学获得的产业部门供资研究经费大幅度上升，目前已占研究经费的9%，领先于美国和加拿大的6%—7%。

这种重大的科研调整，使以色列在电子产品、光学、激光、计算机、机器人、航空技术、农业研究开发、能源研究开发、医学研究开发、工业研究开发方面获得了大面积丰收，充分显示了科技是第一生产力的强大作用。当今以色列高科技产品也成为出口的重要支柱，在国际市场上具有强大的竞争力。以色列工业出口占全国出口的59%，其中高科技产品出口占一半以上，如：以色列无人驾驶飞机制造技术处于世界领先水平；利用太阳能的新型高效接收器问世；在光电式机器人制造系统方面居世界领先水平；核医学摄像机、外科激光等用于诊断和治病的尖端医疗设备走向了国际市场。总之，以色列科研正大步走向实际运用和开发，成为推动生产力不断进步并获得巨大经济回报的中心因素。

在2009年之前，以色列一直是美国之外在纳斯达克拥有上市公司最多的国家，共有64家上市公司，到2010年才被中国超越。今天，以色列拥有4000多家科技创业公司，在全世界仅次于美国，平均每2000名以色列人中就有一人创业。根据以色列风险资本研究中心的研究，以色列人均风险投资额超过美国，位列世界第一。高科技产品的出口额达到近200亿美元，约占总出口额的一半。很多跨国大公司把他们的核心技术研发放在了以色列。如，英特尔在以色列安置了6600名技术人员，专攻酷睿芯片设计；IBM、微软和谷歌等国际IT巨头都在特拉维夫设有规模庞大的研发中心。英国《卫报》认为，特拉维夫附近的以色列硅谷是仅次于美国加州硅谷的最大科技中心。

第七节　本章给我们的启示

一

一个国家建立后要如何发展可以有许多种选择，有的国家以工业立国，有的以农业立国，有的以商业立国，还可以有技术立国、军事立国等，而以色列走的是一条以教育立国的道路。这固然是因为犹太民族有热爱知识、尊重教育的传统，但更主要的还是这个新生国家根据当时的现实情况做出了明智的选择。现实情况是：以色列是一个小国家，三面都被不友好的邻国所包围，一面是茫茫的地中海；它不但面积狭小，资源贫乏，而且土地贫瘠，有一半是不适于居住和耕种的沙漠；另外，它建国之初一穷二白，唯一拥有的资源就是刚刚获得自由、对未来充满希望的几十万犹太人。

新生的以色列选择了教育立国，靠培养高素质的国民来实现未来的建设和发展。几十年再回过头来看，我们不得不佩服这个国家早期领导人做出的明智抉择。建国之初，还处于战争中的以色列在十分困难的情况下，就提出为5—13岁的儿童实行免费义务教育，第一次中东战争刚一结束就颁布了《义务教育法》，几年后又通过了《国家教育法》。1980年，以色列又颁布了《教育法修正案》，把义务教育延长到16岁，免费教育延至18岁。前些年工党执政时期还提出要逐步实现从学前教育到大学教育的全部免费制度。

而与以色列差不多同时建立的中华人民共和国直到建国30多年后，于20世纪80年代中期才颁布了义务教育法。以色列建国时，在战争状态下、在内忧外患的情况下就提出了5—13岁儿童接受义务教育的设想，而且多年来竭尽全力地抓落实，使教育事业成了这个年轻国家创造奇迹的坚强后盾。义务教育是需要国家下决心投入巨资来支持的，以色列在建国之初的战争时期就已认真考虑此事，战争一结束马上着手实施全民义务教育，这种眼光确实值得我们学习，也对我们具有重要的启示。

二

教育是需要投入的，而且需要大量的投入。世界上没有哪一个国家是不靠国家的大量投入就能成功发展教育的，世界上也没有哪一个国家是因为钱多得用不完才拿来办教育的。教育投入和经费紧张是一个永恒的矛盾。

以色列同样也面临着教育投入的难题。以色列国家的安全环境很差，长期处于敌对国家的包围之中，因此其国防开支历来是国家预算中最大的一块，而教育却一直是它仅次于国防的第二大块开支。在许多年里，以色列教育一直占其GDP的8%，有些年份还超过10%。这是因为在以色列的政治家和有识之士看来，教育投资并不是一种国家的负担，而是一种有效的国家战略，在教育上花的钱是不会白花的。没有资源，没有土地，没有金钱，并不要紧，只要通过教育培养出高素质的人才，以色列就会拥有一切。正是有这种明智的认识，以色列才能一直对教育保持着较高比例和增长稳定的投入。

中国政府规定教育投入要占GDP的4%，许多专家认为教育占GDP的4%本身就是一个非常低的水平，根据中国的教育改革和发展目标来看，教育投入至少要超过4.5%或者达到5%。当然，中国对教育的投入从绝对数字来说在不断提高，相对于GDP的比例也在提高，但是仍不能满足教育事业发展的需要。中国教育投入的问题，一方面是总量不足，而且基本是靠政府投入，社会投入很少；二是投入不均衡，在城市投入的多，在农村投入的少，对重点学校投入的多，对非重点学校投入的少，对高等教育投入的较多，而对基础教育投入的较少；三是中国教育在缺钱的同时仍存在乱花钱现象，表现为一些教育投入被用于政绩工程、形象工程，有的学校建豪华校门、五星级酒店、景观大道；还有就是教育经费被挤占、挥霍，甚至被侵吞，教育系统内也存着腐败。

中国教育在投入方面也有必要向以色列学习，我们要相信在教育上的钱是不会白花的。我们今天为中国教育投下钱，日后收获的是中华民族的智慧、知识、人才，收获的是中华民族伟大复兴的理想的实现。

三

以色列教育立国对我国发展教育的启示有许多，但最主要的有这样几个方面：

在理念上，要高度重视教育的战略地位，尊师重教。如本章所述，以色列的历届领导人对教育的重视都到了无以复加的程度，总理可以兼任教育部长，总统任期结束后可以来当教育部长。14岁以上的以色列人平均每月读一本书，以色列每4000人就有一所公共图书馆，在人均读书比例和人均拥有图书馆上均居世界第一；以色列教育经费占国内生产总值比例名列世界前茅。这些都表明了以色列政府和人民将教育摆在了相当优先的地位，非常值得我们学习。

其次，要依法治教，保证教育的健康发展。法律意识强是犹太民族的重要特点之一。以色列的教育之所以发达，是因为它有一系列关于教育的立法。关于以色列义务教育、基础教育的法律，前面已引用了很多。在高等教育方面，早在1958年以色列国会就通过了《高等教育理事会法》，规定高等教育理事会为负责以色列高等教育的国家机构。除此之外，关于宗教教育、军事教育、少数民族教育，以色列也都有法律规定。

最后，教育必须为社会经济发展服务。犹太民族自古以来就是一个务实的民族。犹太人认为，接受教育是每一个人的责任与义务，但学习知识、钻研律法都不能代替劳动的技能。在以色列，从基础教育到高等教育都非常重视教育与生产劳动、与社会发展相结合，小学生从一年级开始就要接受系统的劳动教育，高中毕业生则必须学会一门专门技艺。以色列很多高校都有自己的企业，这些企业对促进科研成果的商业化起到了重要作用。总之，务实的民族办的是务实的教育，其根本目的是实现国家的强盛和人民的幸福。

第六章 教育＝未来
——以色列的教育体制

"没有教育,就没有未来",这是以色列开国元勋本-古里安的一句名言。以色列前总统夏扎尔说,"教育是创造以色列新民族的希望之所在","教育是以色列社会发展的前提"。以色列的一位教育部长则说,以色列教育体制是一个火车头,它为人们创造了一个平等竞争的机会。在这种教育体制下不断培养出来的大批高质量人才,对以色列经济的持续发展及科技进步起到了至关重要的作用。

不管用什么方式来表达,以色列人坚定地认为,教育是以色列社会的一项基本财富,是开创未来的关键。教育直接影响着以色列社会、工业和军事方面的成就。以色列建国后,在资源、环境、人口等方面都相当困难的条件下,依靠教育使国家强大,依靠教育使民族繁荣和人才济济,在世界民族之林中占有一席之地。然而,以色列的教育何以会取得如此大的成效?以色列人中为什么会有那么多的杰出人才?犹太民族真的是比其他民族聪明吗?如果确实是比较聪明的话,那么又是什么使他们如此聪明?……回答上述问题不那么容易,但我们从现实的、历史的、文化的多个角度透视一番这个民族,也许可以进一步了解以色列以教育开创国家未来、以人才开创民族未来的成功之路。

第一节 以色列教育制度的形成

以色列教育制度的形成早于国家的建立,这是一个少见的现象。这是因为早在以色列建国前50年,犹太人就开始来到巴勒斯坦定居,来自世界各地的移民们建立了一些学校让自己的孩子接受教育。这就是以色列教育体系的早期雏形。到以色列建国时,它已有两所高等学校、36所中等学校,在校学生1万余名。早年奠定的教育基础有许多至今仍清晰可辨。由于移民

▲以色列建国前(1936年)在特拉维夫建立的一所犹太高中

们来自不同的国家和地区,他们建立的教育体系也各不相同,有的基本上是以西方的世俗教育为模式的,有的则比较强调犹太传统文化,还有的则带有较浓厚的宗教色彩。

在英国殖民统治时期(1917—1948),巴勒斯坦犹太人的各个不同的政党和宗教派别都有自己的教育制度和学校。建国后,政府曾试图对教育体制进行统一,但因宗教界的反对而未完全成功。根据1949年颁布的《义务教育法》,所有5—13岁的孩子都必须接受免费的义务教育,父母可以在普通世俗学校或者宗教学校之间为其子女的教育作出选择。几十年来,普通教育的发展十分迅速。例如,从1949年到1969年,全国小学生的人数从10.23万增加到了50.49万,到1998年增加到69.4万,2012年已达到93.1万。

以色列在教育体系上除了要考虑一般国家所面临的人口增长、时代发展、科技进步等问题外,还需要应付一种特殊的挑战,这就是大批移民不

断的涌入。以色列建国时只有大约 60 万人口，而到 20 世纪 90 年代后期人口达到了 600 多万。增加的人口主要是来自世界各地的大量移民。如何通过教育把来自 70 多个国家的移民儿童融合在一起，这是以色列教育部门面临的不同于其他国家教育部门的艰巨任务。为满足大批新移民来到后的教育需求，以色列教育部门除了要增加学校和教师外，还必须制定特殊的教育政策，采取特殊的教学手段和方法，以便使具有不同文化背景的移民儿童都能获得平等的教育机会。

在几十年的教育实践中，以色列政府从实际出发建立了一整套完备的、具有本民族特色的普通教育体系。该体系由以下层次组成：学前教育——小学教育——中学教育——中学后续教育——高等教育。

以色列的普通教育结构（2013 年）

学前教育	小学教育	中学教育	
幼儿园 （2—5岁）	小学 （1—7年级）	初中 （7—9年级）	高中 （9—12年级）
634000人 （91%）	931813人 （97%）	273758人 （92%）	383540人 （92%）

（高中阶段右侧延伸：职业技术教育）

免费义务教育覆盖年龄：5—16岁

年龄 2 3 4 5 6 7 8 9 10 11 12 13 14 15 16 17 18 19 20

说明：括号中的百分比所表示的是当年该阶段学生占同龄青少年的比例。2013 年接受学前教育的儿童占适龄儿童的 91%，小学教育阶段 97% 的儿童已入学，初高中阶段的入学率为 92%。

资料来源：以色列教育部："以色列教育文化的事实与数字"，http：//www1.cbs.gov.il/reader/shnaton/templ_shnaton_e.html？num_tab＝st08_19&CYear＝2013

这一体系包括幼儿园、小学、中学（含职业中学和农业中学）、师范学校、中学后续性职业学校和大专院校。一学年约为10个月，从9月开始至来年7月结束，一周为30—35学时。在低年级，大多数学习科目由年级教师授课；在高年级，各科的学习则由专业教师负责。学校与家长保持着密切联系，大多数年级均设立了家长委员会。除正规学习外，在校内外还开展范围广泛的课外活动（非正规教育）。

教育政策反映了包括移民学生的吸收、贫困阶层的提高、社会和学校的一体化等等在内的以色列社会的各种需求。有鉴于此，这些年来以色列教育体制在结构和内容方面均有很大的变化，以便在尽可能坚持社会一体化原则的情况下提高每个学生的学业成绩水平，优先考虑吸收出身于贫困社会经济阶层的学生。

1968年，以色列曾对全国的教育体制进行过一次较大的改革。这次改革包括修改《义务教育法》，原先的义务教育只在8年级以下（即小学和初中）的儿童中实行，现在则扩大到10年级（即高中）。这样实施义务教育的年限总共为11年。世界上只有荷兰、比利时和德国的义务教育年限比以色列长，为12年；美国、英国同以色列一样，也是11年；瑞典、日本等国为9年，中国也是9年。

这一年，以色列对小学和中学体制也进行了改革：不再是8年小学和4年中学，新体制包括小学6年、综合性初中3年、高中3年。以色列对中等教育的结构和入学考试也作了修改，目的是培养学生的个人能力，使大多数学生能达到令人满意的水平。"分轨制"不再实行（在这种体制下学生选修诸如自然科学、人文科学、文学等专业），取而代之的是一套可以让学生根据其能力和爱好构建一组科目进行分级考试的体制。在各级教育中都扩大了在科学与技术方面的学习，并大大增加了计算机和实验室的应用。师资培训不再是入学后培训两年，而是制订了一种可以达到某一学位的四年制培训大纲。

以色列教育体制中还包括为国内的阿拉伯和德鲁兹教派穆斯林公民开设的教育机构。这些机构的结构和学习内容与犹太人的相类似，但也作了必要的改变，以反映这类居民不同的语言和文化。希伯来教育中所引进的各种结构性与主题性变动，也都贯彻实施在阿拉伯和德鲁兹教派穆斯林的各级学校中。

以色列普通教育系统主要由中央政府和地方教育当局提供财政资助。长期以来，国民教育经费一直稳定地保持在8.5%的水平上，近年来又有明显提高，达到10%以上。这一变化已给教育系统带来了进一步的发展，学校正在采用长日制，并且增加了学时。以色列已加强科学技术教育，也正在努力提高贫困阶层的地位，并为教师提供强制性的在职进修课程。以色列也很注意吸收新移民中的教师，非犹太人部分的教育体制也在改进之中，非犹太人受高等教育的机会也在增加。居民教育水平的提高、科学技术能力的提高，以及社会和文化活动范围的扩大，都反映了以色列为教育体制的不断发展和完善作的种种努力。

第二节 以色列教育制度的特点

重视和发展教育是古老的犹太民族的优良传统，也是年轻的以色列国求生存、图发展的基本国策。因此，制定一套完备的教育体制就是十分重要的事情了。以色列的教育制度的特点主要表现在以下方面。

（一）中央政府集中领导与地方自主管理相统一

以色列的教育属国家统一领导，教育文化部负责制定教育政策、分配教育基金、规划教育标准及设立教学大纲。教育系统的行政管理和经费是由国家教育部和地方当局分担的。教育部负责课程设置、教育标准设定以及培训和监督教学人员。而地方政府则拥有具体的管理权，如接受政府拨款、雇用初中和高中教师、建筑校舍、维修以及购置教学设备等。

在服从政府领导的前提下，各个学校也拥有一定的自主权，如教学大纲虽然由教育文化部统一颁发，但所涉猎的科目极其广泛，学校有权根据本校的情况设置课程，选择教学方法。从理论上讲，所有教师都是教育文化部的雇员，但各校校长拥有聘任权，从而保证了教师队伍的流动性。

为了调动全民兴办教育的积极性，以色列政府还鼓励一些地方团体与民间组织建立私立学校，如妇女国际犹太复国主义组织（WIZO）在1962—1963年间拥有80个幼儿园、30个日托中心、70个俱乐部。目前，各种形式的私立学校遍布各地，成为以色列普及教育的主要表现之一。

（二）学校类型和学习内容的多样化

以色列的教育体系框架与该国社会的多元性是相适应的。学校按四种类型组建：1. 公立学校，国内大多数儿童在此类学校就读。2. 公立宗教学校，更侧重于犹太学科、传统和习俗的教育。这两类学校都以希伯来语为教学语言，课程设置也大致相同，而且都实行男女同校学习。3. 阿拉伯及德鲁兹学校，用阿拉伯语教学，特别注重讲授阿拉伯和德鲁兹的历史、宗教和文化。4. 私立学校，从属于信奉正统犹太教的各团体和党派，精讲宗教课程，实行男女分校。学生上哪一类学校，一般由家长决定。由于学生家长对子女的教育发展方向日益关注，以色列近年来还建立了一些反映家长和教育工作者的思想观念与信仰的新型学校。

教育部按各个学校和各种人的需要，为许多科目制定了多种可供选择的课程。各校教师可在选择范围广泛的各年级课程和教材中选择，从而满足不同能力与资质的学生的需求。每年学校都要选择一个有关国家大事的专门课题在各班级深入讲授，目的在于加深学生对社会的理解和认识。这些课题包括民主价值观、希伯来语的复兴和以色列的移民问题等。

以色列的孩子一般在小学和中学就掌握了社会科学和自然科学的基本知识。但以色列的学校并不是冷冰冰的知识加工厂，孩子们也不是学习机器，学校注重培养学生的独立思维能力和创造能力。此外，以色列教育特别注重犹太价值观和爱国主义教育。在一个多元化移民国家里，老师们不仅要教会学生数学公式，更要教他们学会宽容精神和以诚待人的原则。这种非常健康的学校教育大概也是以色列人凝聚力和爱国主义的来源之一。

(三) 教育与社会生产相结合

在以色列，小学生从一年级开始接受系统的劳动教育，以熟悉劳动的基本知识，了解主要的生产原料和加工过程，学会使用基本的劳动工具。小学高年级和初中学生要掌握各种劳动技术，如材料加工、制图、制表、电力、电子、裁剪缝纫、家务操持、家政管理等。普通学校八年级（相当我国的初中二年级）学生要学习"以色列工业和国民经济"课程，要了解工业生产的基本原理、国民经济的主要运行机制、产品的生产及市场营销、财政金融的基本法则等。中学高年级的劳动教育有了明显的职业化倾向：学校把劳动教育分成农业技术教育和工业技术教育两种，让学生根据自己的兴趣与爱好培养一门专门技艺。这种教育方法使学生在学完中学课程时已基本上完成了基础的劳动教育训练，相当一部分学生还学有专长，这对其选择专门化的大学教育方向以及未来的就业都大有帮助。

以色列的大学非常重视教育的产业化发展。学校把大量精力投入产品开发，大多数高校都成立了自己的企业，如希伯来大学的伊瑟姆研究开发公司、魏茨曼科学研究院的耶达研究开发公司、特拉维夫大学的拉默特公司、以色列理工学院的研究开发公司等，这些企业对促进科研成果的商业化起到了重要作用。在政府的支持下，以色列大学校园附近还建立了许多以高科技产业为方向的工业园，这些工业园在信贷、税收方面享有优惠条件，凡申请进入工业园的企业必须经过大学的审查与评估，主要是进行技术水平与生产能力的可行性论证。在工业园区内，大学与企业互相配合、密切合作，对研究出来的新成果进行快速的投产和开发，当生产规模达到一定程度时，企业便迁出工业园区，进行扩大化生产。如今，以色列魏茨曼科学研究院所属的魏茨曼科学工业园、特拉维夫大学与特拉维夫市合办的阿蒂迪姆科学园、希伯来大学所属的哈尔霍茨维姆科学工业园等都已成为国家高科技产业的摇篮。

总之，正是由于与社会生产的密切结合，以色列教育在挖掘智力资源、提高劳动力质量、促使产业结构更新等方面起到了重要的作用，因而成为推动经济现代化的持久动力。尽管目前的以色列教育仍面临着许多难题与挑战，例如如何摆正宗教与世俗的关系、如何使福利式的教育模式更适合市场化经济发展趋势等，但从整体看，以色列的教育体制是较为科学的、卓有成效的体制，以色列人在教育兴国方面的成功经验值得人们进行认真的总结、研究与借鉴。

第三节 幼儿教育和中小学教育

以色列教育制度的目标，是把儿童造就成这个不同民族、宗教、文化和政治背景的人共处的民主和多元的社会中富有责任感的成员。在这个目标下，很值得一提的是以色列对幼儿教育（即学前教育）的重视。世界上不少民族很注意对下一代的教育，但这种重视往往是从小学、中学才开始，甚至是从高中、大学才开始的。而在以色列，其法定的教育制度是包括幼儿教育在内的。

之所以如此，一方面是早在古代希伯来，人们就极为重视对儿童的早期教育，另一方面还与以色列的特殊历史有关。在以色列社会中，幼儿园具有两个特殊的功能：其一，由于人口少，在以色列，绝大部分女性都必须工作，甚至还必须同男性一样到军队中服役，年轻的母亲们不可能在家照看孩子，于是幼儿园就成了必不可少的社会机构。其二，更重要的是，以色列是一个由来自世界各地的犹太移民组成的年轻国家，具有不同文化背景的成年人来到这个国家后，很难真正融为一个整体。人们意识到，要使犹太人成为"以色列人"，就必须从幼儿教育开始。这样，幼儿园就担负起"铸造一个新以色列民族"的第一道工序的任务。

以色列人相信，良好的儿童教育是世界的希望所在，因此他们极为重视娃娃阶段的启蒙教育。尽管国家规定义务教育从 5 岁开始，但一般孩子从三四岁起就开始在幼儿园学习，从语言、算术和艺术方面接受启蒙教育。儿童要进入由地方当局、妇女组织及某些私人团体兴办的学前班，接受较为系统的知识训练。一些贫困地区的学前教育要由教育部拨专款资助。

孩子们被集中在干净明亮的教室里。教室墙上挂着儿童题材的绘画作品，屋里陈列着各式精致的儿童家具，各种画册、书、玩具应有尽有。孩子们幼小的心灵得到老师的尊重，他们可任意走动，听老师讲故事、摆积木或趴在地板上画画。在这种如家般随便的气氛中，孩子们学会了遵守纪律、热爱集体，懂得了吃饭要洗手、过马路要看红绿灯。

在以色列，大部分都是由地方政府主办公立幼儿园和学前班，也有少部分私立幼儿园是个人或者民间团体办的。私立幼儿园接受政府的教育部门的补贴，所有学前教育的课程，都由教育部统一指导和监督。课程的目的是教会儿童们基本技能，包括语言和计算能力，培养孩子们的创造力和适应社会生活的能力，让孩子们形成热爱劳动、遵守秩序、讲究卫生、注意交通安全等良好习惯，以保证为他们未来的学习打下坚实的基础。

以色列学前教育的质量和儿童接受学前教育的比例，在世界各国中是首屈一指的，这早已为许多学前教育专家所公认。在早期，以色列接受学前教育的儿童的比例几乎达到100%。近些年来，由于人们观念的变化以及其他原因，这一比例有所下降。据1986年由英国出版的《中东经济手册》统计，以色列3岁儿童中接受学前教育的达97%，这一比例当时在世界上名列前茅。据另外的统计，20世纪90年代中期，以色列在幼儿园中的儿童总数为33万余人，约占适龄儿童的92%，这一比例仍为世界之最！

以色列的学前教育成就很早就引起了联合国及一些国际教育机构的关注。国际教育计划学院在20世纪70年代末80年代初所做的比较研究中就指出：以色列的幼儿教育系统最为完善，其数量与质量均令人满意。发达的学前教育，不仅使孩子们从小就开始受到基本知识教育，而且培养了他们的创造能力、判断能力、分析能力、学习能力、社交能力及审美能力，使儿童从小养成了热爱知识、热爱集体、热爱劳动、遵纪守法、讲究公德的良好习惯。这种学前启蒙教育使许多先天条件超常的儿童得到及时的培养。据统计，有约3%的儿童进入小学后能被选送到"神童班"。神童班是科学家和艺术家的摇篮。

以色列有适合各种儿童的需求的学校。一般的儿童都进入公立学校学习；典型而虔诚的犹太教徒往往把孩子送入公立宗教学校，因为这类学校侧重于犹太学科、传统和习俗的教育；有阿拉伯生活背景的孩子可以选择阿拉伯及德鲁兹学校。

大多数中学都开设普通自然科学课程和人文学科，学生毕业后可获得入学考试证书以便升入高等学校。有些中学开设了专门课程，学生们读完这些课程后，一部分人可以获得继续进入大学深造的考试证书，另一部分人则可获得职业文凭。如果选择农业学校或军事预备学校，一般学习期间都要求学生在学校住宿，毕业后也可进入高一级的相应学校深造。

中小学的课程分为必修课、选修课和学校自定课程三类：1. 必修课包括希伯来语、文学、《圣经》、数学、历史等。以色列政府认为，希伯来语、犹太律法、犹太历史、圣经文化是犹太民族的根基，是连接犹太民族过去、现在和未来的纽带，因而这些内容是每个犹太学生都必须学习的。2. 选修课则根据以色列教育部教学大纲推荐的内容而定。3. 学校自定的课程由学校根据家长委员会的意见开设，大纲由学校编写。教育部依据各类学校和不同学生的需要，为许多科目制定了可供选择的多种教材，教师可在广泛的范围内进行选择，以满足不同能力和资质的学生的需要。

以色列采取开放式教育，不搞填鸭式的知识灌输，教学以启发为主，十分重视提问和交流。犹太人素来注重提问和交流式的教育传统，很久以前，犹太教的拉比们读经时的主要方式就是分成两组，轮流提问或者作答。在教学中，衡量学生成绩的优劣不看其能否按标准答案回答，而是要看提问者是否能提出有深度的问题，这是一种让人增长智慧的学习方法。这个传统一直承袭下来，如今在中小学中，一个班最多只有二十几个学生，6个人一组，围桌相向而坐听课。专家们认为，这种形式有利于学生们讨论问题。

在新移民不断涌入的情况下，政府和社区努力消除儿童在受教育方面的差距，使新老移民的子女、来自欧美的犹太人和来自亚非的犹太人的子女能在同一起点上发展。例如，过去在小学中亚非犹太人的子女占65%，而到了大学只占到3%。于是教育部门和学校想了很多办法扩大亚非犹太人的大学入学比例，如对他们降低录取分数线、帮助亚非犹太人子女提高成绩等。目前在以色列的大学中，欧美犹太人大学生占65%，亚非犹太人占35%，情况比过去已经有了很大改观。

犹太人素有富人资助教育的传统，有钱人必须出资捐助贫困儿童上学，父母不送孩子上学被视为犯罪。以色列建国后，政府作出种种努力，帮助贫困儿童入学。在许多社区中心的阅览室里，专门设有为住房狭小家庭的子女准备的课桌椅，他们可以在这里安静地读书学习。社区中心的体育设施是收费的，但贫困家庭的孩子可以获得免费证。特拉维夫市准备把不收费的义务教育从5岁降低到3岁，并开始推行一项计划，免费送给有三个孩子以上的家庭每家一台计算机。

第四节 轻松活泼的教育形式

以色列的启发式教育在学前教育中就充分体现了出来。幼儿园是小朋友的天堂，他们可以尽情玩耍，发挥自己的天性。孩子们都很愿意去幼儿园，没人把入园看成是可怕的事情。孩子到园的时间没有严格限制，先来的先玩，后来的后玩，没吃早饭的吃完了再去玩耍。虽然有集体活动，但也是自愿参加，老师从不强迫他们做事情。当孩子们画画、做纸花或者玩玩具时，老师在一边出主意、加以鼓励，还不时地加入到集体游戏中。孩子们做完游戏，就自己去洗手、找毛巾擦手，虽然常常把衣服搞湿了，但是这锻炼了他们自己动手的能力。以色列是一个宗教气氛浓厚的国家，在一些幼儿园里还专门设有宗教班。这些未来的"小拉比"们与其他孩子一样玩耍，只不过要多上一门诵经课，生活和习俗上也要严格遵守犹太教的教规。

▲犹太老师和学生

综观以色列的教育，初、中级阶段科学性强，寓教于乐，高等教育学术性强。整个教育体系自始至终强调启发学生的先天智力，最大限度地发挥学生的主观能动性，使学生在实际参与和应用中获得和掌握知识，而不是培养"高级工匠"。

以色列虽有全国统一的教材，但多数学校认为这些教材死板老化，因而自行设计教育内容。据调查，有高达70%的中小学校都使用自己编制的教材。小学生的知识多是在"玩"的过程中学到的。老师要求二年级的学生到室外拍摄照片或者写生。三四年级的学生要根据学到的花鸟鱼虫等自然知识能够自己绘图讲解，而五六年级的学生便开始做类似小论文式的课题了。例如，一个学生对哥伦布航海感兴趣，他会在老师的指点下找参考书，把哥伦布航海的有关情况综合起来做一篇小型"论文"。完成一篇小型"论文"至少需要一个星期。在这一过程中，找参考书、复印附图、构思文章等，全都是由学生独立完成。为了找书，他们在图书馆和家里的书架上翻个不停，除少儿读物外，还会翻出他们很难搬动的精装大百科全书，他们并不认为这些书是给大人用的，有人会指着其中的插图说"这就是我需要的"。

到了中学，老师会根据当前国家大事，结合课程内容，鼓励学生做"专题报告"。学生将自己准备的报告拿到课堂上宣讲，然后大家展开辩论。老师无须担心这样做会冷场，因为学生大多会自告奋勇，这可能是由犹太人与生俱来的竞争意识所决定的。从科学原理到国家时事政治，学生们辩论起来面红耳赤，小小的教室里简直就像在开议会。有这样一种说法——以色列600万人口中有600万个总理，看来中学课堂就是未来总理的诞生地。

以色列的教育工作者认为，义务教育所提供的只是最一般的基础教育，旨在为学生开启一个通往浩瀚知识海洋的通道，学校不是教育的唯一场所。使用科学的教育方法能调动起学生强烈的求知欲，孩子们吃完学校的"大锅饭"后，还纷纷到各种课外场所吃"小灶"。这些小灶有的是"佐菲姆"（眼界、视野的意思），类似我国的少年宫，有的是各种培训班或补习班。每个城市都有数个"佐菲姆"，学生在那里根据个人爱好和时间参加各种活动。许多家长认为，培养孩子具有良好的气质与掌握全面的文化科学知识同样重要，所以有条件的家庭会尽量鼓励孩子多学些艺术课程。

如此下来，按说学生的负担应十分沉重，但以色列的学生仍生活得轻轻松松。这一方面是因为家庭作业较少，另一方面学生参加的各种课外活动都是自愿的。

以色列一年当中节假日很多，一般学校很少在假期给学生留作业。学生在家进行的多是音乐、绘画等补充课程的练习，还有较多的时间用来看电视和电话聊天。因为很少死记硬背，许多学生连乘法口诀都背不下来，但老师和学生家长并不觉得有什么了不得的——"不是有计算器吗？"校内的启发式教学、校外的针对性补充和家庭的鼎力支持，使以色列中小学生始终生长在理想的教育环境中。同时，在家庭和社会的影响和熏陶下，学生的自立能力也普遍较强。按照犹太教和犹太生活习惯，女孩12岁、男孩13岁便接受成人礼。虽然法律上成年年龄仍规定在18岁，但接受过成人礼的孩子在环境的影响下，在心理上有"自己是大孩子了"的感觉。如果谁被嘲笑为"妈妈的宝贝儿"，就会感到无地自容。

在以色列教育改革中，教师的角色正在发生变化。过去，教师的任务主要是讲授课文内容、向学生们传递信息，而如今的教育要求教师做一个"导演"，在利用书籍、计算机、因特网的学习中帮助或指导学生。在以色列，孩子们开始学习计算机的年龄越来越小，幼儿园的娃娃们也迷上了电脑，他们可以在屏幕上绘画、学习。一些以色列的教育专家认为，孩子接触高科技的年龄越早越好，时代在进步，必须从小抓起。

第五节　社会教育——青少年的第二课堂

以色列教育的另一个显著特点是重视非智力因素的培养，他们认为价值观念、责任感、情感等方面的提高是教育的基础。以色列国民教育的重要目标之一是培养学生完整的人格和修养、融入社会的能力、正确的民主意识和责任感等等。显然，这些非智力素质的培养光靠学校教育是完不成的，因而以色列的社会教育成为目标明确、内容充实、方法得当的一个重要教育领域。

以色列社会教育的课堂当首推图书馆、博物馆等公共设施。许多以色列人在谈到犹太人的才智时都把它归功于这个民族重视知识传递的传统。在以色列，博物馆、展览馆和纪念馆遍布城市乡村，全国有120多个大大小小的博物馆。与中国的传统展览方式不同的是，展馆中的展品少有实物原件，而是以图片、模型、音像为主。展馆内，由上了年纪的志愿者——退休的老人担任讲解。比较典型的是耶路撒冷大屠杀纪念馆旁的儿童馆。馆内并无一件实物，回形走廊的两旁、顶板都是镜子，点点烛光嵌在墙壁上。馆内无强光，无音乐，只是在依次播放遇害者的姓名、年龄和籍贯，悲凉哀婉的感觉令人终生难忘。可见，这些渠道传递的不光是知识，还有文化、情感、认同感、价值取向、责任感等等。为了培养年轻一代的爱国精神和民族自尊心，教育部要求以色列青年在上大学之前至少要进大屠杀纪念馆参观三次——小学、初中、高中各去一次。

以色列青少年社会教育的另一个重要方面是社团活动。全国共有12个青少年社团组织，均受教育部门派出的活动中心协调，经费也由教育部统一划拨。社团组织的活动一周两次。活动时，孩子们一般穿着类似军装的制服，戴着领巾，活动的内容因年龄而异。最普遍、最主要的活动是"向导"，即到新移民家中排忧解难，主要是在语言和常识方面帮助他们。以色列是个移民国家，不断有新移民到来。新移民语言、文字不通，对社会环境不适应，小"向导"们当翻译，做顾问工作，帮助这些家庭尽快渡过难关，融入社会。孩子们经过一段时间的实践，在人生观、奉献精神、能力等方面都会提高。

社团活动还包括集体交谈、参观游览，如"认识祖国"活动以及夏令营等等。这些活动十分注意吸收那些在生活、学习上有障碍的"边缘孩子"参加，让他们感到集体的温暖，帮助他们克服障碍。

第六节　高等教育和成人教育体系

人口只有700多万的以色列，却有一个相当发达的高等教育体系。这一体系是随着这个年轻的国家的成长而迅速发展起来的。

以色列建立之前，巴勒斯坦犹太社团的领导者就注重高等教育，把它视为社会、经济与文化复兴的基础。耶路撒冷希伯来大学和以色列理工院作为早期以色列犹太社团的首批大学而成立于20世纪20年代,造就了一批十分紧缺的人才,在组织上和思想上也为犹太民族家园的复兴打下了基础。建国后,随着国家社会经济的发展和人口的迅速增加,高等教育有了大幅度的发展。1948年以色列宣告独立时,它的两所规模有限的大学共有在校学生约1600人;而到2013年,在以色列各类高等教育机构中学习的学生总数为263000人,其中大约有一半是在八所综合大学中学习的(见下表)。

以色列高等教育结构表(2013年)

专　科	本　科	研究生
师范院校28151人	大学74058人	大学49844人
各类学院94488人	开放大学25000人	
	师范院校4013人	
	各类学院11228人	

资料来源:以色列教育部:"以色列教育文化的事实与数字",http://www1.cbs.gov.il/reader/shnaton/templ_shnaton_e.html?num_tab=st08_54&CYear=2013

以色列的高等学校早期受欧洲的影响较大,后来接受了大量美国式的思想与方法。所有高等教育机构的授课语言均为希伯来语,但也有部分学校开设一些使用英语等其他语言的课程。高等教育机构享有充分的学术和行政管理的自由,并向所有符合入学条件的人敞开大门。

为了加强对高等教育的管理,以色列建立了一个统一的高等教育管理咨询机构——高等教育理事会,全国所有的高等学校都接受这个理事会的管理指导。该理事会由25名成员组成,其中2/3是资深学者,还包括社区代表和一名学生代表,并由教育部长担任理事会的主席,但它在职能上完全独立于教育部。理事会的主要职能是颁布高等学校的任命,批准授予学位,并就高等教育的教学、研究和经费等问题向政府提供咨询意见。高等教育理事会中有一个由六人组成的"规划和拨款委员会",负责提出和分配政府的高等教育和学术研究预算。以色列高等教育的预算中,大约 70% 来自公共资金，20% 来自学生的学费，其余的来自捐款等其他各种来源。

以色列的高等教育体系主要由以下四部分构成：1. 可授予学士、硕士、博士学位的综合大学，目前全国共有八所（包括以色列开放大学。另外还有一所位于约旦河西岸犹太定居点的阿里尔学院，虽然 2012 年已被以色列高等教育理事会批准获得大学地位，但仍未得到广泛的认可）。2. 由大学负责教学和管理工作的地区性学院，一般只授予学士学位。3. 专业性院校，此类学校中有些是国家出资的，有些是私立的，提供某些特定专业方面的高等教育，如法律、管理、技术、体育和师范等专业。4. 外国大学，此类大学主要是外国大学为利用以色列的教育资源而在以色列设立的校区，目前大约有 30 所。

以色列现有 12 所地区性学院，其办学宗旨主要是让那些远离城市和主要大学的学生也能得到教育。这些学校一开始主要是为了满足基布兹（一种集体社区）居民及其他生活在农村地区的人们受教育的需求而开办的，后来这类学院在新移民教育方面却发挥了巨大的作用。另外还有约 30 所学院被列为"专业性学院"，主要培养某些特定方向的专门人才，如法律、管理、技术、艺术、体育和师范等专业，它们既培养本科学生，也培养专科学生，大约有 12 万多名学生在以色列教育体系的这一部分院校中学习。学生们把地区性学院当作起点，在那里他们能够先完成头两年的大学课程，然后再继续到所属的正规大学去学习。总的来说，无论是在大学还是专业学院，以色列学生还是比较青睐人文社会科学，这大概与犹太人的传统有关。今天，在地区性学院和主要大学中获得的学士学位被人们视为具有同等的声誉。

2012 年以色列在校大学生专业领域分布

专业领域	学生人数	百分比
人文科学	49443	25.5%
社会科学	42034	21.7%

续表

专业领域	学生人数	百分比
工程学	32856	17.4%
商学	23968	12.3%
自然科学	17812	9.2%
法学	16446	8.5%
医学	10718	5.5%
农学	852	0.05%
总计	194129	100%

以色列大学开设的学士学位课程的学习期限大多为3年，学院的课程则为4年。学生可直接进入特定的院系学习，他们通常只选一门主科和一门副科。以色列实行全民义务兵役制，公民年满18岁必须服兵役，男子服役3年，女子服役2年左右，因此以色列的大学生都是服完兵役、20岁出头的年轻人。由于年龄偏大，以色列的大学生显得比其他国家的大学生要成熟得多，因此他们的学习风气以及刻苦努力程度也比一般大学生要好得多。

以色列还有内容广泛的成人教育。成人教育的最主要组成部分是希伯来语教育，希伯来语教育旨在使外来移民迅速掌握希伯来语，尽快地融入以色列社会。为了缩小因20世纪50年代初期移民大量涌入而形成的教育差距，以色列近年在全国实施一项"补习班"计划，为那些在原居住地受过很少教育的人提供第二次机会。

如果一个人上不了正规大学，而他仍想接受高等教育的话，他就可以报名参加开放大学的学习。开放大学的学习方式灵活自由，以学生自学教科书和指导材料为主，以规定作业、定期辅导和期末考试为辅。只要坚持学习数年并取得合格的成绩，最终也能拿到大学毕业证书。随着社会的飞速发展，知识更新快，人们只有不断学习才能追得上时代的步伐。为此，以色列在成人教育中着力开辟了专业培训，向学员介绍新技术和新知识。在以色列，大学之门向每一个人敞开，只要一个人想学习，知识永远不会拒绝他。

犹太民族传统的教育价值观，以及现代的民主、科学、自由、自强的观念早已深入以色列年轻一代人的心中,不断提升他们对以色列国家建设和持续发展的认识。发达的高等教育体系,再加上灵活自由的开放大学,以及无处不在的广播电视大学、网络大学,使本来就极为重视教育、重视读书的犹太人成为一个不断学习的民族,他们的社会成为不断学习的社会,他们的国家成为一个不断学习的国家。

第七节 让以色列人深感骄傲的七所大学

现在,以色列拥有七所享誉世界的大学。它们是以色列建国前就已建立的两所大学——以色列理工学院和耶路撒冷希伯来大学,以及建国后建立的五所大学——魏茨曼科学研究院、巴尔伊兰大学、特拉维夫大学、海法大学和本-古里安大学。这些学校都拥有宽敞美丽的校园、先进的设备以及丰富的藏书。除本国学生外,这些大学还吸引了许多外国学生,每年都有许多留学生在以色列学习。此外,以色列还有一所仿照英国的于1974年建立的开放大学,它采取灵活的教学方式,为成年人提供富有特色的高等教育。

以色列的八所大学

大学	建立时间	所在地点	世界大学学术排名(ARWU,2013)
以色列理工学院	1924	海法	78
耶路撒冷希伯来大学	1925	耶路撒冷	53
魏茨曼科学研究院	1934	雷霍沃特	93
巴尔伊兰大学	1955	拉马特甘	301—400
特拉维夫大学	1956	特拉维夫	101—150
海法大学	1963	海法	500+
本-古里安大学	1967	比尔谢巴	301—400
以色列开放大学	1974		

以色列理工学院位于北部海法的卡迈尔山上,是以色列历史最悠久的

高等学校，在建国前24年就已建立，由爱因斯坦等著名科学家参与创建。它正式建立于1924年，实际上早在1912年它的第一座建筑就已完工并在当年开始招生。自从该学院创建以来，它已经造就了大约37000位科学家、医生、建筑师和工程师。该大学的维护生物技术中心和尼曼高级科技研究所等公认的研究中心为振兴以色列提供了帮助，同时还帮助以色列同世界各国建立商贸和战略联系。

▲以色列理工学院的计算机楼

以色列理工学院是全国七所著名大学中唯一的理工科高校，也是全国最大的实用技术研究中心，号称"以色列的麻省理工学院"，是国内最先进的科技大学。该校的基本目标是培养工程师、建筑师、医生和其他技术人才，以满足以色列工业、国防和经济建设的需要，因此它特别注重基础性和实用性学科的建设，注意培养学生的实际工作能力。以色列理工学院在国家的经济建设中起着独特和重要的作用，以色列的工程师、科学家和应用技术研究人员中有相当大一部分都是这个大学的毕业生。在近数十年里，学校又增设了医学和生命科学系。该校已成为加速国家工业发展的科学、工程领域基础和应用研究的中心，它在基础结构、土壤灌溉和高级电子学方面的工作在国际上享有很高的知名度。

以色列理工学院下设17个系和5个研究所，其中比较著名的有航空工程系、农业工程系、建筑和城市规划系、计算机科学系、材料工程系、空间研究所以及生物医学工程研究所等。到21世纪初，全校有教师和教辅人员1700人，在校学生约11000人，其中包括硕士和博士研究生2000多人，此外，还有10000多人在该校的成人教育部学习。

耶路撒冷希伯来大学是以色列最著名的大学，享有世界性声誉。它于1918年开始筹建，到1925年正式落成招生。

耶路撒冷希伯来大学所开设的学科包括了从艺术史到动物学的所有学术领域。自从创办以来，希伯来大学的科学家就在以色列国家发展的每一阶段中都大显身手。希伯来大学分为人文科学、社会科学、自然科学、法学、医学和农业科学六个学部，下设15个学院和60多个研究所和研究中心。以色列国内许多著名的学者都集中在这里，声誉最高的学科包括历史学、考古学、农业科学和医学。该校的教师和研究人员约有2500人，学生约有24000人，其中硕士和博士研究生占学生总数的近一半。自创办以来，希伯来大学已向大约10万名毕业生授予了学士、硕士和博士学位。

希伯来大学共有四个校园，三个在耶路撒冷，一个在雷霍沃特。位于耶路撒冷城东斯科普斯山的校园是最早建成的主校园，人文科学、社会科学和法学的院系都在这个校园内。从这里向西可以俯瞰耶路撒冷全城，向东可以远眺约旦河谷和死海。位于耶路撒冷城西的吉瓦特拉姆校园是自然科学的院系所在地，这个校园中的图书馆也是以色列的国家图书馆，藏书约为300万册，其中犹太学和希伯来文化方面的图书资料的收藏量为世界之最。医学部在位于耶路撒冷城西南的艾因·凯林校园，附属的哈达萨赫医院是以色列最负盛名的医院，同时也为医学和药学方面的研究人员和学生提供实习。农学部在地中海边的雷霍沃特市。

魏茨曼科学研究院是以色列重要的科学研究机构，同时也是一所享誉世界的培养高级科学人才的高等教育机构，位于特拉维夫南边的雷霍沃特。

魏茨曼科学研究院的前身是1934年成立的丹尼尔·西埃夫研究院，著名的犹太复国主义领导人、化学家哈伊姆·魏茨曼参与了该学院的创建和领导。由于魏茨曼对以色列的建立作出了卓越的贡献，1944年学院董事会决定扩建研究院，并将它改名为魏茨曼科学研究院，作为献给魏茨曼70寿辰的礼物。但由于战争，正式的命名仪式到1949年11月才举行。

魏茨曼科学研究院下属五个研究所：生物研究所、生物物理和生物化学研究所、化学研究所、数学研究所、物理研究所。

▲以色列魏茨曼科学研究院建筑

全院约有500名各类专职研究人员，约有200名工程技术人员，另外还固定设有120名长期访问研究人员名额，以吸引外国科学家前来进行研究工作。学院下属的费恩伯格研究生院常年的在读研究生为800—1000人，其中大部分是博士研究生。研究院有着最先进的科研设备，有世界一流的实验室和计算机系统，有粒子加速器、生物技术中心和动物实验中心等。许多重要的国际学术会议都在这里召开，包括每三年举行一次的发展中国家科学发展会议。

巴尔伊兰大学位于特拉维夫北面的拉马特甘市，创建于1955年，是一所得到以色列高等教育委员会完全承认的私立大学。巴尔伊兰大学虽然在以色列，但由于该校的主要办学资金来自美国，因此学校的董事会也设在美国纽约，学校的日常工作由董事会推选的一个执行委员会管理。

巴尔伊兰大学是一所融犹太民族精神与现代化教育于一体的教育机构，这在以色列高等教育体系中是一种创新，也是一大贡献。巴尔伊兰大学最主要的特色就是保持科学与宗教之间的均衡发展,它要求每个学生都必须完成一门犹太学学科作为辅修课。它既是一所普通的高等学校,又是一个国际性的犹太学研究中心。该校最富有特色、水平最高的就是犹太学方面的教学与研究,如希伯来圣经学、犹太法典(即《塔木德》)学、犹太史、希伯来语及犹太文学等科目。除教学院系之外,该校还有42个研究机构。巴尔伊兰大学校园环境整洁幽美,各种先进的教学设施和科学实验设备齐全。除拉马特甘主校园外,它在阿什克隆、萨费德还办有分校。全校共有专兼职教师和研究人员约1650名,有包括本科、硕士、博士等的各类学生约3.1万人,年度预算约为1.3亿美元。

特拉维夫大学的历史虽然不长,但发展迅速,现在已是以色列规模最大、学科门类最齐全的大学。2012年,它有各类在校学生约3万人,教师和研究人员两千余人。全校分为9个学院(工程学院、理学院、人文学院、法学院、生物学院、经济管理学院、医学院、社会科学院和艺术学院),有100个系和90多个研究机构,有5个主要的图书馆。

特拉维夫大学是特拉维夫经济学校、自然科学学院和一所犹太学院于1956年合并组成的。大学建立后得到了世界各地犹太人和以色列政府的支持,发展很快。坐落在特拉维夫市北郊的校园占地220英亩,幽美整洁,布局合理,建筑宏伟,设施先进,与许多欧美著名大学相比也毫不逊色。它最有名学科包括医学、生物学、地球物理、空间科学、能源科学等。以色列首台超级电子计算机便是该大学研制的。目前该校的研究集中于诸如电子器械、系统工程、电子计算机学以及生态学领域。犹太学也是它的强项。该大学还拥有一批专门的研究所,主要从事战略研究、医疗保健系统管理、技术预测和能源研究等。比较著名的人文社会科学研究机构有达扬中东和非洲研究中心、魏茨曼犹太复国主义研究所、加菲战略研究中心、犹太人大流散研究所等。设在校园里的犹太人大流散博物馆是大部分来到以色列的犹太人和旅游者必定要参观的地方。

特拉维夫大学与国际学术界有着广泛的联系,与世界上的数十所大学有合作交流关系。特拉维夫大学与世界各地的犹太人更是保持着密切的联系，它既接受各地犹太人的资助，也为各国的犹太社团提供服务，如帮助各地犹太学校制定学习课程，培训海外犹太教师等。

海法大学创建于1963年，早期在学术上依赖于耶路撒冷希伯来大学。1972年，以色列高等教育委员会批准海法大学在学术上完全独立，现在它已成为以色列北部地区高等教育的中心。除校本部外，海法大学还有三所分校和两所附属学校。

海法大学下设人文科学、社会科学、经济学、心理学、教育学、数学、自然科学等系，另有一批研究机构，如著名的"大屠杀"研究所、犹太复国主义和以色列研究所、基布兹研究所、犹太—阿拉伯研究中心等。全校共有全职和兼职教师800多人，有本科学生和硕士、博士研究生约18000人。学校的主要建筑是矗立在卡尔梅山坡上、遥望海法湾的一座巨大的高楼。

本-古里安大学的全称是内格夫本-古里安大学，是以色列最年轻的综合性大学，建立于1967年，位于内格夫地区的比尔谢巴市，是以色列南部的教育和研究中心。

内格夫是以色列南部的沙漠地区，长期以来这里风沙肆虐、干旱缺水、人迹稀少，以色列开国元勋本-古里安早年在这里参与了斯得博克基布兹的创建，给这里带来了勃勃生机。他从总理职务退下来后又来到这里度过了他的余生。20世纪60年代以色列政府决定在这里开办一所大学，并用本-古里安的名字来命名这所大学。该校的公共医疗、沙漠研究，为开发以色列南部作出了重要的贡献。

本-古里安大学有自然科学、工程学、人文和社会科学、教育学和医学等多种学科门类。它著名的学科包括考古学、地质学、机械工程学等，它的沙漠研究所和沙漠动植物研究中心为以色列的土壤改良、旱地作物、沙漠节水农业等作出了重要的贡献。该大学还有一个以色列和犹太复国主义研究所和档案馆，保存了大量珍贵的以色列历史文献资料。本-古里安大学有1200多名教职工，学生人数约为1.5万人。

除了上述七所大学外，以色列还有一所创建于1974年的开放大学，其宗旨是使学院式研究更容易为以色列全体居民所接受。在开放大学的主办下，全国各地的学院、社团及组织纷纷开办讲习班，通过个人自学和集体办学，近24000名学生正在许多领域中为争取大学生或研究生的学位而努力。开放大学为士兵、基布兹成员、老年公民和以色列国内外有天赋的高中生创造了一个能够进行自我教育的机会。

第八节 本章给我们的启示

一

古老的中国在几千年的历史长河中有过令人骄傲的辉煌业绩，无论在军事上、政治上，还是在文化上、思想上，都曾领先于世界各国，教育上也有自己的一套东西。孔子的教育思想和教育实践也是长期以来其他民族难以超越的，中国古代的书院、学堂、私塾制度，以及科举考试制度也曾是相当先进的。然而，今天我们却有些落后了。一方面由于中国古代文化、教育的高度发达使近代中国长期故步自封、闭关自守，丧失了放眼世界、接纳和学习世界先进文化的前进动力。另一方面，西方殖民势力、西方文化进入中国，近代中国在帝国主义的坚船利炮之下逐渐沦为半殖民地半封建社会，许多人看到西方的强盛，便觉得应全面学习西方，包括西方的文化、教育，却无法摆正传统文化与现代文化的位置，在继承与吸收之间徘徊不前。

新中国在1949年成立以后，全面接受和学习苏联的一套教育制度，否定了自1840年鸦片战争以来在对西方现代教育的学习中所取得的一些合理成果。这样，中国教育又再次陷入了新与旧、传统与现代的怪圈中。

改革开放以后，随着国门重新打开，我们把眼光盯在了在现代化方面走在前面的西方发达国家。一些人认为，中国之所以在某些方面落后于西方,就是因为传统的包袱太沉重,主张彻底抛弃传统文化,全面接受西方文化,包括西方的教育思想和教育体制。搞来搞去,我们既没有真正学到外来文化中有用的东西,又未能保持和发扬中国传统文化中优秀的东西。现如今,中国教育的路究竟应该怎样走,这个问题是应该静下心来认真思考一下了。

今天,我们仍在讨论建设有中国特色的教育体系,我们是否能从以色列教育中得到一些有益启示呢?以色列教育有着自己鲜明的特色,从教育思想到教育方法,从学校设置到学制、课程、教材,它都有自己一以贯之的骨架。以色列教育受西方的影响较多,但它并没有放弃自己的特色。在它的教育体制中,既注重包括与《圣经》《塔木德》等相关的传统的犹太宗教文化的教育,也注重现代最前沿的科学技术新知识、新技能的教育。在这样的教育制度下培养出来的学生,多数是国家和民族的有用之才。

二

在以色列的教育体制中,教书与育人二者并重,特别是在初、中级教育阶段,人文精神教育占据十分重要的位置。人文精神教育的重点主要有是两个:一是犹太宗教和传统文化,一是犹太复国主义理想。对宗教的信奉使犹太民族久散而不灭;靠着犹太复国主义理想,以色列死而复生。这是犹太民族生存发展的两个精神支柱,它贯穿以色列整个教育体系,使学生具有极强的民族精神和爱国主义意识。

除了学校的"教"以外,育人还要靠良好的社会环境和家庭环境。人的素质和精神是"育"出来的,是靠大环境和小环境的相互作用、长期熏陶而培养出来的。以色列社会的法律意识普遍较强,学生法律道德意识的培养在很大程度上也是在宏观环境中陶冶出来的。有"教"有"育",二者并重,乃成功教育之真谛。

中国传统文化的一个特点在于它的人格化和理性成分重,宗教和神话成分轻,这种文化主张通过哲人的教育建成良好的社会。在中国历史上,读书人是社会价值观念的主要载体,通过知识分子的传播和模板作用,基于理性的价值观念体系才能在整个社会得以维系。在中国人心目中,确定自己的行为准则的不是超自然的力量,不是神仙上帝,而是圣贤哲人,圣贤的理论通过"教化"形成一般人的行为准则。而西方世界就不同,它主要是通过宗教体系来传播基本价值观念。文艺复兴以前,宗教理论几乎包揽了一切文化思想领域,从解释自然到确立人的行为准则,都以《圣经》的教义和教会制定的条律为准。文艺复兴之后,科学和理性获得解放,宗教降格为社会文化的组成部分之一,学校和教会的功能逐渐分开,大体上形成了教会教做人、学校教做事的文化传播格局。

中国文化传统中,学校一身二任,教师不但"传道授业解惑",而且还"为人师表",既要教做事,传授知识和技能,也要教做人,传播基本价值观念,教人分辨善恶,导引人心,规范行为。用王安石的话来说,学校使"道德成于上,而习俗成于下"。因此在中国,教育和教师的重要性更高于西方社会。雨果说,"每教好一个孩子,就减少一个败类","多办一所学校,可少建一座监狱"。他的话对中国社会似乎更为贴切。

"文革"时期,教师被批判被打倒,他们既不能传播科学文化知识,也不能传递基本价值观念。"举世不师,故道益离"(柳宗元:《师友箴》)。对受教育者来说,这是一个双重的摧残:他们既没有学好科学文化知识,也缺失了道德榜样。"文革"结束后,我国开始恢复文化教育。然而,被破坏了的价值观念体系并没有得到恢复重建。引入商品经济之后,社会道德还有每况愈下之势,有点像元人所谓"不读书有权,不识字有钱,不晓事倒有人夸荐"。这种趋势如果不能扭转,前景未可乐观。在这一点上,以色列学校既注意教书也注意育人的做法,确实值得我们借鉴。

第七章　教育＝力量
——以色列的强国之道

以色列前总理本－古里安曾这样说过："如果要让我用最简单的语言描述犹太历史的基本内容，我就用这么几个字：质量胜过数量。"在本－古里安看来，几千年的犹太民族史，几十年的以色列国家史，就是一部不断追求民族素质的历史。而这其中，教育发挥了尤其突出的作用，以色列把教育看作是维系犹太民族生存和发展的纽带。

在当今世界，国家之间的较量和竞争，说到底就是综合国力的竞争。衡量一个国家的综合实力有多种标准。著名的国际关系学者汉斯·摩根索认为，一个国家的实力主要取决于七项要素：地理条件、自然资源、人口数量、工业能力、民族特质、国民士气和政府素质。如果以这样的标准来衡量的话，以色列的前三项条件（也是最基本的要素）无疑是非常差的，然而它却以自身的努力和远见卓识，通过提高后四项要素来弥补先天的不足，取得了举世瞩目的成就。

以本－古里安为代表的以色列历届领导人深深懂得这样一个道理：决定一个民族、一个国家兴衰强弱的不仅是人口多少、国土面积大小和自然资源多寡，更重要的是人的因素。千百年来，没有一寸土地、流散世界各地的犹太民族得以顽强地生存下来，并为人类文明作出了巨大的贡献，靠的就是民族的高素质和凝聚力。新生的以色列国家需要发展，需要在世界上取得自己的地位，而教育就是实现这一目标的途径。有了这样的认识，以色列领导人从建国之初就确立了教育立国的方针，并经过几十年的不懈的努力，取得了令人惊叹的成就。

第一节 战无不胜背后的重要秘密

自1948年5月以色列建国后，几十年里它一直同周围的阿拉伯国家处于敌对状态。由于历史的原因，阿拉伯民族认为犹太人侵占了他们的土地，从一开始就反对犹太人建立国家。以色列建国后，19个阿拉伯国家公开宣称将消灭以色列，要把犹太人赶到大海里。以色列和阿拉伯国家之间先后发生过5次大规模的战争，小规模的战争和冲突更是不计其数。

从当时阿、以双方的力量对比来看，以色列弱小，阿拉伯强大，差距非常悬殊。19个阿拉伯国家的土地面积加在一起有1300多万平方公里，而以色列只有2.8万平方公里，相差480多倍；阿拉伯国家人口有1.3亿，而以色列不到500万，相差25倍还多；从兵力、武器、装备的数量来看，阿拉伯国家也是以色列的数倍。在自然资源方面，以色列更是无法同阿拉伯国家相比，海湾阿拉伯国家有丰富的石油，埃及、叙利亚、阿尔及利亚等国有多种矿产。从地形来看，以色列不仅面积狭小，而且没有什么天然屏障，三面被包围，一面临大海。

然而，令人不可思议的是，阿、以之间无论是大规模的战争，还是小规模的冲突，几乎每次都是以以色列的胜利而告终。在几十年的对抗和冲突中，阿拉伯国家不仅没有能够消灭以色列，反而一败再败，伤亡惨重，丧失了大片土地，许多人沦为难民。最后，阿拉伯世界不得不接受以色列存在的事实，同它走上了和平谈判的道路。

以色列与周边国家军事力量对比表（2012年）

国家	陆军		战车		空军		海军	
	现役	预备役	坦克	装甲车	飞机	直升机	军舰	潜水艇
以色列	176500	445000	3770	8325	875	287	72	5
埃及	450000	254000	3955	5375	518	232	176	3
伊朗	520000	350000	1620	1400	320	570	256	14
伊拉克	273200	—	289	4140	3	104	25	0
约旦	100700	60000	1217	2295	111	79	17	0
科威特	15500	24000	483	946	58	48	96	0
黎巴嫩	61400	15000	350	2150	5	61	41	0
沙特阿拉伯	214500	—	1015	5150	330	234	95	0
叙利亚	304000	314500	4800	5060	490	225	35	0
土耳其	421000	379000	4460	6733	404	427	168	14

资料来源：以色列国家安全研究所，http://www.inss.org.il/

在阿以战争中，以色列这个小国总是一再取胜，立于不败之地，而人口是以色列的数十倍的阿拉伯国家总是处于下风。之所以会出现这样的结果，固然有多方面的原因（如：西方国家，尤其是美国对以色列的支持；世界各地犹太人对以色列的援助；阿拉伯国家内部的不团结和勾心斗角；等等），但不可否认的是，以色列高素质的人才也是一个极其重要的因素。

许多人都知道以色列军队能打仗。以色列士兵之所以能打仗，一方面是因为他们深知他们的国家经不起失败，失败就意味着再次亡国，再次成为无家可归的"流浪民族"，因此他们必须置于死地而后生，有一股精神力量在支撑着他们；另一方面是因为他们懂得如何才能打胜仗，他们有极高的素质，他们善于打仗。以色列军队从各级军官到普通士兵，受教育的程度之高，文化素质之高，是阿拉伯军队无法相比的。

在同人数众多的阿拉伯军队对抗时，以色列国防军每次都是以胜利而告终。在1967年的第三次阿以战争中，以色列空军同埃及和叙利亚空军对阵，结果阿拉伯方面的飞机损失400多架，而以色列只损失了40架，不到对手的1/10。在1973年的十月战争中，阿以双方坦克的比例是2.5∶1，但阿方损失的坦克数量是以方的4倍；双方飞机的比例是2∶1，但阿方损失的是以方的5倍。有一次，以军在同叙利亚空军交手时，双方各出动90架战斗机，以方竟然全部击落对方飞机而自己却未损失一架，创造了空战史上的奇迹！

▲以色列国防军士兵

作为群体，他们是优秀的；作为个体，他们也是优秀的。历史上的犹太人并不是一个尚武的民族，他们成为战争的行家里手完全是后来的事，也是被环境逼迫出来的。犹太人善于学习，勤于总结，加上有较高的文化素质，很快就从战争中学会了战争。在今天的以色列，如果没有一定的科学文化知识，不会使用各种高性能的武器，不会巧妙运用战术和具备应付各种复杂情况的能力，那是不能成为一名合格的军人的，也是没有资格穿着以色列国防军军装的。

有一句名言说，没有文化的军队是愚蠢的军队，而愚蠢的军队是不能战胜敌人的。以色列国防军的军官大多在专门的高等军事院校学习过。在陆海空三军的特种技术部队中，有很大一批受过专门训练的职业军人，他们掌握各种先进的武器装备，是军队的技术骨干。以色列国防军十分注重对普通士兵的教育和训练。以军的教育和训练主要分为三个部分：文化教育、军事思想和国家安全观教育、军事技术的教育与训练。文化教育分为两个层次：一是尚未完成义务教育的士兵，入伍后必须在服役期内完成义务教育任务，达到初级中学毕业的水平；二是尚未完成高中教育的，军队将帮助他们完成高中学业，获得高中毕业文凭，以便让他们在服役期满后可以顺利进入高等院校。部队鼓励职业军官在服役期间进行学习，其学费由国防军支付。在军事技术的训练中，士兵们不仅要对武器装备的性能和使用方法了如指掌，对阿拉伯人使用的武器装备也要很熟悉。例如，为了使飞行员能击落阿拉伯人的米格-21型战斗机，以军对一架偷来的米格-21型飞机研究了一年之久，直到飞行员们都完全掌握这种飞机的性能为止。以色列国防军就是这样一支"有文化的军队"。

以色列要在同阿拉伯国家的对抗中保存自己，只有依靠高素质、高技术超越对手、增大安全系数。以色列从严酷的斗争中深深懂得，知识就是力量，科学技术就是战斗力。对手有米格-21、米格-23战斗机，自己就要生产出更先进的"幼狮"战斗机；对手有T-72坦克，自己就得研制出能打穿T-72的"战车"式坦克；对手有萨姆导弹群，自己就要发展"侦察兵"诱饵飞机和"狼"式导弹，与之对阵。没有高人一筹的武器和技术，就要挨打，就会亡国，这是以色列在数十年的冲突对抗中得到的血肉教训。

这就是以色列在战争中屡战屡胜的秘密之所在：高素质的人才加上高性能的武器，以质量胜过数量。

第二节　战争的胜负并不在战场

知识就是力量，知识就是战斗力，一场战争的胜负，往往在战争尚未开始时就已经决定了。一支军队、一个国家的实力，在很大程度上取决于士兵和国民的知识水平和文化素质。高素质的人才是靠成功的教育培养出来的。阿拉伯国家和以色列之间的差距到底在哪里，要抽象地说清楚并不是很容易。下面的一些数字却很能说明问题——

据20世纪90年代初联合国教科文组织的统计，以色列15岁以上人口的文盲率为4.5%（实际上，以色列的文盲人口中有相当大一部分是它国内的阿拉伯少数民族，以色列的犹太人中几乎没有文盲）。相比之下，与以色列对抗的几个阿拉伯国家15岁以上人口的文盲率为：埃及56%，沙特阿拉伯48%，伊拉克42%，叙利亚40%，约旦25%，黎巴嫩23%。

义务教育也称为强迫教育或免费教育，是由国家用法律形式规定的、该国一定年龄儿童必须接受的学校教育。各国义务教育年限的长短，既能反映该国社会经济文化发展的水平，也能反映这个国家对教育的重视程度。以色列国家教育法规定，儿童的义务教育年限为11年，再加上两年免费教育，共13年。相比之下，它周边的阿拉伯国家的义务教育年限就要短得多：埃及8年，约旦8年，叙利亚6年，伊拉克6年，伊朗只有5年，还有的阿拉伯国家根本就没有关于义务教育的规定。

高等教育最能反映一个国家教育发展的水平和程度。有两个衡量高等教育发展的指标也很能说明问题。1996年，以色列的大学毛入学率（即大学适龄人口中的入学率）是44%，而几个阿拉伯国家中，埃及是22%，约旦是19%，沙特阿拉伯是16%，叙利亚是15%，伊拉克是10%，黎巴嫩是27%。

另一个衡量高等教育的指标是该国人口中的在校大学生人数的比例。1996年，以色列每10万人口中的在校大学生人数为3598人，埃及为1900人，约旦为2540人，沙特阿拉伯为1455人，叙利亚为1500人，黎巴嫩为2712人。

据联合国教科文组织公布的数字，1996年以色列的教育经费在其国民生产总值中所占的比重为10.4%，同年阿拉伯国家的情况是：埃及是5.6%，约旦是7.3%，沙特阿拉伯是5.5%，叙利亚是4.2%，黎巴嫩是

2.5%，伊拉克是4.0%（1986年的数字）。

当然，要办好教育就要有钱，由于以色列有比较雄厚的经济实力，它才能保持对教育的高投入。1996年以色列的人均国内生产总值为16320美元，相比之下，盛产石油的沙特阿拉伯是6930美元，黎巴嫩是2710美元，阿尔及利亚是1730美元，约旦是1690美元，伊拉克是1450美元，埃及是910美元，伊朗是880美元。高投入带来的是高回报，源源不断的高素质人才又为以色列的经济、社会和国防发展提供了强劲的动力。这样，就形成了一种良性的循环：对教育的高投入——大量高素质的人才——强劲的发展动力——经济的高速增长——对教育的更高投入。

多年来，以色列的在校大学生占总人口的2%以上，这个比例是其他国家所望尘莫及的。1997年，以色列劳动力中具有大学毕业文化程度的共有48万人，占劳动力总数的30%，其中获理工科学位的占60%左右。据另一项统计资料，在以色列劳动力人口中，有25%的人是科技人员和专业人员，这一比例雄踞全球之首。号称世界头号强国的美国，科技人员和专业人员占总人口的16%；号称亚洲强国的日本，科技人员和专业人员仅达到11%。最令人叹服的是，以色列600多万人口中，有10%的人获得各种学位（学士、硕士、博士学位拥有者有60多万），而每353个以色列人中就有一人拥有博士学位。

以色列人口中科学家和工程师所占的比例是全世界最高的。据某年以色列工贸部的统计资料，每万人中就有140名科学家和工程师，而美国只有85名，日本为83名，德国为68名，英国为56名。以色列人口中的教授、副教授比例也是世界上最高的，每4500名以色列人中就有一名教授或副教授。

联合国教科文组织每年都公布一个世界各国教育发展指数，该指数是根据各国儿童预期接受教育的年数、25岁以上人口实际接受教育的年数等指标计算得出的。从近30多年的该指数来看，以色列的教育发展指数一直远远高于阿拉伯国家，甚至也高于日本等多数西方国家，接近世界上教育最发达的美国、荷兰等国家。而且，从这个对比表还可以看出，在上世纪70—80年代，多数阿拉伯国家与以色列的教育发展状况差距更大，直到近十多年才有所接近。这一现象也足以说明当年阿以冲突的胜负，在一定程度上是由教育和人才所决定的。

联合国教育发展指数：以色列和主要阿拉伯国家及日本、美国的比较

	1980年	1990年	2000年	2005年	2010年	2013年
以色列	0.675	0.714	0.820	0.848	0.848	0.854
沙特阿拉伯	0.304	0.427	0.565	0.617	0.688	0.723
约旦	0.433	0.495	0.671	0.707	0.703	0.700
阿联酋	0.358	0.471	0.604	0.649	0.673	0.673
利比亚	0.411	0.516	0.640	0.670	0.668	0.668
埃及	0.279	0.386	0.486	0.525	0.573	0.573
叙利亚	0.347	0.422	0.451	0.534	0.548	0.553
伊拉克	0.341	0.362	0.401	0.456	0.467	0.467
也门		0.218	0.257	0.304	0.328	0.339
日本	0.663	0.699	0.767	0.785	0.802	0.808
美国	0.608	0.642	0.836	0.866	0.878	0.860

尽管上面这些数字是枯燥的，但它们却道出了阿以战争中以色列屡战屡胜的一个重要秘密：发达的教育培养了高素质的人才，而高素质的人才（以及他们研制和使用的高性能的武器）往往是现代战争胜负的决定性因素。因此我们说，阿拉伯国家与以色列战争的胜负，其实早在战场之外就已经决定了！

第三节　透过经济奇迹看教育

在《圣经》中，巴勒斯坦这片土地被描绘为"流着奶和蜜的沃土"。然而，当19世纪末那些俄国和东欧犹太人在复国理想的鼓舞下来到这里

时，展现在他们面前的却是一片凄凉的景象：巴勒斯坦土地贫瘠，人烟稀少，水利失修，昔日的田园早已经荒芜，许多地方变成了沼泽，草场退化成了土丘和沙漠，往日繁华的城镇早已衰落破败，只剩下了断壁残垣和枯木荒草。

19世纪美国著名作家马克·吐温曾访问过巴勒斯坦，他失望地写道：

> 在所有景色凄凉的地方中，我认为，巴勒斯坦当算首屈一指。那里的山上寸草不生，色彩单调，地形难看。谷地是丑陋的沙漠，沙漠的周围是一些弱小的植物，这些草木对四周也流露出忧伤和失望的神态……在这里，距离不产生魅力。这是一块没有希望的、令人沉闷和伤心的土地。

但一个世纪之后，这片土地却呈现出另一番景象：过去疟疾流行的沼泽地被排干了水，改造成了整齐平坦的良田和果园；裸露的山岗重新栽满了树木，一片郁郁葱葱；荒凉的沙漠中出现了一片片绿洲，充满了勃勃生机；在古老的土地上，新型的现代化城镇星罗棋布，一幢幢高楼拔地而起，一条条高速公路四通八达……翻天覆地的变化，使这里真正成了"流着奶和蜜的沃土"。

当代的以色列，在全世界210个国家中，面积排列在第147位，人口排列在第99位。就是这个位于地中海东岸的小国家，建国时一穷二白，接纳了数倍于本国人口的外来移民，在过去几十年里与邻国战火不断，却在经济发展中取得了极为骄人的业绩。

以色列白手起家，经过短短数十年的发展，便从一个经济弱小的贫穷国家一跃成为当今世界上经济和科技最发达的十二个国家之一。

几十年来，以色列经济一直保持着高速的发展。从1948年到1973年，以色列保持平均每年10%的经济增长，在此后的20多年里，发展速度虽然放慢了一些，但基本仍保持为年增长5%左右。20世纪60年代以色列的国民生产总值只有25亿美元，70年代末为190亿美元，1995年为850亿美元，到 2014 年已高达 3038 亿美元，居世界第 27 位。在 60 年的时间里，国民生产总值翻了 120 多倍。

从衡量一个国家经济实力的重要指标——人均国民生产总值来看，2014 年以色列的人均 GDP 已高达 3.8 万美元，位列世界第 24 位。与那些老牌的欧洲国家相比，以色列的人均 GDP 超过了意大利、西班牙、葡萄牙，已赶上或接近英国、德国、法国等国，与亚洲的日本处于同一水平。

50 年前以色列的出口总额只有 10 亿美元左右，而到 2010 年它的出口总额已达 550 亿美元，增长了 50 多倍。它的外汇储备也增加了 10 多倍，现有近 90 亿美元。以色列的通讯、电子设备、计算机等高科技产品在世界贸易市场中占有重要的地位，更不用说它先进的军工产品了。

小小的以色列拥有数千家高新科技企业，主要涉及电信设备、软件、半导体、生物技术和医疗电子设备等领域，最成功的已经跻身于世界领先地位；其中有 100 多家高科技公司在美国上市，是美国股票市场中外国厂商最多的国家之一。

以色列国土的 2/3 是沙漠，但以色列凭借着高素质的人力，把以色列国建立成为一个树木和草坪遍地，鲜花盛开，如同中国江南春色一样的美丽家园。以色列是世界花卉出口大国，仅次于荷兰。地处沙漠边缘、缺水干旱的以色列，却以占人口总数的 5% 的农民（或者叫作农业白领）养活了全国的居民。农业上，除保证 600 多万犹太人吃饱吃好外，还向世界各地大量出口粮油、肉、蛋、蔬菜、水果。以色列的面积仅相当于中国的天津那么大，土地大多是盐碱地，又少水，农业、养育花卉的成功靠的就是高科技，高科技靠的就是教育。以色列的农业已经工厂化、现代化了。以色列几乎没有什么资源，但除汽车用汽油外，不用气、煤、柴等燃料，全靠太阳能的开发和利用。聪明的以色列人把一年约 340 天的日照最充分地利用起来，解决了生活、工农业生产的动力供给问题。

以色列人生活水平提高的幅度也是巨大的。它的人均寿命现已达到 82.1 岁，居世界前列。50 年前，只有少数以色列人可能出国旅游，而今天，在这个只有 600 多万人口的国家里，每年出国旅游的人数多达 300 多万（据以色列官方统计资料，2014 年航空旅客为 1356 万人次，其中外国游客为 350 万人，其余的 300 多万人为以色列人）。1975 年，以色列仅有 30 万辆小汽车，拥有私人小汽车的家庭不到全国家庭的 1/3。当时对许多家庭来说，买小汽车只是一个梦想。而现在全国的私人小汽车已超过 234 万辆，汽车已成为很普通的家庭用品……

▲以色列埃坦公司是世界最大的无人机制造商之一

以色列是世界上除了美国、英国、俄罗斯、中国、法国五大国之外少数拥有核武器的国家之一。由于以色列不是核不扩散条约签署国，外界对以色列核武器的具体数量并不清楚，一般估计它拥有至少 100 枚核弹头，并拥有高性能的运载装置。早在 1973 年的十月战争时，以色列就已经拥有了核武器。以色列在 1988 年就已成为了世界上第八个独立向太空发射卫星的国家。以色列既是一个军事强国，也一个世界级的军工强国。它生产的高性能空中预警飞机、"幼狮"战斗机、"猎手"无人机、"箭式"反导系统、"怪蛇"智能机载导弹、"战车"系列坦克以及乌兹冲锋枪等轻重武器，不仅使它在历次战争中立于不败之地，而且也是国际军火市场的抢手货。

除了国小人少之外，以色列还面临两大不利条件：一是地处沙漠边缘，极度缺乏自然资源；二是长期笼罩在战争阴影中，军费开支占 GDP 的比重常年高达 10% 左右。因此，在这样的环境和条件下取得发展成就，不能不说是一个奇迹。由于以色列在过去几十年里的发展成就，有人把它称为"中东的日本"，也有人把它比作"中东的新加坡"，还有人称它为"微型超级大国"。

以色列建国以来的历史，就是一部以教育开创国家未来的历史，就是以教育取胜的历史。以色列首要的财富是教育，重要的资源是人才。以色列的太阳能开发、化工制药、农业和生物技术、航天航空、计算机和信息技术、军工生产以及钻石加工等均居国际先进水平，有的甚至位居世界第一。这些都是怎么得来的？是靠人创造出来的，人又是教育培养出来的。所以，以色列人说，重要的财富是教育，首要的资源是人。

第四节　人才，以色列的宝贵资源

1948年建国后，以色列全国上下形成了一个共识：必须以教育和科学立国。他们认为，民富国强要靠经济发展，经济发展要靠科技发展，科技发展要靠人的整体文化素质的提高。因此，他们抓住教育不放，抓住全民素质的提高不放，认为只要有了高素质的人才，就能实现社会的发展、民族的振兴、国家的繁荣。

以色列虽然是人口小国，却是一个人才大国。其劳动人口中有大学学历的为24%，仅次于美国，位居世界第二；每万人中有科技人员51人，仅次于日本，居世界第二；工程师比例居世界之冠，为每万人135名（美国为85名）；有医师2.8万人，是世界上人均医学博士最多的国家；科研人员在国际期刊上发表的论文为每万人110篇，比世界上任何国家都多。

只有几百万人口和60多年历史的以色列，迄今为止已有十余人获得过诺贝尔奖，人口小国以色列获诺贝尔奖的人数远远超过许多人口大国。

在以色列的经济腾飞中，高科技产业是最重要的动力之一。农业、医药、电信、军工和太阳能是以色列的五大支柱产业，它们均为高科技产业。在20世纪90年代前期，以色列的高科技产品在其国内生产总值中占的比例就已达30%左右。早在1997年，以色列就已拥有3000多家高科技公司，因而有"世界硅谷"之称。自称第三世界发展中国家的以色列，其高科技产业的发展水平，不仅在中东地区名列第一、独树一帜，而且完全能与西方发达国家相媲美。

在以色列高科技产业中，发展最为迅速的是电子工业，主要产品包括电子通讯设备、电脑化制图仪、音像及光电信号处理系统、不接触探测系统以及超大规模集成电路等。艾尔辛特公司生产的伽玛子影像诊断仪在世界上享有盛名，是以色列出口的拳头产品。由于战事不断，以色列的军事工业相当发达，与军事有关的高技术工业自然也很发达。其中，航空和航天工业是令以色列人引为自豪的部门之一。以色列是世界上为数不多的几个能自行研制先进喷气战斗机、精确制导导弹和人造卫星的国家之一。经以色列改进的美制"响尾蛇"空对空导弹，可全方位发射，甚至能攻击迎面而来的敌机。1988年以色列成功地发射了它的第一颗人造卫星"地平线"一号，从而使其成为继美、苏、中、英、法、日、印之后的世界第八个有能力制造和发射人造卫星的国家。

由于能源匮乏，以色列的能源替代技术，尤其是太阳能和核能技术，在世界上也是有口皆碑的。它的人均太阳能利用率居世界第一位，太阳能热水器的普及率也是世界最高的。尽管以色列官方一直没有公开承认它的核能力，但人们都知道它早已是世界核俱乐部的成员了。

以色列水资源紧缺，他们研制的计算机控制喷灌系统，使农作物用水量比传统的方法节省了一半。这一技术被世界粮食和农业组织列为向世界各国推荐的项目，已向60多个国家出口。

此外，以色列的生物、化学及药品工业，以及数控机床、机器人、精密仪器等制造业方面的成就也十分突出，许多产品都属世界一流。

以色列之所以在发展高科技方面进步如此神速，奥秘之一就是它拥有一支人数众多、实力雄厚的科研队伍。全国大约有6万名高级科研人员和高级工程师，他们中至少有10%的人在从事高科技产品的研究和开发。从人口比例来看，以色列每万人中拥有 110 名中高级科技人员，是欧盟国家的 3 倍。全国 7 所大学中常年在校的理工科大学生也有 7 万余名，每年都有数千名优秀的毕业生进入科研人员的队伍。正是由于高度发达的科学教育事业，才使这个 600 万人口的小国家能在高科技领域同发达国家一比高低。

高昂的教育投资使以色列教育结出了累累果实，以色列是世界上科技人员最集中的地方。拿在校人数讲，以色列 2014 年的在校人数达 216.7 万人之多，还有很多成年人参加各种形式的学习。所以，以色列人口中有 1/3 是学生，也就是说，每三人中就有一个学生。从大学生人数讲，以色列每 10 万人口中有 2970 人是大学生，这一比例仅低于美国和加拿大，比欧洲的一些国家都高。以色列 14 岁以上公民平均受教育达 11.4 年，这一水平与美国、英国相等，法国、匈牙利为 10 年，而瑞士、日本等只达到 9 年。以色列全国人口中接受过 13 年以上教育的比例为 47%。与周围的阿拉伯国家相比，以色列在教育上更是遥遥领先。以色列的文盲率相当低，不到 4.5%，而这其中的文盲人口主要是作为少数民族的阿拉伯人。

以色列的大学是公认的世界一流的大学。凡是到过以色列的人都必去"游览"以色列的大学。凡是到过这些大学的人无不为它们校园之幽美、建筑之宏伟、设备之先进和藏书之丰富而赞叹不已。以色列大学的许多研究成果被国际学术界承认为权威性项目。

以色列拥有丰富的科技人才，除了靠自己发达的高等教育体系培养的人才之外，另一个人才来源是大批来自国外的科技移民，移民给以色列送来了大量优秀的人才资源。几十年来，来到这个国家的移民中，有不少是欧美国家的第一流科技文化人才，他们的到来，使以色列的科学和教育从一开始就建立在很高的起点之上。据不完全统计，1948—1989 年的 40 年时间里，进入以色列的移民中，拥有硕士、博士学位和教授、副教授职称的人数至少有 10 万人。大学本科以上学历的大批移民中，工程师占 24%，科研人员占 21%，技术人员占 14%，医务人员占 11%，熟练技术工人占

2%。从 1989 年至 1994 年，大约有 45 万犹太人移居以色列，主要来自前苏联及东欧地区。他们中有科学家 9000 名，工程师 50000 名。1993 年进入以色列的移民中，科学家、专业技术人员的比例高达 69%。

在以色列的人才市场上，供过于求的局面十分明显。据统计，以色列按人均算的教授人数超过了世界上任何国家（除梵蒂冈之外），以色列每 4000 人中就有一名教授或副教授。以色列按人均算的医生人数也是世界上首屈一指的。如此丰富的人才库是以色列国家宝贵的财富。由于国内容纳不了这么多专家、学者，以色列近年来已开始"输出"人才，不少人才外流，特别是流向美国。

发达的教育和优良的人才素质终于使"弹丸之国"以色列成为国际上一支不可忽视的地缘政治力量。20 世纪 70 年代初以来，以色列政府充分利用自己的人才优势，提出"高科技兴国"的口号，把开发新技术产品作为经济发展的主要目标。丰富的人才宝库是以色列创造经济奇迹的可靠保证，也为以色列的科技兴国战略提供了用之不竭的资源。

2000 年 8 月，世界许多报纸都登载了这样一条消息："以色列设立犹太人诺贝尔奖。"消息报道说：

> 以色列特拉维夫大学计划设立一项犹太人的诺贝尔奖，预计将于 2002 年颁发首奖。该奖每年将由一个专门创立的基金会颁予 3 个获奖人，每个人得到的奖金额高达 100 万美元。犹太人诺贝尔奖分"过去"、"现在"、"未来"三大奖项。"过去奖"授予在历史和建筑学方面卓有建树的人，"现在奖"将授予对公共福利和环境保护事业作出贡献的人士，"未来奖"是为在科学、数学和社会科学领域取得卓越成就的人而设立的。
>
> 犹太人诺贝尔奖委员会主席、特拉维夫大学前校长伊塔玛·拉比诺维奇说，获奖人的工作和成绩必须是高水平的，应符合诺贝尔奖的评选标准。据了解，目前在以色列还有其他一些重要的学术奖，比如哈维奖和沃尔夫奖。前者每年授予科学、技术和健康领域的人才，奖

金额为35000美元；后者奖金额高达10万美元，用以奖励杰出的科学家和艺术家。

这条消息给人们带来的信息是，以色列这个20世纪中期在战火中诞生的小国家，靠教育立国、科技强国，现在已经大踏步地走上了现代化的道路。它并没有满足于已经取得的成绩，在新世纪到来的时候，以色列人又以他们精明而富有远见的目光关注到了民族和国家的未来。以色列又在实施新一轮的人才战略，它又瞄准了更高的目标。可以预料，在新的知识经济时代和信息时代，以色列人仍将通过发展教育和科学技术，继续走在世界的前列。

第五节 移民熔炉

以色列是个移民国家。这个国家从无到有，人口从少到多，力量从弱到强，靠的都是来自世界各地的犹太人。没有移民，就没有以色列国。以色列前总理梅厄夫人也说过："没有移民，我们何来国家？"以色列建国后，政府很快便颁布了一个《回归法》，吸引了世界各地犹太人源源不断地向以色列涌来。首先来到的是数十万纳粹大屠杀中的幸存者。然后，阿以冲突爆发后，原来在中东各伊斯兰国家的几十万犹太人无法再继续在当地生活下去，他们几乎全部都迁到了以色列。在随后的几十年里，世界各地犹太人像涓涓细流，不停地汇入以色列。

20世纪80年代末90年代初，又一次出现了犹太人大规模流动的高潮。因为在二战后的40多年里，苏联政府出于战略和意识形态方面的考虑，一直限制其境内的犹太人自由移居国外，把他们圈了几十年。但是当苏联崩溃后，马上就出现了50多万犹太人外移的滚滚洪流。这些移民大多数也流到了以色列。另外，原来生活在非洲之角埃塞俄比亚的2万多名黑犹太人因内战和饥荒，在以色列政府的帮助下，在20世纪90年代初期全部移居到了以色列。以色列建国以来，先后有来自世界70多个国家的260

万移民涌入。这些移民的语言、社会背景、文化各不相同，甚至连肤色都有很大的差异。如何消除障碍、保持国家的持续发展，是以色列政府必须面对的一个问题。

来自四面八方的移民把世界各地的文化带到以色列，其中既有东方文化，又有西方文化，既有传统农业文化，也有现代工业文化。人们一般将犹太人分为两大类：一类是来自欧美的西方犹太人，另一类是来自亚非国家的东方犹太人。这两类犹太人不仅在体貌特征上明显不同，而且在思想意识、宗教礼仪、生活习俗等方面差异也很大。早期来到巴勒斯坦的大部分都是西方犹太人，长期以来一直掌握着政治、经济、文化等方面的领导权。他们一般文化水平都较高，因此在收入、职业、住房、教育方面都有明显的优势。而东方犹太人多数来自贫穷落后的国家，文化层次较低，经济收入和社会地位都较差。这样，以色列社会中就出现了一道明显的社会裂痕，有人把这种现象称为"两个以色列"。

以色列采取的一项政策就是通过教育来使移民融入以色列社会。以色列国民教育的目标之一是：把来自不同民族（以色列国内有17%的非犹太少数民族）、宗教、文化和政治背景的家庭的儿童，培养成在民主和多元化社会中能和谐共处、富有责任感的社会成员。以色列教育致力于填平这些不同文化间的鸿沟与差距，消除"两个以色列"的现象。一位以色列官员说，"要用教育来打破社会的樊篱"。以色列官方把以色列社会称为一个熔炉，要用教育把差异极大的犹太人"熔"为一个整体。用本－古里安的话来说，就是"我们必须把这一堆杂七杂八的东西熔化掉，在复兴民族精神的这个模子里重新加以铸造"。《国家教育法》中也明确规定："以色列的教育目的，一方面是让学生学习知识和技能，以适应国家发展的要求；另一方面是促进来自世界各地的犹太人之间的融合，清除他们之间的文化差别，以形成一种新的犹太国民文化。"

大批移民来到之后，教育这个纽带使他们很快适应以色列国家的生活，并把这些来自70多个国家的移民和他们的后代融合在一起。20世纪

50年代初，以色列政府就从教育入手，采取一系列措施，努力创造一种融东方文化和西方文化为一体的"以色列文化"。在创造以色列新文化当中，教育当局特别强调继承犹太民族古老的传统文化——古希伯来文化。古希伯来文化又被称为"圣经文化"，被视为犹太民族的根基，涵盖了语言、历史、宗教、哲学、文学和民俗等方面。其中希伯来语被认为是犹太民族连接过去、现在和未来的纽带。

早期的以色列领导人相信，希伯来文化中的伦理原则、宗教律法可以使今天来自世界各地的犹太人凝为一体，形成一个新的以色列民族和一个新型的以色列社会。因此，在以色列教育文化部规定的教育内容中，希伯来语、犹太教知识、犹太历史、犹太律法、《圣经》等都是每个学生从小学到大学必须学习的内容，只是学习的程度有深有浅而已。

在建国初期，有许多来自亚非国家的新移民既没有受过现代教育，缺乏现代社会需要的劳动技能，同时对传统的希伯来文化也知之甚少。于是，政府通过文化补习班的形式，为移民提供第二次受教育机会。随着移民的增加，以色列把移民教育提上了正式的议事日程。中央政府与地方行政部门、工会、社区及企业联合起来，在全国设立不同层次的文化补习班和培训点，为不同文化程度的人提供学习语言、增长知识及职业培训的机会。全国共有上百个扫盲中心与文化补习班，传授各科文化知识。中央和地方政府联合建立的移民安置系统，会为许多接受过再教育的移民优先安排就业。

针对亚非犹太人因受教育水平普遍低于欧美犹太人而导致社会地位低下的情况，以色列政府特别强调为亚非裔犹太人创造受教育条件，让所有犹太移民和他们的后代都享有平等受教育的机会，以消除"两个以色列"的社会现象。以色列政府对亚非裔学生进入公立学校实行多种优惠政策，如在入学分数线上给予照顾。在收费标准上，亚非裔学生可根据其家庭收入状况而减免学费，所减免部分基本上都由政府承担。1978年，教育税法实施后，低收入的亚非裔家庭尽管纳税较少，但仍能享受同等的教学机会。此外，政府和学校还向亚非裔学生提供多种形式的奖学金与寄宿条件。由于采取了上述措施，亚非裔犹太人接受教育的平均年限提高很快，从 1962 年的 5.9 年提高到了 1981 年的 9.7 年。

对于新移民来说，初来乍到，最重要的是学习以色列的语言，即希伯来语，这是他们融入以色列社会的关键。在以色列，有一种被称为"乌尔潘"（Ulpan）的希伯来语言学校，在移民教育中发挥着十分独特的作用。它主要是教成年人快速学习希伯来语，同时还传授犹太文化、历史、地理和公民权利与义务等基本知识，目的是帮助新来者尽可能快地顺利融入以色列社会、经济和文化生活。

第一所"乌尔潘"于 1950 年在耶路撒冷创建，到现在以色列全国已有 220 多所这样的学校了，由以色列教育部成人教育司管理。"乌尔潘"的学习方式主要是通过场景和演示，围绕现实生活，如乘公交车、上饭店或是去邮局、去超市等，让学生不断地实践以学习语言。到一定程度后，"乌尔潘"就让学生从报纸、广播和电视中直接学习希伯来语，并组织学生参加犹太节日的庆祝活动，到剧场去观看表演，到各地旅行。这样，学习希伯来语就不仅具有使人融入以色列社会的作用，而且也成了连接犹太传统文化的一种方式，因为希伯来语是犹太历史、宗教和文化遗产不可缺少的组成部分。有的"乌尔潘"还吸收生活在世界其他国家的犹太人前来参加希伯来语学习，增强他们对"祖国"和"故土"的感情。

经过几十年的努力，"两个以色列"的现象已逐渐淡化；通过教育的强化，一种新型的、以传统希伯来文化为基础的以色列文化已经形成，其最主要的标志当然就是希伯来语的复兴。除此之外，在文学、艺术、美术、影视、文博、体育等方面都出现了以色列新文化全方位发展的现象。

在文学方面，以色列建国以来产生了一大批才华横溢的作家和诗人，他们的许多作品已超出了以色列和犹太民族的界限，成为了世界文学宝库的重要组成部分。以色列的文学作品既有大量反映建国以来现实社会生活的题材，也有许多描写犹太民族流散和建国经历以及纳粹大屠杀的历史题材。以色列作家大致可分为三代。第一代是以阿格农、柴尔尼科夫斯基、毕阿利克、肖夫曼等人为代表的早期移民作家和诗人。阿格农的《婚礼华盖》《宿客》《前天》等使他赢得了世界声誉并于1966年荣获诺贝尔文学奖。第二代是建国后成长起来的本土作家和诗人，代表人物是诗人耶胡达·阿米亥。他用希伯来语创作的诗歌深受以色列人喜爱，不少作品被译为其他文字介绍到国外。第三代是60年代以后成长起来的青年作家，他们大多在创作上借鉴西方的现代主义表现形式，其中以阿莫斯·奥兹最为突出。他的《我的迈克》《在以色列的土地上》等作品已被译为30多种文字在世界各地流传。

以色列被公认为是世界上音乐水平最高的国家之一。犹太人在举行宗教仪式时往往要辅以音乐和舞蹈，这样就为以色列音乐和舞蹈的发展提供了民间的基础。以色列拥有几十个音乐团体和机构，其中包括17个交响乐团、7个合唱团和1个歌剧团。以色列爱乐乐团在世界上享有盛誉，拥有伊扎克·帕尔曼和祖宾·梅塔等著名音乐家。以色列的舞蹈艺术在世界上也小有名气。以色列共有6个专业舞蹈团体，每年举办一届国家舞蹈节。民间的舞蹈活动也十分普及。

60多年来，在以色列形成新民族和新文化的这一过程中，教育发挥了巨大的、不可替代的作用。

第六节　希伯来语的复兴

谈到以色列的教育，就不能不谈一谈以色列教育史上的一个奇迹——通过教育使古老的、已经死亡的希伯来语得以复活。

希伯来语在古代曾是犹太人的语言，《旧约圣经》就是用古希伯来语写成的。但是，犹太人流散到世界各地后，在日常生活中逐渐接受了所在国家当地的语言，如北非的犹太人多讲莫格拉宾语，西亚的犹太人大多数讲阿拉伯语。希伯来语用的越来越少，到后来渐渐被完全废弃了。另外，在一些犹太人比较集中的地方，犹太人把希伯来语同当地语言结合起来用,这使得在历史上曾出现过某些独特的只在犹太人中使用的语言。如中世纪流行在西班牙犹太人中的拉迪诺语,便是古希伯来语同古西班牙语混合后产生的一种犹太语言。在中欧和东欧犹太人中长期流行的则是意第绪语。这是一种德语和希伯来语混合形成的犹太人语言,用希伯来字母拼写,语法结构以德语为主,词汇大多来自德语,也有不少古希伯来语以及波兰语、俄语词汇。

古希伯来语大约在公元 2 世纪前后便开始从口语中消失。中世纪以来,希伯来语只是一种犹太人在举行宗教仪式和祈祷时使用的书面宗教语言。除了拉比们要学习这种书面语外,只有少数研究哲学、文学和历史的学者们懂得这种古老的文字。已没有人在日常生活中和在口头上使用希伯来语,它成了一种"已死亡的语言"。

19 世纪犹太复国主义运动兴起后,提出了一个口号——"一个民族,一种语言"。但是,应该把哪一种语言作为犹太民族的语言,在复国主义者中存在着分歧。有人主张用意第绪语,因为当时使用意第绪语的犹太人最多;有的人主张用德语,其中便包括犹太复国运动的创始人西奥多·赫茨尔;也有少数人主张用使用得最广泛的英语;当然,也有不少人认为应该把希伯来语作为犹太人的民族语言。到底用哪一种语言,他们彼此争执不休,莫衷一是。赫茨尔在他那著名的《犹太国》中写道:

> 在未来的犹太人国家里,我们必须考虑人们使用的语言……应该说,我们要想有一种共同的通用语言会有不少困难。我们无法用希伯来语交谈。我们当中有谁掌握了足够的希伯来语,能够靠讲这种语言去买一张火车票呢?这样的事情是做不到的。

然而,后来希伯来语却奇迹般地在巴勒斯坦犹太人中"复活"了,成了一种人们能在日常生活中自由运用的语言,并成为了犹太人国家以色列的官方语言。这在很大程度上要归功于犹太人的教育,也要归功于一位名叫埃利泽尔·本-耶胡达的语言学家。

埃利泽尔·本－耶胡达（1858—1922）出生在立陶宛一个哈西德派犹太教徒的家庭里。他的原名叫埃利泽尔·帕尔曼。由于受犹太复国主义的影响，他21岁时用"本－耶胡达"（意为"犹太人之子"）的笔名写了一篇文章，提出建立犹太人国家并以希伯来语为犹太民族语言。此后，他就一直以这个笔名作为自己的名字。

本－耶胡达曾在巴黎学过医，但后来他决定投身于复兴和推广希伯来语的事业。1881年他和全家人移居到了巴勒斯坦，开始在当地犹太人家庭中和幼儿学校中试验推广希伯来语。在家里，本－耶胡达与妻子约定，不仅他们彼此之间只能说希伯来语，而且对孩子也只能讲希伯来语。后来，他甚至不允许他的孩子同说其他语言的孩子一起玩，怕他们受其他语言的影响。

1884年，他与几个志同道合的朋友创办了第一份希伯来语报纸，后来又创办了一种希伯来语教学刊物。由于没有足够的词汇来表达思想，本－耶胡达不断地"创造"出一些新词。1889年，他又发起建立了一个"希伯来语言委员会"，他们给自己规定的任务包括建立希伯来语词汇，使这种语言的拼写、发音和语法规范化。本－耶胡达还把大量的精力放在希伯来语教育上，他与朋友们试着用"强化"的方法教青少年学习这种语言，即从一开始就完全用希伯来语，而不是用他们的母语来过渡。到20世纪初，在雅法和耶路撒冷等地已有了完全使用希伯来语的幼儿园和小学。由于各地犹太人的口音不一致，1905年，希伯来语言委员会认为东方犹太人的口音与古希伯来语比较接近，决定以东方口音作为标准发音。这个委员会后来还成了批准新词汇的创造和使用的权威机构。

可想而知，本－耶胡达在巴勒斯坦复活和推广希伯来语时所面临的困难是非常巨大的。首先，他受到了巴勒斯坦当地正统犹太教徒的敌视和反对。因为在他们看来，希伯来语是神圣的语言，只能在宗教活动中使用，将其用于日常的生活琐事，用来谈论排放污水、施肥种地等问题是对这种神圣语言的亵渎。正统教徒们甚至向当时统治巴勒斯坦的土耳其当局告发，说本－耶胡达煽动犹太人谋反，他因此被土耳其当局逮捕并判处了一年的徒刑。尽管后来他在许多犹太人的抗议下被释放了，但当局对他的活动继续进行着监视。

第二个方面的困难是来自其他语言的竞争。当时巴勒斯坦流行着多种语言。一些在欧洲很有影响和势力的犹太人机构和组织都希望通过语言来保持他们在当地的影响，如当时对犹太移民运动给予了大力支持的巴黎的罗斯柴尔德男爵就主张在巴勒斯坦使用法语，而不是希伯来语。主张以意第绪语作为犹太民族语言的力量也相当强大。1913年，在海法市还发生了所谓的"语言冲突"。由德国犹太人创办的海法技术工程学校（即以色列理工学院的前身）要求用德语教学，而这个学校的一些师生却主张用希伯来语，他们组织了罢课表示抗议。后来经过斗争，主张用希伯来语的人终于占了上风。

经过艰苦不懈的努力，本－耶胡达逐步获得了成功。据1916年巴勒斯坦的人口调查，当时已经有3.5万人把希伯来语作为主要语言来使用了，占当地犹太人的40%左右，而在儿童中，这一比例已高达70%左右。1917年底，英国军队进入巴勒斯坦时用七种不同的语言发表了一个在当地实行军事管制的通告，希伯来语和英语是其中两种最主要的语言。1922年，也就是本－耶胡达去世的这一年，英国委任统治当局正式宣布把希伯来语同英语、阿拉伯语一起作为巴勒斯坦的官方语言。

在复兴和推广希伯来语的活动中，本－耶胡达最重要的一个贡献是编纂了第一部现代希伯来语辞典，这在现代希伯来语的发展中是具有划时代意义的事情。这部辞典不再像过去的希伯来语辞典那样是按词根来排列，而是仿照现代欧洲语言的辞典，按词汇来排列。这部由本－耶胡达开始编的辞典被一再增补新词汇，在他死后又被多次修改扩充，于1959年才算正式完成，共达17卷之多。

由于本－耶胡达一生为复活古老的希伯来语不懈努力，并作出了卓越的贡献，他后来被誉为"现代希伯来语之父"，受到了以色列人以及全世界犹太人的尊敬和纪念。

以色列建国后,以色列政府宣布希伯来语和阿拉伯语是正式的官方语言。建国初期,大量的犹太移民从世界各地涌入以色列,语言再次成为迫切需要解决的问题。因为在建国的头三年,以色列人口翻了一番,从68万增至140万,而他们中只有1/4的人会说希伯来语。人与人之间无法交流,只能靠手势或借助翻译来相互沟通。官方的通知文告、新闻广播等往往要同时用多种语言才被多数人接受。一些新来的移民到达以色列后就马上进入军队去打仗,有的人因听不懂指挥命令而莫名其妙地死在了战场上。

为了解决这一难题,以色列政府于1950年在移民安置中心和军队里开办了被称为"乌尔潘"的希伯来语速成学习班。这种学习班采用一套有效的集中强化训练方法,学员一般通过6个月左右的学习就可掌握日常的生活用语以及基本的阅读能力。乌尔潘在推广和普及希伯来语的活动中功不可没。至今以色列各地还有不少乌尔潘,在新移民的安置定居和帮助留学生、外国人学习希伯来语方面发挥着重要的作用。

早年,由于受家庭和文化背景的影响,来自世界各地的移民们往往在正式、公开的场合讲希伯来语,在家里和在本移民集团中仍然讲他们原来的语言。这种情况后来变得越来越少了,因为在年轻一代中讲希伯来语是很普遍的,年轻人的希伯来语往往说得比老一辈更熟练和纯正。以色列有一句笑话说,在这个国家里是孩子教父母说母语。

现代希伯来语有22个字母,与阿拉伯语一样,也是从右到左横行书写,并分手写体和印刷体两类。现代希伯来语与古希伯来语在许多方面差别都不大。有人说,如果古代犹太国家的国王大卫和所罗门能在今天复活并漫步在特拉维夫街头的话,他们也完全能够听懂人们的谈话,现代人也能听懂他们的话。不过可能彼此都会有一些困难,因为有些古老的词汇现在已经消失了,而许多新词汇又被创造了出来。现代科技的发展和国际往来的增加,使希伯来语新词汇不断增加。据说,《圣经》时代的希伯来语词汇只有8000个左右,而现代希伯来语词汇却有12万之多。当代希伯来文学在世界文学中也有一定影响,很多用希伯来语写的诗歌、小说、戏剧都被译成了其他语言。

世界上许多语言学家都认为,希伯来语的复活确实是语言学和社会学中的一个奇迹。它实际上是人为地创造和推广了一种新语言,最后被社会所接受。这一奇迹背后是犹太人对他们自己古老的历史和文化的热爱,是犹太复国主义精神的强大动力。而波兰人柴门霍夫(据说他也是犹太人)创造的"世界语"之所以推广不开,正是缺乏这样一种民族和文化推动力。据说,20世纪三四十年代,在巴勒斯坦犹太人居住的城镇里,人们在街头见到不说希伯来语的人就会上去质问;孩子们如果不说希伯来语而跟着父母说其他语言,就会受到其他孩子的嘲笑。

今天,希伯来语已成为了一种表现力很强、词汇丰富的"活语言"了。以色列主要的电台、电视、报纸、官方文件都用希伯来语。无论是小学、中学还是大学,都用希伯来语授课。它不但是以色列的国语,被广泛地使用在当地人民的日常生活中,而且使世界各地的许多犹太人也热心地学习这种犹太人自己的民族语言。世界各地的犹太社团或是派人到以色列来学习,或是聘请以色列教师到当地去教授希伯来语。

第七节 以色列人的教育风格

以色列历届领导人一直把培养高质量的人才看作一个关系到民族生存的根本问题。教育立国、科技立国是以色列从成立之日就追求的目标。他们认为,如果不培养高质量的人才,建立一个模范的社会,以色列在战场上将处于军事劣势,在国际上将得不到尊重,也无法吸引众多的犹太人来定居。这样,以色列就无法生存下去。

研究以色列问题的专家、中国社会科学院西亚非洲研究所的殷罡先生一次在谈到以色列和犹太人的教育时曾这样说:

在当今世界民族之林中,至少有4个国家的历史教育应该引起人们的重视，它们分别是以色列、韩国、德国和日本。以色列人能够记住自己曾经遭受的苦难，并从苦难中发奋图强；韩国人能够记住日本的野蛮行径曾经给他们带来的痛苦，并从中寻找自己的民族尊严；德国人能够坦诚地面对自己当年的罪恶，并从罪恶中进行彻底的反省；日本不但能够记住自己遭受过原子弹的袭击，还能轻易地忘记对别人的蹂躏。

他说，犹太人是世界上唯一被打散而脱离原居住地，又在2000年后恢复聚集地的民族。这样的历史在世界民族史上是空前绝后的，对以色列来说是非常重要的。以色列人常说："我们的历史就是世界的历史，《圣经》里说得很清楚：从洪荒开始。"根据以色列立国时的《义务教育法》，5岁到13岁的以色列人都要免费接受义务教育。一般来说，以色列人从9岁开始接受历史教育，10岁开始正式上历史课。图文声像俱全的教育方式，使得这些以色列孩子对从2000年前以色列人被罗马人逐出家园到二战时遭到大屠杀的历史没齿难忘。

"以色列没有地理，只有历史。"因为以色列是个地域非常狭小的地方，但几乎每一个地方都堆积着非常厚重的历史。比如说，以色列北部有一个叫泰尔的地方，这里的历史大约可以堆积四五十层。有关这里的统治者曾被推翻、被征服的历史事件特别多。

在以色列，无论是世俗学校，还是宗教学校，包括社会的各个群体，都非常重视历史教育。即使没有文化的人，其对自己民族的历史遭遇都记得一清二楚。以色列的学校时常把学生拉到"野外课堂"去接受历史教育，去亲眼感受当年的历史古迹。以色列人在国内旅游时所看到的也几乎全是历史。以色列人非常清楚地知道，如果以色列不记住历史，他们还会落到其祖先那样的下场。

以色列军官学校常常把学生拉到马萨达。在死海边，有一座较高的山，山上有一个城堡名叫马萨达。公元70年前后，以色列的耶路撒冷等城被罗马大军攻陷，只剩下马萨达。一万名罗马士兵曾经围困马萨达长达3

年之久而无法攻破城池。在城堡行将陷落时，守城堡的以色列人认为，反正都是死，倒不如为了不当罗马人的奴隶而集体自杀。

公元73年4月的一天，坚守城堡的人经过抽签只留下10个男人，由这10个男人把所有守城的人都杀死，然后再自杀。这当中，只有3个女人和几个孩子逃跑了，并把这段历史留传了下来。罗马人最后进入城堡时发现马萨达只剩下一堆废墟。现在的以色列军官学校学生都步行爬到山顶的马萨达，并庄严地宣誓"马萨达绝不会再陷落"，意指以色列绝不会再遭到灭亡。由此可见以色列人顽强的作战精神和生存意识。

殷罡先生还认为，以色列与中国有两个非常重要的相同之处：第一，都重视传统教育，比如孝道等；第二，都有比较强的家庭纽带。历史上各国对犹太人的迫害非常厉害。在欧洲，就曾有法律明文禁止犹太人拥有不动产。这就意味着，当犹太人失去享有不动产的权利后，唯一的财富就是头脑中的智慧。犹太人只好干别人不干的事情，如贩运货物、放债取息等。因此，在欧洲历史上，凡是做"抽象概念"的事情的人全是犹太人。在这种条件下，犹太人非常重视教育，特别是基础教育。在人们的印象中，犹太人走到哪里，都是高智商的典型代表。在以色列，开拖拉机的、养鸡的全是大学毕业生，最次的也是高等职业学校毕业（类似于中国的大专文凭）。犹太人无论"流浪"到世界什么地方，总是带着观念来，带着观念去。他们非常清楚不动产是无法守住的。中国人也常说"富不过三代"。

以色列教育的根本前提是：一切教育都是为了以色列的民族生存，也就是"爱族主义"。所以，以色列法律规定，学生高中毕业以后，只要身体没有残疾，只要没有病，只要没有宗教方面的特殊限制，就必须当兵。以色列人70%的男女高中生毕业后都必须当兵，服完兵役后再去上大学。因此，以色列的大学生大都显得比较老成持重。正是由于其"老成"，他们的学习观念与那些从校门到校门的学生有着本质的区别，他们的创造力也极其出色。

以色列人的教育经费从3岁开始就由政府拨款。现在的以色列工党和利库德集团两党，其竞争的重点并不在于如何发展高等教育和培养高级人才，而是如何发展幼儿教育和基础教育。很显然，他们的目的就是永远走在世界民族之林的前列。以色列的工程师和高科技人员在以色列国内"根本就用不完"。以色列人的文化素质都特别高，随便找一个人侃大山，什么政治、经济、对外关系，人人都有一套，而且都是其他国家老百姓所侃不出来的。

特别值得注意的是，犹太人的教育抛弃了很多浮华的东西，比如讲究这个，讲究那个。犹太人并不看重表面的东西。这从以色列的仪仗队就能看得出来。以色列仪仗队的人高矮胖瘦参差不齐，但却很有能力。以色列总理内塔尼亚胡的卫士长在陪同总理访华时，在人民大会堂东门外广场上穿的就是一件非常休闲的军夹克。达扬任以色列国防部长时去美国参观军校演习，对美国的军校生冷眼相看：这样的人能打仗吗？

这也从另一个方面表明，以色列人把时间都花在特别有效率的事情上，不做废事。有些地方的人往往把家装饰得特别复杂，而在以色列，即使是在有身份的人家中，家里的装饰也非常简单，"徒有四壁，偶有点缀"。以色列总理办公室也不过是两层的小楼，总统府也就是一个单独的小院。因此，这个国家中的一些细微的东西也很值得我们去认识，去学习。

第八节 本章给我们的启示

以色列以它2万多平方公里的"弹丸之地"和区区600多万人口，竟在几次战争中一再打败面积相当于它的500多倍、总人口达1.3亿的阿拉伯国家。此外，它还在建国后短短60多年的时间里使人均国民生产总值达3万美元，名列世界20多位，超过了一些老牌资本主义国家。这其中奥秘何在？除了一些特殊原因（如美国的支持、海外犹太人的资助）外，这与以色列人的素质不无关系。而以色列之所以具有这种较高的素质，一方面是这个国家吸收了一些来自发达国家的移民，而更主要的则是它靠成功的教育培养了大批杰出人才。

以色列建国后，能够在敌对的环境中求得生存，并保持经济高速发展，最重要的原因之一就是它依靠自己独特而优秀的教育制度，培养出了高质量的人才，依靠自己高水平的科学技术，加强了综合国力。"教育为本，科技立国"使以色列无论是在军事冲突中还是在和平竞争中都立于不败之地。

崇尚知识、重视教育，是犹太民族的传统。犹太民族流散世界而不灭，犹太文化历经千年而不衰，教育是维系其生存和发展的重要纽带。以色列历届政府都对教育保持着高投入，多年来一直不低于国民生产总值的8%。另外，散居世界各地的犹太人也是以色列教育经费的一个重要来源。如果让他们出钱帮以色列买武器打仗，可能他们还会有些犹豫，但如果要他们帮助以色列发展教育，他们大都慷慨解囊。以色列大学的许多设施，如教学大楼、图书馆、实验室，以及一些奖学金、研究基金，都是国外犹太人的捐助而建立的。许多国外犹太社团与以色列的不同地区结为姊妹关系，以援助当地的教育、文化和科技事业。犹太人重视教育的这一优良传统在以色列的发扬光大，造就了大批高质量的建设人才。

国与国之间的竞争日趋激烈，我们应该如何应对？从本章所介绍的以色列强国之道中，我们应该能得到有益的启示。

参考书目

1. (以) 阿巴·埃班著：《犹太史》，阎瑞松译，中国社会科学出版社，1986年版。

2. 朱维之主编：《希伯来文化》，浙江人民出版社，1988年版。

3. 许鼎新著：《希伯来民族史》，中国基督教协会神学教育委员会，1992年版。

4. 杨曼苏主编：《以色列——谜一般的国家》，世界知识出版社，1992年版。

5. 顾骏著：《犹太的智慧：创造神迹的人间哲理》，浙江人民出版社，1993年版。

6. 徐新、凌继尧主编：《犹太百科全书》，上海人民出版社，1993年版。

7. 徐向群、余崇健著：《第三圣殿——以色列的崛起》，上海远东出版社，1994年版。

8. 刘洪一著：《犹太精神》，南京大学出版社，1995年版。

9. 贺雄飞主编：《犹太人超凡智慧揭秘》，华龄出版社，1995年版。

10. 车成安主编：《世界犹太裔文化名人传》，中国工人出版社，1996

年版。

11. (美) 塞西尔·罗斯著：《简明犹太民族史》，黄福武等译，山东大学出版社，1997年版。

12. 张春华等著：《一路坎坷犹太人》，时事出版社，1997年版。

13. 潘光、余建华、王健著：《犹太民族复兴之路》，上海社会科学出版社，1998年版。

14. 徐向群著：《沙漠中的仙人掌——犹太素描》，新华出版社，1998年版。

15. (美) 亚伯拉罕·柯恩著：《大众塔木德》，盖逊译，山东大学出版社，1998年版。

16. 张倩红著：《犹太人·犹太精神》，中国文联出版社，1999年版。

17. 潘光、陈超南、余建华著：《犹太文明》，中国社会科学出版社，1999年版。

18. 肖宪著：《犹太人——谜一般的民族》，上海人民出版社，2000年版。

19. 肖宪著：《中东国家通史：以色列卷》，商务印书馆，2000年版。

20. 肖宪著：《圣殿长存——古犹太文明探秘》，云南人民出版社，2001年版。

21. 刘洪一著：《犹太文化要义》，商务印书馆，2004年版。

22. 徐新著：《犹太文化史》，北京大学出版社，2006年版。

23. 徐新著：《犹太人的故事》，山东画报出版社，2006年版。

24. (以) 埃利·巴尔维纳主编：《世界犹太人历史》，刘精忠等译，中国人民大学出版社，2007年版。

25. 杨曼苏等著：《今日以色列》，中国工人出版社，2007年版。

26. (美) 杰克·罗森著：《犹太成功的秘密》，徐新等译，南京出版社，2008年版。

27. 张倩红著：《以色列史》，人民出版社，2008年版。

28. （英）阿伦·布雷格曼著：《以色列史》，杨军译，东方出版中心，2009年版。

29. 张倩红、艾仁贵著：《犹太文化》，人民出版社，2013年版。

30. （美）伯纳德·巴姆伯格著：《犹太文明史话》，肖宪译，商务印书馆，2013年版。